Über dieses Buch In unserer Zeit hat das Zen, Jahrhunderte lang in seiner Ausbreitung begrenzt, weltweite Bedeutung erlangt. Bei der spirituellen Öffnung des Westens zum Osten spielt Zen eine wichtige Rolle. Die Verwurzelung des Zen im westlichen Geistesleben ist, so der Autor, tiefgehend und hat dauerhafte Konsequenzen. Eine besondere Rolle spiele die Begegnung der fernöstlichen Religionen mit dem Christentum, die auf beiden Seiten unter Wahrung der jeweils eigenen Identität zur Bereicherung führen könne. Der Autor, ein weltbekannter Zen-Kenner, markiert in seinem Buch einen Trennstrich und zugleich eine Verbindungslinie zwischen dem Zen von gestern und dem von heute. Ausgehend von der Begegnung der Zen-Philosophie mit dem westlichen Denken, beschreibt er die Änderungen innerhalb der buddhistischen Zen-Praxis, charakterisiert die Persönlichkeiten, die zur Modernisierung der Zen-Praxis beigetragen haben, und beleuchtet zum Schluß die Bedeutung des Zen für das westliche Kultur- und Geistesleben, vor allem für die christliche Religion.

Der Autor Heinrich Dumoulin SJ, Jg. 1905, Dr. phil., Dr. der japanischen Religionsgeschichte, emeritierter Professor der Religionswissenschaft und Philosophiegeschichte an der Sophia-Universität in Tokio und Autor der »Geschichte des Zen-Buddhismus«.

Heinrich Dumoulin

Zen im 20. Jahrhundert

Fischer
Taschenbuch
Verlag

Ungekürzte Ausgabe
Veröffentlicht im Fischer Taschenbuch Verlag GmbH,
Frankfurt am Main, März 1993

Lizenzausgabe mit freundlicher Genehmigung der
Kösel-Verlag GmbH & Co., München
© 1990 Kösel-Verlag GmbH & Co., München
Umschlaggestaltung: Buchholz / Hinsch / Hensinger
Druck und Bindung: Clausen & Bosse, Leck
Printed in Germany 1993
ISBN 3-596-11088-2

Gedruckt auf chlor- und säurefreiem Papier

Inhalt

Einleitung
Zen – gestern und heute

Während des 20. Jahrhunderts hat das Zen eine weltweite Bedeutung in der Geistesgeschichte der Menschheit erlangt. Jahrhunderte lang auf begrenzten Raum beschränkt, eingepflanzt in die vielmaschige Buddha-Religion, von einer Elite geschätzt und geübt, gewann das Zen im epochalen Wandel unserer Tage hohes Prestige und weitreichenden Einfluß. Im Laufe der letzten Jahrzehnte traten zahlreiche, zum Teil neue, unbeachtete Aspekte hervor, die der Zen-Erfahrung bestimmte Prägungen aufdrücken. Der ungewöhnliche Reichtum der aus dem Zen geborenen und mit Zen verknüpften Geisteskultur drang in neue Gebiete vor und fand globale Verbreitung.

Dieses 20. Jahrhundert markiert einen Scheidestrich und zugleich eine Verbindungslinie zwischen dem Zen von gestern und dem Zen von heute. Kontinuität und Wandel bestimmen das Erscheinungsbild. Deshalb ist eine grundlegende Kenntnis der Wurzeln und der geschichtlichen Entwicklung des Zen ebenso erfordert wie Offenheit für neue Perspektiven.

Das Zen kommt aus Asien, wurzelt in der Weisheit Asiens und bringt asiatische Werte und asiatische Geistigkeit mit sich. Gestern, das heißt während seiner Geschichte bis zum 20. Jahrhundert, existierte es ausschließlich in Fernost. Der östliche Mensch begreift das Universum als Ganzes in Bewegung und erfährt sich selbst eingefügt in den fließenden Strom des Alls, während der westliche Mensch in einer ihn verpflichtenden Umwelt dem ihm vorgegebenen, den Sinn seines Lebens bestimmenden Ziel zustrebt. Die Verschiedenheit der Grundvorstellungen sticht in die Augen. Gestern, nämlich vor Beginn dieses Jahrhunderts, schien keine Verbindung zwischen den zwei Hemisphären zu existieren. Heute hat sich der Westen in unvorstellbarer Weise zum Osten hin geöffnet. Das Zen spielt bei dieser Öffnung eine wichtige Rolle.

Asien, der flächengrößte und volkreichste Kontinent der Erde, stellt weder ethnisch noch politisch-sozial, noch auch in kulturell geistiger Hinsicht ein einheitliches Ganzes dar. Außer den voneinander unabhängigen Großkulturen Indiens und Chinas leben in dem Riesenkontinent zahlreiche kleinere eigenständige Volksgruppen. Eine Besonderheit des Zen liegt nun gerade darin, daß es zu verschiedenen asiatischen Kulturen in enger Beziehung steht und Brücken schlägt. Das Zen entsprang nicht einer einzigen Quelle, sondern mannigfache Einströmungen trafen in ihm zusammen.

Im Westen werden die östlichen Meditationswege gern in einem Begriff zusammengefaßt, lobend oder auch warnend. Das Zen ist in dieser Redeweise eingeschlossen, ja es nimmt eine führende Stellung ein. Ausschlaggebend für die neue Wertung der fernöstlichen Geistigkeit ist der Wandel, der während dieses Jahrhunderts im Westen vor sich ging. Während das Interesse für Asien sich lange Zeit auf die wissenschaftliche Forschung konzentrierte, blieb der eigentliche Kern der asiatischen Geistigkeit unbeachtet. Heute richtet sich die Aufmerksamkeit der westlichen Welt auf diese inneren Werte. Eigene Bedürftigkeit weckte zusammen mit einer tiefen, erst spät verstandenen Sehnsucht, die keineswegs Exotisches, sondern seelische Erfüllung sucht, das Verlangen nach den spirituellen Reichtümern des Ostens.

Die von östlichem Geist inspirierte Meditationsbewegung im Westen muß auf dem Hintergrund der geistigen Situation des 20. Jahrhunderts gesehen werden. Der Triumpf der Ratio erreichte in der durch Wissenschaft und Kriege beförderten Technik einen Gipfel menschlicher Machtentfaltung, doch endeten die technischen Höchstleistungen in einem bedrohlichen Engpaß. Man maß die Hauptschuld an den sich häufenden Katastrophen, die – so fürchtet man – die Endkatastrophe ankündigen, der einseitigen Verkopfung der westlichen Zivilisation zu. Die Reaktionen auf diese Situation charakterisieren die zweite Hälfte des Jahrhunderts. Eingebettet in vielfältige Strömungen, die sich als Gegenkräfte oder Heilmittel verstehen, kann das Zen wichtige Hilfe leisten, aber es wurde durch fremde Einflüsse bis in tiefe Schichten hinein verformt. Der Vorgang zieht sich durch viele Jahrzehnte hindurch. Mannigfache Motivationen wirken in dem komplexen Geschehen zusammen.

Daß die im Zen wirkenden Kräfte fernöstlicher Geistigkeit in scharfem Kontrast zu den Einseitigkeiten der westlichen Zivilisation stehen, wird im Rückblick auf die Geschichte des Zen in Asien deutlich. Innerhalb des Buddhismus entstanden, gehört das Zen seinem Wesen nach dieser asiatischen Religion an, deren Charakteristika es teilt. Dies gilt besonders bezüglich der hier relevanten Beziehung zur Ratio mit ihrem reflektierenden, analysierenden und systematischen Denken. Von der zünftigen Religionsgeschichte wird der Buddhismus zu den mystischen Religionen gerechnet, die nach Innen gewandt in unaussprechlichen Tiefenerfahrungen gründen. Dieser Wesenszug eignet dem Buddhismus seit den Tagen des Stifters Shâkyamuni, dessen Erleuchtung von den Buddhisten aller Schulen als Gipfel menschlicher Erfahrung angesehen und in verehrender Nachahmung gepriesen wird. Doch entwickelten sich, unbeschadet des Primates von Erfahrung und Meditation, im Buddhismus zahlreiche höchst differenzierte philosophische Systeme, und zwar innerhalb der verschiedenen Zweigformen, so daß nicht ohne Grund von einem ambivalenten Verhältnis dieser Religion zur Ratio gesprochen wird.

Im Zen, der Meditationsschule des Mahâyâna-Buddhismus, herrscht unumstritten die Erfahrung vor und gilt als letztlich allein maßgebend, doch spielen im klassischen Zen intellektuelle Motive eine nicht unbedeutende Rolle. Beim Eintritt in dieses Jahrhundert bringt das Zen zugleich mit seinem Erfahrungsreichtum auch neue Denkmodelle mit und bietet eminent bedeutsame geistige und religiöse Ergänzungen dem Westen an. An erster Stelle steht zweifellos der Bereich der Erfahrung, aber geistige Werte wie eine ganzheitliche Weltsicht, das Bewußtsein der leib-seelischen Einheit und der Zugehörigkeit zum Kosmos sind untrennbar mit der Zen-Erfahrung verbunden. Die dem Zen eigenen irrationalen Erfahrungen möchten Mangelerscheinungen der westlichen Zivilisation abhelfen. Wie das Zen diese Werte vom »Gestern« der Geschichte ins »Heute« des westlichen 20. Jahrhunderts transportiert und zu integrieren gesucht hat, ist ein komplexes, faszinierendes Phänomen, dessen Phasen eine sorgfältige Durchleuchtung erfordern.

Um das Zen im Umbruch des 20. Jahrhunderts zu verstehen, bedarf es einer guten Kenntnis der Zen-Bewegung von ihren Anfängen her bis zum Eintritt in die westliche Welt. Die Verwurzelung in Indien darf nicht übersehen werden. Wichtig ist vorab die Ortung des Zen als einer Schule des chinesischen und japanischen Buddhismus, die sich früh in viele Linien verzweigt. Die Hauptübungen werden in den Zweiglinien vielfach verschieden artikuliert und akzentuiert. Markante Persönlichkeiten verkörpern die Charakteristika des klassischen Zen. Im Beziehungsstrom des fernöstlichen Geisteslebens empfängt das Zen starke Einflüsse zumal vom indischen Yoga und vom chinesischen Taoismus. Hinneigung und Ablehnung wechseln in der vielfältigen Auseinandersetzung mit der im Umfeld herrschenden Esoterik. Die Überschau der Geschichte des Zen-Buddhismus bietet einen Schlüssel zur Zen-Bewegung des 20. Jahrhunderts.

Die Rezeption des Zen im Westen beginnt schon bald nach der Jahrhundertwende. Der Vorgang betrifft sowohl die zenistische Geisteswelt als auch die Praxis, beide fanden Eingang in weite Kreise. Die Initiative lag zuerst beim Osten, aber der überaus aufnahmebereite Westen verhielt sich nicht bloß passiv. Mehrere Phasen der Aneignung lassen sich unterscheiden. Der Rezeptionsprozeß machte rasche Fortschritte, ist aber noch nicht zum vollen Abschluß gekommen. Die Einwurzelung des Zen ins westliche Geistesleben reicht tief und hat, wenn nicht alle Zeichen trügen, dauernde Folgen. Wir dürfen annehmen, daß mit dem 20. Jahrhundert eine neue Epoche der Zen-Geschichte beginnt.

Die überraschende Neuheit der Erscheinung darf nicht dahin führen, die Aktivitäten des Zen in der japanischen Heimat außer Acht zu lassen. In Kyoto, der alten Hauptstadt des Landes entstand eine originäre japanische Philosophie, die eine Synthese zwischen dem östlichen und dem westlichen Denken anstrebt. Zum ersten Mal in seiner Geschichte kommt das Zen zur Selbstreflexion. Bedeutsam ist auch die positive Erforschung des Zen in Beziehung zu verschiedenen Bereichen des Geisteslebens. Texterschließungen, in Aufarbeitung archaeologischer Funde, Übersetzungen, kritische Wertungen des Traditionsgutes, aber auch eindringende Studien der Inhalte sind zu einem beträchtlichen Volumen angewachsen. Der modernen Psychologie bietet das Zen-Phänomen nicht nur ein interessantes Forschungsobjekt, sondern auch eine Bereicherung für das psychische Heilen. Gegen Ende des Jahrhunderts tritt in einer Zusammenballung vieler Themen die sogenannte New-Age-Bewegung auf den Plan, eine weit verzweigte Bewegung, die sich auch auf die Zen-Erfahrung beruft, die, wie man glaubt, durch das Hervorbringen eines integralen Bewußtseins eine neue Epoche ankündigt. Die Begegnung der fernöstlichen Religionen mit dem Christentum wird von bedeutenden Geistesmännern als das wichtigste Ereignis im Umbruch unserer Tage bezeichnet, ein Ereignis, das von Buddhisten und Christen verschieden gesehen und gewertet, für beide Partner von großer Bedeutung ist. Die buddhistisch-christliche Begegnung kann, wenn sie gelingt, in einer gegenseitigen harmonischen Ergänzung Erkenntnisse bringen, die bei Wahrung der jeweiligen eigenen Identität eine nicht geringe beiderseitige Bereicherung gewährleistet.

I Zen im Westen

Vorboten der Wende

Der Beginn des 20. Jahrhunderts markiert eine Wende auf vielen Gebieten, deren Ausmaß wir mit Erstaunen am Ende des Jahrhunderts gewahren. Ein bemerkenswertes Phänomen ist der Einstrom der fernöstlichen Kulturen und Religionen in den Westen. Asien hatten die Europäer schon zu Beginn der Neuzeit entdeckt. Eine symbolische Figur im Inneren der Kuppel der römischen Barockkirche von San Ignacio stellt die Asia dar. Die westliche Buddhismusforschung setzte während des 19. Jahrhunderts mächtig ein. Der Einstrom asiatischer Kulturwerte in den Westen um die Wende vom 19. zum 20. Jahrhundert ließ sich als Anzeichen für die Lebendigkeit asiatischer Religiosität deuten. Bei näherem Zuschauen erkannte die Religionsgeschichte eine Beziehung zwischen dem Aufleben der traditionellen Religionen Asiens und den zunächst vornehmlich wissenschaftlichen Anstößen aus dem Westen. Die Begegnung zwischen Ost und West auf dem geistig-kulturellen und religiösen Gebiet ist wechselseitig und wirkt bis heute nachhaltig fort.
Die neue zwischenreligiöse Situation beleuchtet schlagartig der bei Gelegenheit einer Weltausstellung veranstaltete Kongreß des »World's Parliament of Religions«, der vom 11.-18. September 1893 Vertreter fast aller Religionsgemeinschaften in Chicago zusammenführte. Der Kongreß unterschied sich wesentlich von heutigen dialogischen Veranstaltungen. Ein ökumenisches Interesse war kaum wahrnehmbar. Um so stärker traten die asiatischen Religionen in den Vordergrund. Nicht mehr Gegenstand wissenschaftlicher Spezialforschung, faszinierte die östliche Geistigkeit durch

das Auftreten markanter Persönlichkeiten, vorab des Inders Vivek-
ânanda (1863-1902), des Begründers der Ramakrishna-Mission,
und des Singhalesen Anagarika Dharmapâla (1864-1933), des
Gründers der buddhistischen Mahabodhi-Gesellschaft. Beide zogen
durch die Neuheit und Kraft ihres Wortes Hunderte aufmerksamer
und einflußreicher Hörer in den Bann. Das Zen blieb am Rande.
Shaku Sôen (1859-1919), der Zen-Abt des Tempelklosters Engakuji von Kamakura in Japan und Meister des jungen Suzuki Daisetsu, zählte zu den geladenen Gästen, vermochte aber wegen man-
gelnder Sprachkenntnisse seiner Botschaft nicht die wünschenswer-
te Durchschlagskraft zu verleihen. Seine Tätigkeit im Hintergrund,
insbesondere seine Kontaktfreudigkeit brachte indes gute Früchte.
Er befreundete sich mit dem buddhistischen Verleger und Gelehrten
Paul Carus (1852-1919), dessen Bitte um Hilfe für die Übersetzung
östlicher Texte ins Englische er durch die dringende Empfehlung
seines besten Schülers, des jungen Suzuki, entsprach. Suzuki brach
1897 nach Amerika auf und arbeitete, helfend und lernend, zehn
Jahre lang in dem auf die östliche religiöse Literatur spezialisierten
Verlagsbetrieb. Als Interpret begleitete er seinen Zen-Meister Shaku Sôen auf einer Vortragsreise durch Amerika. Damals wurden
die ersten Keime gepflanzt, die viele Jahre später Blüten und Frucht
bringen sollten.

Rudolf Otto: »Aus dem Ernst des Numinosen geboren«

Das erste Buch über Zen in deutscher Sprache erschien im Jahre
1925. Der Titel lautete: »Zen – Der lebendige Buddhismus in
Japan«. Das Buch bietet in Übersetzung ausgewählter Zen-Texte,
vorab Stücke aus den zwei wichtigen chinesischen Kôan-Sammlungen Hekiganroku und Mumonkan. Übersetzung, Einleitung und
Erklärung stammen von dem japanischen Zen-Buddhisten Ôhasama Shûei, einem Laien und Universitätsprofessor aus der Rinzai-

Schule. Beim sprachlichen und inhaltlichen Zuschnitt auf das deutsche Leserpublikum half der junge deutsche Gelehrte August Faust. Rudolf Otto – und dies ist ein wichtiger Umstand bei dieser ersten literarischen Vorstellung des Zen in Deutschland – verfaßte ein Geleitwort. Während die Übersetzungen heute überholt sind, ist Rudolf Otto's Geleitwort immer noch lesenswert, ebenso wie sein späterer Aufsatz über »Das numinose Erlebnis im Zazen«, der in die in München 1932 erschienene Essay-Sammlung Otto's mit dem Titel »Das Gefühl des Überweltlichen – Sensus Numinis« aufgenommen wurde. Hier stehen wir genau an dem Punkt, wo das Zen zum ersten Mal in Deutschland entdeckt wurde. Wenig früher schon hatte Friedrich Heiler in seiner bemerkenswerten Studie über die »Buddhistische Versenkung«, mit der er 1918 in München seine wissenschaftliche Laufbahn begann, das Zen berührt. Aber da sein Interesse der im Pâli-Kanon beschriebenen frühbuddhistischen Meditation galt, hielt er das Zen für eine Entartung der ursprünglichen buddhistischen Meditation. Der abwertende Abschnitt blieb auch in der 2. Auflage des Heilerschen Buches 1921 unverändert. Aber noch im gleichen Jahrzehnt entdeckte Otto im japanischen Zen eine eigenartige, hochwertige Form der »Theologia negativa«. Das Zen ist, so schrieb Otto in seinem Essay über das numinose Erlebnis im Zazen, »seinem Wesen nach […] aus dem tiefsten Ernst des Irrationalen des Numinosen selber geboren. Zugleich ist dieses bei ihm so sehr ins Extrem gesteigert, daß wir, die wir von den rationalen Seiten der Religion überwiegend bestimmt sind, zunächst gar nicht imstande sind, zu bemerken, daß hier überhaupt Religion, und zwar ganz ungemein starke und tiefe Religion vorliegt.«[1]

Die Religionswissenschaft wird bei der Beurteilung des Zen immer auf dieses erste Bild vom Zen, das im Westen Rudolf Otto so eindrucksmächtig zeichnete, zurückgreifen. Otto begriff den eminent religiösen Charakter des Zen und ordnete es in die Mystik ein, für die die höchste Wahrheit unaussprechlich und das »Ganz Andere« ist. Dabei bezieht sich Otto auf die frühesten Essays von D.T. Suzuki über Zen, die 1922 in der englisch-sprachigen buddhistischen Zeitschrift »The Eastern Buddhist« in Kyoto erschienen. Mit diesen Essays, die Otto »geistvolle Aufsätze« nennt[2], sind wir bei der entscheidend wichtigen Phase der Einführung des Zen im Westen angelangt.

Suzuki Daisetsu: Der Pionier

Die Vermittlung des Zen an den Westen geschah vornehmlich durch Suzuki Daiseṭsu (1870-1966), dem der Brückenschlag zwischen Ost und West in einzigartiger Weise gelungen ist. Suzuki war für seine Mission in jeder Hinsicht hervorragend geeignet und ausgerüstet. Ersten Kontakt mit dem Zen-Buddhismus hatte er schon als Universitätsstudent. Nach Abschluß seiner Hochschulstudien übte er unter den berühmten Zen-Meistern Imagita Kôsen (1816-1892) und Shaku Sôen, beide Äbte des Rinzai-Klosters Engakuji in Kamakura. Shaku Sôen, ungewöhnlich aufgeschlossen für jegliches Wissen, unterzog sich nach Abschluß seines Zen-Trainings noch einmal ernstem Studium an der von Fukuzawa Yukichi (1835-1901) gegründeten fortschrittlichen Keio-Universität. Ungeachtet beträchtlicher Widerstände, sandte der weltoffene Mann seinen begabtesten Schüler, den jungen Suzuki nach Amerika, um dort bei der geplanten Veröffentlichung fernöstlicher, insbesondere buddhistischer Schriften behilflich zu sein. In der Verlagsarbeit bot sich Suzuki eine ausgezeichnete Gelegenheit, nicht nur zur Aneignung der englischen Sprache, sondern auch zur Erlangung reicher Kenntnisse über die westliche, vorzüglich über die angelsächsische Geisteskultur und Zivilisation. Seine eheliche Verbindung mit einer religiös gesinnten, der östlichen Geistigkeit offenen Amerikanerin ließ ihn in der westlichen Welt heimisch werden, während sein Geist und sein Herz unverändert dem Zen anhingen.[3]

Wenn Suzukis Leistung für die Einführung des Zen im Westen schlechterdings bahnbrechend wurde, so haben die leitenden Ideen und die Besonderheiten seines Zen-Verständnisses dem von ihm inspirierten westlichen Zen eine Prägung aufgedrückt. Deshalb lohnt es sich, den Eigentümlichkeiten seiner Zen-Interpretation nachzuforschen.

Das überaus reiche literarische Schaffen Suzukis (seine japanischen Schriften wurden in 30 Bänden gesammelt, eine Gesamtausgabe seiner englischen Werke steht noch aus)[4] läßt sich nach verschiedenen Gesichtspunkten ordnen. Zeitlich bedingte der Zweite Weltkrieg einen scharfen Einschnitt. Suzuki hatte vor Ausbruch des Pazifischen Krieges ein allseitiges, in seiner Art vollständiges Werk abgeschlossen. Nicht als ob er eine systematische Darstellung des Zen-Buddhismus geliefert hätte. Systematische Schriften hat er während eines langen Lebens (er ist über 90 Jahre alt geworden) keine einzige geschrieben. Aber während der ersten Hälfte seines literarischen Wirkens konnte er so ziemlich alle wichtigen Punkte des Zen berühren. Seine drei Bände *Essays in Zen Buddhism*, zuerst in England erschienen (1927-1934), sowie seine einführende Trilogie *Introduction to Zen Buddhism* (1934), deutsch: *Die große Befreiung*, *The Training of the Zen Buddhist Monk* (Der asketische Mönchsweg im Zen-Buddhismus) (1934) und das Manuale des Zen-Buddhismus (1935), eine illustrierte Anthologie von Zen-Texten, bieten das Ganze des Zen-Buddhismus, wie Suzuki es sah, erfahren hatte und den westlichen Menschen zu vermitteln wünschte. Bei der Vermittlung interpretiert und adaptiert er an das westliche Denken, so wie er es versteht. Indem er, wenn auch zunächst recht vorsichtig und spärlich, eigene Gedanken entwickelt, setzt er bewußt Schwerpunkte.

Die hervorstechende Eigentümlichkeit der frühen Zen-Interpretation Suzukis ist sein vorherrschend psychologisches Interesse. In seinen Essays übernimmt er die Beschreibungskategorien aus dem bekannten Werk »*The Varieties of Religious Experience*«[5] des amerikanischen Religionsphilosophen und Psychologen William James. Bei dieser Übernahme handelt es sich nicht um eine bloß äußere Beeinflussung. Suzuki empfand bestimmt eine Wahlverwandtschaft mit dem genialen Amerikaner, der wie er selbst die Erfahrung über alles hochschätzt und in seinen Schriften einen genuinen Sinn für das Religiöse verrät. Die religiöse Erfahrung erreicht im Zen bekanntlich ihren Höhepunkt in der Erleuchtung, dem Satori-Erlebnis, das für Suzuki die Quintessenz des Zen ausmacht. Kaum weniger interessant ist die Kôan-Übung, die in der Rinzai-Schule methodisch ausgebaut zum Erlebnis hinführt. Satori und Kôan stehen im Mittelpunkt der Suzukischen Zen-Lehre; in seinem zentralen Frühwerk werden sie vorzüglich nach der psychologischen Seite hin dargestellt. Philosophie und Metaphysik treten gegenüber dem psychologischen Interesse zurück. Für Geschichte zeigt er so wenig Verständnis, daß es darüber mit dem chinesischen Historiker Hu-shih, der diesen Mangel offen tadelt, zu einer lebhaften Kontroverse zwischen den zwei angesehenen asiatischen Gelehrten kam.

Suzukis Pionierwerk für die Einpflanzung des Zen im Westen ist während seiner ersten Lebenshälfte vornehmlich durch sein literarisches Schaffen bestimmt. Nach seiner Rückkehr aus Amerika und einer ausgedehnten Weltreise (1908) konzentrierte er sich während der folgenden Jahrzehnte auf das Studium des Zen. Wie er in einer autobiographischen Skizze bemerkt, ist er tatsächlich »der erste, der ein Spezialstudium des Zen in englische Sprache« leistete[6]. Seine grundlegenden Bücher entstanden während der 20er und 30er Jahre. Er stand im reifen Alter. Sein bedeutendes Fachwissen und seine reiche Erfahrung verleihen diesen Büchern dauernden Wert. Vortragsreisen in England und in den Vereinigten Staaten Nordamerikas sind erstmalig für das Jahr 1936 vermerkt. Die lebendige Vermittlung des Zen durch das gesprochene Wort war dem vorgerückten Alter vorbehalten. Der epochale Durchbruch erfolgte nach Beendigung des Zweiten Weltkrieges.

Die neue Periode in Suzukis Leben markiert auch der Umstand, daß er in späteren Jahren, wenn er sich nicht auf Reisen befand, meistens in Amerika wohnte. Sein Wirken ging in die Breite. Seine Vorlesungen an amerikanischen Universitäten, vorzüglich an der

Colombia Universität in New York, sowie seine Vorträge in vielen Städten Amerikas und Europas weckten stärkstes Echo. Überall gilt er als der erfahrene Fachmann des Zen. Darüber hinaus begrüßen viele seiner Hörer in ihm einen der wenigen lebenden Weisheitslehrer des Ostens. Sein Thema ist unverändert der Zen-Buddhismus, aber es geht ihm weniger darum, positive Kenntnisse über das Zen zu vermitteln, als vielmehr zu einer letzten, umfassenden, höchsten Wahrheit hinzuführen.

In den späteren Schriften Suzukis tritt das philosophisch-metaphysische Moment stärker hervor. Ein eigentlicher Philosoph ist Suzuki wohl nie gewesen. Einer seiner engsten Schüler nannte ihn mir einmal im Gespräch einen *»would-be-philosopher«* und meinte, er habe zeit seines Lebens eine besondere Vorliebe für die Philosophie gehegt. Wie dem auch sei, Suzuki zählt bestimmt zu den Lebemeistern, deren einer nach Meister Eckharts berühmtem Wort tausend Lesemeister, nämlich bloß theoretische Denker, übertrifft. In seinen geistsprühenden Vorträgen und Aufsätzen konnte er immer wieder echte Weisheit schenken. In seiner Altersweisheit beeindruckt seine tiefe Religiosität. Während seiner letzten Lebensjahre beschäftigte er sich auch viel mit den Amida-Frommen der Shin-Schule, des sogenannten Buddhismus des Glaubens. Sein letzter öffentlicher Vortrag, den ich wenige Monate vor seinem Tode anhören durfte, hatte jene frommen Amida-Gläubigen, japanisch *myôkônin*, d.h. wörtlich »wunderbar fröhliche Leute« genannt, zum Gegenstand. Die christliche Mystik suchte Suzuki aus den Schriften des von ihm hoch geschätzten Meister Eckhart zu verstehen[7].

Beim Abschätzen des Beitrags Suzukis zum Bild des Zen im Westen ist zu bedenken, daß das von ihm in seinen Schriften und Vorträgen vorgestellte Material über das Zen sich auf die Rinzai-Schule, also auf die eine der zwei aus China nach Japan überpflanzten großen Zen-Schulen beschränkt. Die in Geschichte und Gegenwart nicht minder bedeutende zweite Zen-Schule, die Sôtô-Schule, die in Japan durch den großen Zen- Meister Dôgen vertreten ist, hat Suzuki kaum erwähnt. Dies ist nicht nur ein äußerer Mangel, sondern betrifft das Zen-Verständnis als solches. Bestimmte Wesenszüge, wie das Paradox und die Überrationalität, die im Rinzai beheimatet sind, treten überstark hervor. Demgegenüber ist von der im Sôtô-Zen betonten Meditation im Alltag wenig die Rede.

Suzukis Pionierwerk für die Einpflanzung des Zen im Westen erstreckt sich über den größeren Teil des 20. Jahrhunderts. Noch die zahlreichen Epigonen, die sein Werk verwässerten und manchmal beinahe bis zur Unkenntlichkeit entstellten, zeugen für den hohen Bekanntschaftsgrad seiner Schriften. Suzuki hat für die Rezeption des Zen im Westen den Anstoß gegeben und die Weichen gestellt. Er zählt zu den einflußreichsten Geistesmännern dieses Jahrhunderts.

Motive der westlichen Zen-Rezeption

Suzukis Bild vom Zen hat im Westen die verschiedenartigsten Wirkungen hervorgerufen. Vor allem geht auf ihn die Ablösung des Zen vom buddhistischen Mutterboden zurück. Seine Neigung zur Psychologisierung und Universalisierung konnte leicht das ursprünglich buddhistische Zen verfremden. Suzukis Zuhörer, die von dem verehrten Meister immer wieder hörten, das Zen sei weder eine Religion noch eine Philosophie, konnten das Zen auf ihre eigene Art verstehen und mit allen möglichen, dem traditionellen Buddhismus fremden Ausdrucksweisen verbinden. Japanische Zen-Buddhisten verwunderten sich nicht selten über die Verwandlungen, die im Westen mit dem Zen vor sich gingen und stellten Unterschiede von den herkömmlichen Formen des japanischen Zen fest.

Zudem machten sich Einflüsse amerikanischer Zeiterscheinungen in der Zen-Rezeption geltend. Die in Kalifornien während der 50er Jahre blühende »beatnik« oder »beat«-Bewegung fand bei nicht wenigen Zen-Anhängern Beifall. Obgleich die Bewegung nicht unbedingt mit dem Zen verknüpft ist, sprach man von »Beat-Zen«

oder »Square-Zen«. Die aus der übertechnisierten westlichen Konsumgesellschaft ausbrechende Jugend entdeckte in der Zen-Mystik einen neuen Lebensstil, der ihr um so mehr zusagte, als dieses Zen – so viel hatten sie aus den paradoxen Kôan-Geschichten herausgehört – dem rationalen Denken und aller Konvention ins Gesicht schlägt. Das Beat-Zen erfreute sich in Kalifornien, dem Eldorado der Neuen Religionen, für kurze Zeit großer Beliebtheit, ging aber rasch zurück und verschwand fast völlig. Die ephemere Modeerscheinung der Zen-Beatles fand in der amerikanischen Literatur, vorab in den lebenssprühenden Romanen von Jerome D. Salinger, einen Niederschlag. In gemäßigteren Formen breitete sich der Zen-Snobismus, dem Ernst Benz eine Studie widmete[8], in intellektuellen und literarischen Kreisen aus. Niemand kann sagen, wer für all den Unsinn, der unter dem Namen von Zen in der Öffentlichkeit rundgegangen ist, die Verantwortung trägt.

Ernster zu nehmen ist die Übersteigerung des psychologischen Aspektes. Die psychotherapeutische Komponente hat im Westen seit der Einführung des Zen eine nicht geringe Rolle gespielt, weil das Zen tatsächlich der Psychologie eine neue Perspektive eröffnet. Vom medizinischen Standpunkt aus durchaus berechtigt, muß die therapeutische Bedeutung der Zen-Meditation doch auf ein angemessenes Maß beschränkt werden. In der frühen Phase der Zen-Rezeption im Westen wurde das von den buddhistischen Grundlagen abgelöste Zen vielfach bei den psychischen Heilverfahren eingereiht. Insoweit sich mit Hilfe der Zen-Meditation Heilerfolge erzielen lassen, kann man die medizinische Bereicherung nur begrüßen. Doch bleibt wahr, daß »dem Zen die Seele genommen ist, wenn es sein Dasein im psychologischen Laboratorium fristen soll. Die Psychologie kann nicht das letzte Wort über das Zen sprechen, das aus dem religiösen Urtrieb des Menschen geboren und aus religiösen Quellen genährt in vielen Jahrhunderten der Geschichte große religiöse Leistungen inspiriert hat.«[9]

Esoterische Kreise beriefen sich zuweilen für zusätzliche Versuche bei der Zen-Übung auf Suzuki, aber mit Unrecht. Denn bei aller

Vorliebe für das Paradoxe und Überrationale liegen dem japanischen Gelehrten Wunderbares, Parapsychologie und Magie fern. Suzuki war kein Esoteriker, obgleich er auch das esoterische Element, das im Zen zweifellos vorhanden ist, zur Geltung bringt. Wenn esoterische Praktiken in den Vordergrund rücken, kann das Zen, wie es in Amerika und auch in Europa geschehen ist, in die Nähe des Gebrauchs von psychedelischen Drogen (Meskalin, LSD u.a.) geraten. In Japan kamen einigerorts psychologische Techniken zur Anwendung, die in einem abgekürzten Schnellverfahren ein Erlebnis bei den Übenden zu erzwingen suchen. Die maßgebenden Meister von Rinzai und Sôtô lehnen solche Methoden sowie hypnotische Mittel, psychedelische Drogen und ähnliches entschieden ab, haben aber keine Bedenken gegen exakte Untersuchungen der Veränderungen der Gehirnwellenlängen während der Zen-Meditation. Solche Untersuchungen wurden öfters durchgeführt und zeitigten interessante Resultate[10].

Japanische Zen-Lehrer im Westen

Vom Zen innerlich betroffene Menschen im Westen richteten bei der Ausschau nach authentischen Zen-Lehrern ihren Blick auf Japan, das Land mit der lebendigen Zen-Tradition. In Antwort auf den Anruf zeigten sich japanische Zen-Buddhisten bereit, auch Amerikaner und Europäer Zen zu lehren, sei es daß diese sie in Japan aufsuchten, oder auch daß sie selbst für kürzere oder längere Zeit ihren Wohnsitz in westlichen Ländern nahmen. In Amerika entstanden schon früh Zen-Hallen, in San Francisco 1928, in Los Angeles 1929; in New York bildete sich eine *Buddhist Society of America*, die zum *First Zen Institute of America* (1931) wurde. Das Institut konzentriert sich auf Zen und widmet sich sowohl wissenschaftlicher Forschung als auch praktischer Übung. Weitere Zen-Zentren folgten. In Amerika und Europa ergänzten bestehende buddhistische Institutionen ihre Anlagen durch Meditationsräume für Zen. Ein Haupthindernis bildete vielfach die Sprachschranke, aber mit einiger Anstrengung ließen sich die Verständigungsschwierigkeiten überwinden.

Rinzai und Sôtô, die beiden großen japanischen Zen-Schulen, sind bei der Übermittlung des Zen ziemlich gleichmäßig beteiligt. Je nach der Schule und der Linie variiert die Übung. Überdies haben einzelne Zen-Meister ihre Eigenheiten. Selbstverständlich sind nicht alle Zen-Lehrer von der gleichen Qualität. Auch ist das Zen, das sie lehren, verschieden eng mit der buddhistischen Religion verknüpft. Selbst wo die Zen-Kurse in einem buddhistischen Zentrum stattfinden, hängt es vom Kursleiter ab, in welchem Grade die Meditation religiös buddhistisch ist. Man wird es einem Buddha-Mönch bestimmt nicht verargen, wenn er seine tiefe buddhistische Glaubensüberzeugung bekundet. Er verstößt dadurch nicht gegen die Toleranz. Ich kenne japanische Zen-Meister, die gläubige Christen mit viel Hingabe in das Zen einführten, ohne diese in ihrem christlichen Glauben zu verunsichern. Man wird also im Falle der japanischen Zen-Lehrer nicht ohne Einschränkungen von »Buddhistischer Mission im Westen« sprechen. Die Realität ist komplexer und differenzierter.

Die Überpflanzung des Zen in den Westen führt zu dem umfassenden Problem, ob und in welcher Weise das Zen und der Buddhismus im Westen sich im Vergleich zum Zen und Buddhismus in den asiatischen Mutterländern verändert. Artikulieren sich in den Veränderungsvorgängen lediglich bestimmte Modernisierungsprozesse, oder gehen die Veränderungen bis auf den Wesenskern? Bei den lediglich kulturellen Adaptationen des Zen handelt es sich durchwegs um Akzentverschiebungen, die freilich manchmal auch das Wesen des Zen berühren. Offensichtlich ist die Ablösung des Zen von der buddhistischen Grundlage am weitesten vorangetrieben, wo Christen sich der Zen-Meditation widmen. Auf die hier angesprochene Problematik werden wir in einem späteren Kapitel klärend einzugehen versuchen.

Die Rezeption des Zen im Westen, die seit der Wende zum 20. Jahrhundert eingesetzt hat, – so viel dürften diese einführenden Erörterungen verdeutlichen – geht weit über die Veränderungen und Umformungen der jahrhunderte-alten Geschichte des Zen-Buddhismus in Asien hinaus. Der Überschritt aus der östlichen in die westliche Hemisphäre bringt bei aller Bemühung um Kontinuität Neugestaltungen mit sich. Auch unterscheidet sich die Pioniergestalt Suzukis deutlich von führenden Zen-Meistern früherer Jahrhunderte. Stehen wir in einem Umbruch, der wesentliche Punkte der Überlieferung berührt? Zweifellos hat das im Wandel der Zeiten an Abwechslung reiche, vielgestaltige Bild des Zen während des 20. Jahrhunderts bedeutendsame Erweiterungen und Umformungen erfahren.

II Zen-Philosophie und westliches Denken

Zen ist keine Philosophie. Auch gibt es keine philosophische Deutung des Zen. Dennoch weckt der Ausdruck »Zen-Philosophie« heute keine Verwunderung. Gibt es doch eine nicht unbedeutende Literatur, die sich in unseren Tagen mit der Zen-Philosophie befaßt. Eine Studie über »Zen im 20. Jahrhundert« kann auf den philosophischen Aspekt nicht verzichten.

Vor hundert Jahren disputierten europäische Gelehrte vehement darüber, ob der Buddhismus eine Philosophie sei oder nicht. Die Frage kann als abgeschlossen angesehen werden. Trotz philosophischer Elemente in allen buddhistischen Schulen und philosophischer Gedankengänge in der buddhistischen Lehre gilt der Buddhismus heute nicht als Philosophie, sondern rechnet zu den Weltreligionen. Das Gleiche gilt für alle buddhistischen Schulen, auch für die zum Mahâyâna-Buddhismus gehörige Zen-Schule.

Doch wirken im Zen besonders stark geistige Kräfte, die im philosophischen Denken aktiviert werden, aber genau diese Kräfte stemmen sich gegen Philosophie als System. Das Zen wehrt sich gegen Begrifflichkeit und Verbalisierung, die aus rationalem Denken hervorgehen. Der Buddhismus, insbesondere der Mahâyâna-Buddhismus, kennt philosophische Richtungen und Systeme, aber das Zen begegnet dem zünftigen Philosophieren mit einem großen Lachen. Während des 20. Jahrhunderts zog der radikal antiphilosophische Charakter des Zen viele westliche Menschen an.

Merkwürdigerweise kam um die gleiche Zeit innerhalb der Zen-Bewegung eine neue Haltung gegenüber der Philosophie und ihren Problemen zur Geltung. Dem Philosophischen verdankt das Zen in der Gegenwart wichtige Impulse, die teils in der Zen-Tradition wurzeln, teils dem philosophischen Klima des Jahrhunderts entstammen.

Philosophisches in der Zen-Tradition

In der Zen-Geschichte scheinen bei der Behandlung des geistigen Hintergrundes der Bewegung philosophische Motive auf. Mancher Zen-Jünger ist erstaunt, in frühen Mahâyâna-Sutren oder in den chinesischen Weisheitsbüchern des Lao-tzu und des Chuang-tzu ausgesprochen zu finden, was ihn im Fortschritt der Zen-Übung seit langem bewegte. In der Zen-Literatur, sowohl der chinesischen als auch der japanischen, bleibt der philosophische Gehalt unartikuliert. Die in den Texten zerstreuten Zitate aus Sutren werden nicht reflektiert. Dies ändert sich im 20. Jahrhundert. Auch hier ist ein großes Verdienst der Pionierarbeit Suzukis zuzuschreiben. Seine Essays über den Zen-Buddhismus fanden lange Zeit wegen ihrer freizügigen, für unwissenschaftlich erachteten Komposition nicht die gebührende Beachtung. In vielen Essays weist Suzuki die enge Beziehung des Zen zu einigen Mahâyâna-Sutren, insbesondere zu den Weisheitssutren (*prajñâpâramitâ*), den Avatamsaka-Sutren und dem Lankâvatâra-Sutra auf. Diese Sutren bilden den Kern chinesischer Schulen des Buddhismus, in denen sie jahrhundertelang ausgiebig interpretiert wurden. Das Zen sperrt sich gegen das Philosophieren über Sutrenlehren. Die Inspiration, die aus den Sutren quillt, lebt frisch wie ein Fisch im Wasser in den Sprüchen und im Handeln der Zen-Meister, deren philosophische Potenz dem Können buddhistischer Fachgelehrter keineswegs nachsteht. Der Umschlag ins Paradox entspringt bei ihnen dem Überschwang des Geistes. Die klassischen Kôan-Sammlungen markieren den literarischen Höhepunkt der Bewegung. Deren Ausfaltung zuerst in China, dann in Japan ist bekannt.

Der reiche philosophische Gehalt der Mahâyâna-Sutren im Zen-Schrifttum dient ausschließlich der Praxis, die auf die Einheitserfahrung ausgerichtet ist. Einheit und Vielheit, Gleichheit und Verschiedenheit, Objektivität und Subjektivität, die Identität aller Wirklichkeit mit der Buddha-Natur und dem wahren Selbst, diese und andere Themen von philosophischer Brisanz kommen in einer unphilosophischen, konkreten Weise zum Zuge. Was bizarre Wortspiele und groteske Handlungen früher Generationen andeuten, wird in der praktischen Übung nach allen Richtungen hin durchexerziert. So scheinen weitschichtige, tiefreichende Probleme für die philosophische Reflexion auf, wie z.B. die Vernetzung aller Dinge in der Einheit des Kosmos, die Kraft der jegliche Unterscheidung übersteigenden Negation und der Bewußtseinswandel der Einheitserfahrung. Daß diese Motive dem Geist nicht als objektive Aufgaben, sondern in dynamischer Übung dargeboten werden, vermehrt ihren Anreiz.

Während des 20. Jahrhunderts reflektierte die sich nach dem Westen hin ausdehnende Zen-Bewegung in wachsendem Maße das in der Tradition überlieferte philosophische Erbgut. Ein Blick in die zahllosen Bücher über Zen, die in rascher Folge erschienen, bestätigt die Bedeutung, die nach der Wende zu Beginn dieses Jahrhunderts dem Philosophischen im Zen beigemessen wurde. Kaum ein Buch in westlicher Sprache begnügt sich mit praktischer Anweisung und bloßer Beschreibung. Die philosophische Reflexion hat sich offensichtlich des Zen bemächtigt. Suzukis Warnungen und sein durch ihn selbst frustrierter Versuch, das Zen von theoretischer Reflexion rein zu erhalten, ist gescheitert.

Hervor sticht die Bemühung nicht nur wissenschaftlicher Autoren, das Wesen des Zen zu erfassen und dessen Grundprinzipien lehrhaft darzulegen. Diese Thematik herrscht in den Büchern über Zen vor. Der geschichtlichen Forschung lag vor allem die Kenntnis des Quellenmaterials am Herzen. Die hochwertigen Übersetzungen in westliche Sprachen, die in großer Zahl erschienen, begnügen sich vielfach nicht mit der philologischen Leistung, sondern suchen durch Erklärung und Analyse möglichst tief in den Inhalt ihrer Vorlagen einzudringen und deren philosophische Relevanz zu verdeutlichen. Zu erwähnen sind auch die vielen vergleichenden Studien, die das Zen mit westlicher Philosophie konfrontieren, sei es um seine Andersartigkeit, sei es, um Ähnlichkeiten herauszustellen. Die Begegnung mit dem westlichen Denken hinterließ naturgemäß tiefe Spuren. Während des 20. Jahrhunderts wurde das Zen als ein einzigartiges Phänomen in die unübersehbare Menge menschlicher Denkprodukte eingereiht. Diese Beobachtungen allgemeiner Art berechtigen dazu, die philosophische Reflexion zu den Charakteristika des Zen im 20. Jahrhundert zu zählen. Das Bewußtwerden der weltanschaulichen Relevanz blieb nicht ohne Wirkung. Diese Bewußtheit ist eine der Vorbedingungen der spektakulären Bedeutung der Zen-Bewegung innerhalb des modernen Geisteslebens.

Dôgen – entdeckt als Denker

Der Zen-Meister Dôgen (1200-1253) war lange Zeit vornehmlich als Begründer der japanischen Sôtô-Schule des Zen und als eifriger Förderer der Zazen-Übung bekannt. Anfang der 20er Jahre erregte ein zuerst in Zeitschriften, dann als Buchtitel erschienener längerer Essay über den »Mönch Dôgen« (jap. *Shamon Dôgen*) des Professors der damals Kaiserlichen Universität Tokyo Watsuji Tetsurô Aufsehen in der japanischen Geisteswelt. Watsuji, ein Gelehrter und Literat von hohem Rang, hatte die geistige Bedeutung des bislang außerhalb der auf ihn zurückgehenden Zen-Schule wenig bekannten Dôgen entdeckt und war tief in dessen literarisches Werk eingedrungen, das sieben Jahrhunderte lang im Alleinbesitz der Schule die japanische Geistesgeschichte nicht merklich beeinflußt hatte. Er beklagt diesen Mangel und hebt das Licht auf den Leuchter. Wie er in den ersten Zeilen seines Essays schreibt, möchte er, obgleich nicht zur Sôtô-Schule gehörig, »das wahre Gesicht« des großen Zen-Meisters seinen Zeitgenossen zeigen und für »eine herausragende religiöse Persönlichkeit« Interesse wecken, weil, wie er meint, ohne deren Berücksichtigung »das Wesen unserer Kultur nicht verstanden werden kann«[1]. Gegen den Einwand, ohne Übung der Zen-Meditation (*zazen*) könne Dôgen unmöglich verstanden werden, macht er die Tatsache der sorgfältigen Niederschrift seiner Gedanken durch den Meister geltend, die dessen Überzeugung beweist, den wahren Dharma durch sein geschriebenes Wort mitteilen zu können. Er ist sich der Unzulänglichkeit seiner Bemühung bewußt, doch drängt es ihn, die »starke Persönlichkeit«, die ihn zutiefst beeindruckt hat, bekannt zu machen. Watsuji schreibt:

»Ich hege nicht das Selbstvertrauen, Dôgens Wahrheit, so wie sie ist, zu verstehen und ich behaupte nicht, meine Erklärung sei die einzige. Aber ich wünsche, wenigstens den Weg zu einer neuen Erklärung zu öffnen, durch die Dôgen nicht mehr der Dôgen eines Hauses, sondern Dôgen für die Menschheit, nicht mehr Dôgen der Patriarch einer Schule, sondern unser Dôgen ist. Ich wage solche überhebliche Worte zu sagen, weil ich weiß, daß Dôgen bisher innerhalb der Sekte getötet war.«[2]

Watsuji übt harte Kritik an der Sôtô-Schule seiner Tage, die es versäumt hat, die hohen und tiefen Einsichten ihres Gründers, die sich in seinen Schriften bekunden, ans Licht zu bringen. Die landläufigen Biographien vermitteln nach seiner Ansicht keine wirkliche Vertrautheit mit Dôgens Werk. Deshalb fühlt er sich als Kulturgeschichtler verpflichtet, zur Feder zu greifen, um seine Landsleute an seinem, wenn auch nur unvollkommenen Teilwissen der großen Persönlichkeit, als die er den Mönch und Zen-Meister Dôgen erkannt hat, teilnehmen zu lassen.

Aus dem Zitat seien die Worte »Dôgen für die Menschheit« und »unser Dôgen« hervorgehoben. Watsuji trifft genau die zwei Wesenszüge, die das vertiefte Dôgen-Studium im Laufe dieses Jahrhunderts herausgestellt hat, nämlich die Modernität und Universalität dieses Zen-Meisters. »Unser Dôgen« hat uns heute etwas zu sagen. Er ist nach 700 Jahren wieder modern, aber seine Bedeutung ist nicht auf die Sôtô-Schule begrenzt. Wegen seiner Modernität und Universalität reicht er über räumliche und zeitliche Grenzen hinaus, wie das Zen wird er außerhalb Japans und der östlichen Hemisphäre im 20. Jahrhundert als zeitgemäß erkannt und studiert.

Watsujis Essay weckte in Japan starkes Echo. Der Philosoph aus der Kyoto-Schule Tanabe Hajime, wie Watsuji eine bedeutende Gestalt im japanischen Geistesleben der ersten Jahrhunderthälfte, bekundet in einem längeren Essay, überschrieben »Eine persönliche Sicht der Philosophie des Shôbôgenzô« seine volle Zustimmung[3]. Er teilt Watsujis Hochschätzung Dôgens und dankt ihm in seinem Vorwort ausdrücklich für seine Entdeckung Dôgens, dieses »hervorragenden Metaphysikers und Vorläufers der japanischen Philosophie«. Tanabe spendet der »Tiefe und Genauigkeit des Denkens Dôgens« hohes Lob und betont dessen Modernität. Dôgen weist, wie er meint, »dem systematischen Denken der heutigen Philosophie« einen Weg. Sein Lobpreis für den Zen-Meister des Mittelalters ist überstark, aber seine eigenständige Interpretation des Shôbôgenzô hilft nur wenig zum richtigen Verständnis Dôgens.

Tanabes Essay kann als eine Fortführung der protreptischen Mahnung Watsujis angesehen werden. Von der geistigen Tiefe des religiösen Denkens Dôgens innerlich bewegt, leiten beide eine neue Epoche des Dôgen-Studiums in Japan ein. Die erste, bis heute nicht überholte systematische Darstellung des Dôgenschen Werkes in japanischer Sprache verdanken wir dem Gelehrten Akiyama Hanji, der, weder Sôtô-Mönch noch Literat, die längere Zeit seines Lebens als Lehrer und Direktor eines Gymnasiums in der Provinz wirkte. Er nennt die Frucht seiner Jahre langen, mühevollen Arbeit bescheiden »Studien über Dôgen« (1935)[4]. Sein Buch zeichnet sich durch Klarheit des Stils und geordnete Gedankenführung aus. Eine vergleichbare Gesamtdarstellung legte genau 40 Jahre später der heute in Amerika lehrende Professor Hee-Jin Kim in englischer Sprache vor (1975)[5]. Außer diesen zwei das Ganze umfassenden Werken gibt es bislang nur viele Einzelstudien und mehr oder weniger sorgfältig kommentierte Textübersetzungen. Akiyama, von Watsuji inspiriert, dankt Tanabe im Vorwort für Hilfe bei der Veröffentlichung seines Buches. Er bemüht sich um den philosophischen Gehalt des Dôgenschen Schrifttums, und hebt besonders die ontologischen Aspekte hervor, behandelt aber auch die Prinzipien der spezifisch Dôgenschen Zen-Praxis, nämlich die Einheit von Übung und Erleuchtung und die einzigartige Bedeutung der Hockmeditation Zazen.

Dank der drei Pioniere Watsuji, Tanabe und Akiyama war Dôgen schon in Vorkriegsjahren in akademischen Kreisen Japans im Gespräch. Sein Name tauchte bei den jährlichen religionswissenschaftlichen Kongressen immer häufiger auf. So wundert es nicht, daß auch die Sôtô-Schule sich alarmiert engagierte. Das Buch »Zen-Meister Dôgen als Gründer seiner Schule«, verfaßt von einem Professor der Sôtô-Universität Komazawa[6], reklamiert, wie der Titel sagt, Dôgen für die Sôtô-Schule, die ihn als ihren Gründer betrachtet. In den Nachkriegsjahren mehrten sich die Schriften über Dôgen sowie die Neuausgaben seiner Werke, eine Aktivität, die unter der Führung der Professoren der Komazawa-Universität bis heute unvermindert anhält.

Hervorgehoben sei der Name Masunaga Reihô aus der Sôtô-Schule, der mehr als irgend einer seiner Kollegen die Modernität Dôgens und dessen eminente Bedeutung für den Westen aufzuweisen suchte. Was D.T. Suzuki für das Rinzai-Zen geleistet hatte, wünschte er ähnlich für die Verbreitung des Dôgen-Zen zu tun. Leider setzte eine schwere Erkrankung und sein vorzeitiger Tod seiner Bemühung ein Ende. Wie viel ihm an der Verwirklichung seines Vorhabens lag, bezeugt seine Klage: »Die Kenntnis des Zen im Westen erstreckt sich nur selten bis zu der zahlreicheren Zen-Sekte von Sôtô« (1958)[7]. Dieses Wort sollte allerdings schon bald nicht mehr zutreffen.

Das umfangreiche Kapitel über Dôgen in meinem Buch »Zen – Geschichte und Gestalt« (1959)[8], eine der frühesten westlichen Würdigungen Dôgens, verdankt viel dem mir befreundeten, stets hilfreichen buddhistischen Kollegen Masunaga, mit dem und unter dessen Führung wir im interessierten Freundeskreis Kapitel aus dem Shôbôgenzô lasen. Mein Essay über »Die religiöse Metaphysik des Japanischen Zen-Meisters Dôgen« (erschienen in der Zeitschrift Saeculum 1961)[9] leuchtet die Mitte des Dôgenschen Denkens, seine ontologische Sicht der Buddha-Natur an. Der gleichen Thematik geht Abe Masao, ein Vertreter der Kyoto-Schule, in seiner englischen Studie »Dôgen über die Buddha-Natur« (1971) nach[10]. Die Dôgen-Literatur der letzten drei Jahrzehnte mit vielen Einzeldarstellungen und Erklärungen seiner Schriften ist überreich. Sein Hauptwerk Shôbôgenzô liegt in mehreren vollständigen, nicht unbedingt befriedigenden, aber zweifellos nützlichen Übersetzungen in westliche Sprachen vor.

Die Modernität des Dôgenschen Werkes kann als ein Schlüssel zum Verständnis der Dôgen-Renaissance im 20. Jahrhundert angesehen werden. Dôgen hat in vielen Kapiteln seines Hauptwerkes immer gültige, auch heute aktuelle Menschheitsfragen, wie die Fragen von Leben und Tod, von Sein und Nicht-sein, von Sein und Zeit artikuliert. Das Buch von der Buddha-Natur, ein zentrales und umfassendes Kapitel des Shôbôgenzô, gipfelt in den Ausführungen über das Sein der Buddha-Natur, das Nichts der Buddha-Natur und die Unbeständigkeit der Buddha-Natur, lauter metaphysische Aussagen, in denen Seinsrealismus, Negation und Werden zusammenklingen. Der tief religiöse Denker Dôgen läßt es nicht bei theoretischer Reflexion bewenden, sondern drängt auf Realisierung in der Übung. Die Identität von Erleuchtung und Übung, gemäß der der Übende im Üben die Erleuchtung manifestiert, schließt Denken und Praxis zusammen.

Dôgens Modernität offenbart sich auch in der ihm eigenen Sprache. Die Philosophie des 20. Jahrhunderts, die der Sprache so große Bedeutung beimißt, kann Dôgens sprachschöpferische Leistung nicht übersehen. Der koreanische Gelehrte Kim widmet der Ausdrucksmächtigkeit Dôgens besonders Aufmerksamkeit und gewahrt im Leben des Zen-Meisters »einen unaufhörlichen Kreis hermeneutischer Aktivitäten«, denen er schöpferischen Ausdruck zu verleihen vermag[11]. Thomas P. Kasulis, ein junger amerikanischer Zen-Forscher, deutet in einem Essay das Werk des »unvergleichlichen Philosophen« aus hermeneutischer Sicht[12]. Er rühmt nicht bloß den »sprachlichen Reichtum« des »Meisterwerkes« des

»tiefen Denkers«, sondern fordert für das wirkliche Verstehen das Gewahren »der intimen Gegenwart Dôgens« in seinen Schriften. Nur durch die intime Verbindung mit dem Meister ist das richtige Lesen möglich, bei dem der Leser und der Urheber beide aktiv zusammenwirken. Kasulis nennt besonders die zwei Kapitel des Dôgenschen Hauptwerkes *Kattô* (Verflechtungen) und *Mitsugo* (wörtlich »geheimes Wort«). Der Ausdruck *mitsugo* kann esoterisch verstanden werden, Dôgen deutet ihn als intime Kommunikation[13]. Beim eindringlichen Lesen kommt ein Miteinander von Leser und Autor zum Tragen. Die Durchleuchtung und Interpretation des Dôgenschen Werkes stellt die moderne Sprachphilosophie vor eine lohnende Aufgabe.

Aus der hermeneutischen Erwägung folgt, daß das Verstehen Dôgens bei den Lesenden niemals gleich ist und sich im Laufe eines längeren, intensiven Umganges mit den Schriften des Meisters ändert. Dies ist ein Grund dafür, daß sein Denken in immer neuen Vergleichen mit dem westlicher Philosophen und Literaten konfrontiert werden konnte. Eine ansehnliche Literatur befaßt sich mit dem Thema »Dôgen und Heidegger«. Auch andere Philosophen wie Hegel, Schelling, Kierkegaard, Sartre, Whitehead, ja sogar der indische Denker Shankara wurden mit Dôgen in Beziehung gesetzt. Die Vergleiche sind nicht immer glücklich und bringen im ganzen ein nur spärliches Ergebnis. Doch zeigen sie unzweifelhaft an, daß Dôgen sich in seinen Schriften selbst überschreitet. Gerade dieses ist kennzeichnend für sein schöpferisches und universales Denken. Das Werk Dôgens, in dem das Philosophische stark hervortritt, steht beim Aufzeigen der Bedeutung des Zen im Geistesleben des 20. Jahrhunderts in vorderster Reihe. Seit der Entdeckung durch Watsuji ist das Dôgen-Studium zuerst in Japan, dann auch im Westen bis heute lebendig, ohne daß sich Ermüdungserscheinungen zeigen. Im Gegenteil, die Ansicht herrscht vor, daß dieser Zen-Meister mit seinem Werk noch nicht vollständig und endgültig in den Kosmos des menschlichen Denkens eingefügt ist.

Die Kyoto-Schule

Die Kyoto-Schule hat einen Platz in der japanischen Philosophie-geschichte und in der Geschichte des Zen-Buddhismus. Die Schule gilt als repräsentativ für die Philosophie des Zen, doch ist sie nicht im unmittelbaren Bereich der Zen-Schule, etwa in einem Zen-Tempel oder einer der Zen-Schule angehörigen Universität entstanden, sondern von im Zen erfahrenen Philosophen begründet und ausgeformt. Das Anliegen dieser Philosophen war nicht die Darstellung zen-buddhistischen Denkens im philosophischen System, vielmehr wünschten sie, die europäische Philosophie mit dem Geist des Zen zu durchdringen. Dabei entstand jene einzigartige Synthese von östlichem und westlichem Denken, die der Kyoto-Schule besondere Bedeutung verleiht[14].

Nishida Kitaro

Der Begründer der Schule Nishida Kitarô (1870-1945) ist geistig im Zen beheimatet und verankert[15]. In jungen Jahren widmete er sich, wie seine Tagebücher bezeugen, der Zen-Übung und erlangte die Zen-Erleuchtung. Er stammte wie D.T. Suzuki aus der Provinz. Nach einem Studium an der Universität Tokyo fristete er als Mittelschul- und Gymnasiallehrer ein bescheidenes Dasein auf dem Lande, lehrte dann für kurze Zeit Deutsch und Philosophie an der Adelsschule (Gakushuin) in Tokyo (1909), bis er im reifen Alter von 40 Jahren an die kaiserliche Universität Kyoto berufen wurde, deren Ruhm er einen neuen Glanz verlieh. Im zweiten Jahr seiner Lehrtätigkeit veröffentlichte er sein erstes grundlegendes Werk »Studie über das Gute« (1911), das bekannteste und meist gelesene Buch seines rasch zunehmenden umfangreichen Schrifttums. In seinen Vorlesungen befaßte er sich mit der westlichen Philosophie, zuerst ausgiebig mit der gerade blühenden phänomenologisch-deskriptiven Richtung, wie sie Brentano, Husserl, Bergson oder James vertreten, dann vornehmlich mit der deutschen Philosophie von Kant über Fichte und Hegel, den Neukantianismus und Dilthey bis zu Heidegger. Besondere Aufmerksamkeit schenkte er den Mystikern Pseudo-Dionysius, Eckhart, Nikolaus von Kues, Böhme. Die Einströme aus dem Abendland bereicherten ihn geistig, ohne daß er den westlichen Denkformen verfallen wäre.

In seinem Frühwerk über das Gute vermeidet er Zen-Ausdrücke, aber die »reine Erfahrung«, die er beschreibt und deren Wesen er zu ergründen sucht, ist die Erfahrung der Zen-Erleuchtung. D.T. Suzuki, von jungen Jahren an mit Nishida befreundet, schreibt in einem Text »Wie Nishida zu lesen ist«, der später als Einführung zur »Studie über das Gute« gedruckt wurde: »Meines Erachtens ist Nishidas Philosophie des absoluten Nichts oder seine Logik der Selbstidentität absoluter Widersprüche schwer zu verstehen, wenn man nicht hinlänglich mit der Zen-Erfahrung vertraut ist.«[16] Suzuki kennt das Herzensanliegen seines Freundes, die westliche Philosophie mit dem zen-buddhistischen Denken zusammenzubringen. Ihm verdankt Nishida den Hinweis auf William James' Beschreibung der religiösen Erfahrung. In späteren Jahren war Suzuki, voll Bewunderung für die Geisteskraft seines Gesinnungsgefährten, mehr der Empfangende. Beide verbindet das gleiche Ziel, dem fernöstlichen, genauer dem zen-buddhistischen Denken im Westen Eingang und Ansehen zu verschaffen.

Nishidas Frühphilosophie von der reinen Erfahrung schöpfte aus dem Quellgrund des Zen, das seinem Wesen nach Erfahrung ist. Später tritt das Zen deutlicher hervor. Von den Schriften der Übergangszeit seien genannt »Intuition und Reflexion beim Selbsterwachen« (1917), »Kunst und Moral« (1923) und »Vom Handeln zum Sehen« (1927). Im reifen Hauptwerk »Grundprobleme der Philosophie« (1933), aber schon früher in einem Essay über die »Selbstidentität der absoluten Widersprüche« (1930)[17] findet Nishida zu seiner eigentlichen Philosophie, der Logik des Ortes des Nichts, die zum religiösen Problem hinführt, das er in seinen letzten Schriften »Auf dem Wege zu einer Philosophie der Religion unter Leitung der prästabilierten Harmonie« (1944)[18] und »Die Logik des Ortes und die religiöse Weltanschauung« (1945) angeht[19]. In diesen zwei Schriften finden sich zusammengedrängt die wichtigsten Motive seines Denkens, zugleich ist das Zen in der Gedankenführung und in Zitaten greifbar.

In der ersten Schrift nimmt Nishida Gedanken von Leibniz, dem Kusaner und Spinoza auf und sucht sie vom Standpunkt seiner »Logik des Ortes« aus neu zu formulieren. Wie Leibniz bejaht er die Sinneinheit der Wirklichkeit, aber er vermerkt kritisch, daß die prästabilisierte Harmonie nicht »das logische Prinzip der geschichtlichen Welt« sein kann, in der Widersprüchlichkeit herrscht. Das Prinzip ist vielmehr »die Selbstidentität der Widersprüche«. Auf diesem Prinzip gründet das moralische Handeln. Die Selbstidentität der Widersprüche ist »die Wurzel des religiösen Bedürfnisses des Menschen« und hat ihr Ziel im »absoluten Nichts«, in dem »nichts ist, was negiert werden könnte.«[20]

In der Gedankenführung des Essays ist die Metaphysik des Mahâyâna-Buddhismus maßgebend. Nishida bezieht sich auf die Weisheitssutren (*prajñâpâramitâ*) und den Traktat vom »Erwachen des Glaubens im Mahâyâna« (Sanskr. *Mahâyâna sraddhotpâda sâstra*, jap. *Daijô Kishinron*). Das Prinzip der gegenseitigen ungehemmten Durchdringung der Erscheinungen, eine Kernlehre der Avatamsaka-Sutren, ist ihm gegenwärtig. Er zitiert Worte chinesischer und japanischer Zen-Meister, vorab der zwei führenden Schulhäupter Lin-chi (jap. Rinzai) und Dôgen. Zwei kurze Worte aus der Spruchsammlung des chinesischen Meisters (*Rinzairoku*) zeigen die Freiheit des Erleuchteten an: »Er ist der Herr seiner selbst, wohin immer er geht«, und: »Wo er steht, ist alles recht.«[21] Den Höhepunkt des Buches Genjôkôan im Shôbôgenzô markiert das berühmte Wort Dôgens vom Selbst: »Den Buddha-Weg lernen heißt, das eigene Selbst lernen. Das eigene Selbst vergessen heißt, von den zehntausend Dingen (*dharma*) erleuchtet werden.«[22]

Diesen Passus zitiert Nishida auch in seinem letzten Essay »Die Logik des Ortes und die religiöse Weltanschauung«. In den Worten

Dôgens sieht er die Notwendigkeit der Selbstnegation ausgedrückt, um ein wahres Selbst zu sein. »Unser Selbst ist in seinem tiefsten Grund religiös«. Deshalb »zeigt sich uns das religiöse Bedürfnis desto mehr, je tiefer wir in uns selbst hinein nach unserem Grunde schauen […] Daß wir […] an der religiösen Frage leiden, das kommt daher, daß unser Selbst ein absolut sich selbst widersprechendes Selbst ist, so daß gerade der absolute Selbstwiderspruch es zum Selbst macht.«[23]

Dieser Essay, die letzte Schrift Nishidas, in seinem letzten Lebensjahr während der Schrecken der mit Bombenangriffen angefüllten letzten Kriegsmonate gleichsam als Testament für seine Jünger mit beschwörendem Ernst niedergeschrieben, haben in der europäischen philosophischen Literatur ein vergleichbares Gegenstück in einigen Seiten der Tagebücher Kierkegaards. Die bewegende Religiosität der Abschiedsworte, mit denen Nishida »das religiöse Faktum in seiner Tiefe« durchleuchtet, bezeugt seine existentielle Not. »Jeder, dem die Religion zur existentiellen Frage wird, handelt so rasch, wie wenn er das Feuer auf seinem Kopf auslöschte.«[24]

Der Traktat handelt von dem, was unserem Selbst zugrunde liegt. »Unser religiöses Herz kommt nicht von unserem Selbst her; es ist der Ruf Gottes oder Buddhas, die Tat Gottes oder Buddhas. Es kommt vom Grunde unseres Selbstseins her.«[25] Nishida unterscheidet zwischen dem oberflächlichen Selbst und dem Grund des Selbst. Er formuliert die Ergebnisse seines Denkens in einer religiösen Sprache und macht deutlich, daß sein Philosophieren weder pantheistisch noch atheistisch ist. Er wehrt sich gegen den »Irrtum, derer, die Gott objektivierend denken«[26] und über der geschichtlichen Welt und dem Selbst ansiedeln. »Der bloß transzendente, sich selbst genügende Gott ist kein echter Gott. Er muß sich vorbehaltlos entäußern in der Art der Kenosis. Der durchaus transzendente, aber zugleich durchaus immanente Gott, erst er wird der dialektische Gott sein und kann das echte Absolute heißen.«[27] Nishida bringt hier m.W. als erster Buddhist die Vorstellung der Kenosis Gottes – inzwischen ein Kernpunkt der Diskussion – in das Gespräch mit dem abendländischen Denken ein. Er hat in diesem Zusammenhang auch einen – sympathischen Abschnitt über »das personalistische Christentum«[28], der den Weg für einen zukunftsträchtigen Dialog bahnt.

Nishida hat die ihm eigene Denkform und Vorstellungswelt geschaffen, indem er seine Erfahrung reflektierte. Das Zen ist der Ausgangspunkt und die Stütze seines Philosophierens, Motive des Zen bestimmen sein Denken. Man hat schon zu seinen Lebzeiten von einer Nishida-Schule gesprochen, die einen neuen, originären Weg eröffne. Durch seine hoch begabten Schüler weitergeführt und bereichert, heißt die Schule heute Kyoto-Schule.

Tanabe Hajime

Der zweite Repräsentant der Kyoto-Schule Tanabe Hajime (1885-1962) fügte durch seine eigenständige Philosophie dem Hauptstrom eine wichtige Linie hinzu[29]. In Tokyo geboren, studierte er an der Kaiserlichen Universität der Hauptstadt Naturphilosophie und Mathematik. Diese Studien führte er als Dozent der Universität Sendai (1913) fort und veröffentlichte mehrere Arbeiten auf diesem Gebiet. Im Alter von 34 Jahren wurde er an die Universität Kyoto berufen. Dort traf er mit Nishida zusammen, der sein Interesse für das Verhältnis zwischen Natur- und Geisteswissenschaften teilte. Er erfuhr von seinem älteren Kollegen Einfluß und Bereicherung.

Während seiner ersten Jahre in Kyoto befaßte sich Tanabe vornehmlich mit der europäischen Philosophie. Ein Studienaufenthalt in Deutschland führte ihn nach Berlin, Leipzig und Freiburg (1922-1924), wo er bei Husserl studierte und mit Heidegger bekannt wurde. Nach seiner Rückkehr nach Japan vollendete er seine Doktordissertation über die Philosophie der Mathematik (1925), den Höhepunkt seiner naturwissenschaftlichen Forschung. Seine philosophische Entwicklung führte in den folgenden Jahren von der Husserlschen Phänomenologie zur Dialektik Hegels, die ihn zu der sein eigenes Denken prägenden »Dialektik der absoluten Vermittlung« anregte. In jenen Jahren entwickelte er seine »Logik der Spezies«[30], die er in kritischer Auseinandersetzung der »Logik des Ortes« Nishidas gegenüberstellte. Die buddhistische Färbung seiner Philosophie kam in der alten Hauptstadt Kyoto zunehmend zur Geltung. Im Jahre 1928 trat er nach Nishidas Abschied von der Lehrtätigkeit dessen Nachfolge in der philosophischen Fakultät der Universität Kyoto an.

Das Kriegsende (1945) markiert eine Wende im geistigen Werdegang Tanabes. Der Philosoph hatte während der letzten Kriegsjahre intensiv mit dem Volk gelitten und spürte, daß die Zeitumstände eine neue Philosophie erheischten. Er vollzog eine radikale Umkehr des Denkens in seiner Philosophie der Metanoetik oder der Buße, in der religiöse Motive stark hervortreten. Diese Philosophie, »eine unphilosophische Philosophie«, wie er in seiner Vorrede sagt, »erfüllt die Aufgabe einer Reflektion auf das Letztgültige und einer radikalen Selbstgewahrung, die die Eigenziele der Philosophie sind.«[31] Diese Philosophie konnte er nicht aus eigener Kraft (*jiriki*) unternehmen, »sie ist vielmehr eine Philosophie, die durch die andere Kraft wirkt«, und durch Metanoesis (Umkehr) in eine neue Richtung lenkt.[32] Metanoesis bedeutet vordergründig von Scham und Schmerz begleitete Reue für begangene Schuld, Tanabe schildert diesen ethischen Aspekt, den er aus Erfahrung kennt. Doch die Umkehr der Metanoesis treibt ihn zu einem neuen Schritt, nämlich zu einer Philosophie der Metanoetik, die er »Philosophie der anderen Kraft« nennt. Dieser Philosophie verdankt er die Tiefenerfahrung seiner eigenen »Umkehr und Auferstehung«. Das durch Tod und Auferstehung gegangene neue Leben ist ihm »geschenkt aus dem transzendenten Bereich des Absoluten, das weder Leben noch Tod ist«. »Da dieses Absolute die Negation und Transformation – oder Umkehr – von allem Relativen ist, mag es als Absolutes Nichts definiert werden. Ich erfahre dieses Absolute Nichts, durch das ich zu neuem Leben wiedergeboren bin, als ›Nichts-gleich-Liebe‹«[33].

Die Umkehr seiner Philosophie der Metanoetik hat Tanabe auf den Weg Shinrans geführt, den er früher kannte, aber dessen Erfahrung ihm neu und der seinen parallel erscheint. Er hält an der Überzeugung fest, eine eigene, im letzten unabhängige Philosophie zu bieten. Paradoxerweise fühlte er sich, »als er zum Glauben an die andere Kraft gelangt war, zu gleicher Zeit enger dem Geist des Zen verbunden«[34] Seine Reflexion über seine innere Beziehung zu den zwei gegensätzlichen buddhistischen Schulen ist für die Symbiose polarer Gegensätze innerhalb des Buddhismus ebenso typisch wie für das unbeschwerte Umfassen solcher Gegensätze durch die buddhistischen Gläubigen. Tanabe schreibt autobiographisch: »Ich empfand mehr Sympathie für die Zen-Sekte als für die Erlösung durch Fremdkraft. Obgleich ich mich nie der Übung in einem Zen-Kloster unterzog, waren mir die Reden chinesischer und japanischer Zen-Meister seit vielen Jahren vertraut. Ich schämte mich, daß ich dem Zen noch fern stand und in die Tiefe seiner heiligen Wahrheit nicht einzutreten vermochte. Doch fühlte ich, daß das Zen mir näher als die Lehre des Shin-Buddhismus war.«[35]

Die religiöse Haltung Tanabes komplizierte sich noch durch seine Hinneigung zum Christentum, die auch in seinem Werk »Philosophie als Metanoetik« einen Niederschlag fand. Heisig stellt in seinem Vorwort fest, Tanabe verbinde sich »mit keiner religiösen Tradition, um das religiöse Problem in einer mehr allgemeinen Weise behandeln zu können. Manche seiner Kommentatoren urteilen, er stände dem Christentum näher, andere dem Shin-Buddhismus, wieder andere dem Zen. Für jedes dieser Urteile gibt es eine Fülle von Beweismaterial, aber nur deshalb, weil Tanabe von allen dreien gleichen Abstand zu halten und so eine allgemeine dialektische Synthese des philosophischen Kernes des Zen (Ganzheit), des Nembutsu-Buddhismus (Individuum) und des Christentums (Species = konkrete Geschichte) zu schaffen wünschte.«[36] Takeuchi meint, sein Standpunkt absoluter Kritik lasse Tanabe von einer philosophischen Position zur anderen springen. Seine »Pilgerfahrt in der Religionsphilosophie, die wie ein endloses Wandern von Dôgen zu Shinran, von Shinran zu Jesus und wieder zurück zu Zen aussehen kann, war tatsächlich eine durchaus strikte und hochdisziplinierte Reise.« Tanabe habe sich bemüht, so folgert Takeuchi, »eine Art ›philosophischen Glaubens‹ aufrecht zu halten, der von Philosophie geschaffen Philosophie übersteigt«[37].

Einige Passagen im Hauptwerk »Philosophie als Metanoetik« illustrieren Tanabes in der Kyoto-Schule ungewöhnliche Auffassung vom Zen. Daß ihm die persönliche Erleuchtungserfahrung fehlte, hindert nicht seine Bewunderung. Freilich beleuchtet der Umstand, daß er sich selbst zu den unwissenden Menschen rechnen muß, überscharf den elitären Charakter des Zen, Die Religion des gewöhnlichen Volkes ist der Amida-Glaube[38]. Nach seiner Ansicht fehlt dem Zen die ethische Komponente, ein Mangel, der, wie er meint, dem Buddhismus weithin anhaftet[39]. Das Zen befindet sich, wie er glaubt, beständig in der Gefahr, dialektisch ungebrochen die Selbstidentität der Wirklichkeit auszusagen und »im nur Subjektiven und Immanenten stecken zu bleiben«[40], die Folge einer Tendenz, »das Absolute mit dem Relativen auf der Basis des Prinzips der Selbstidentität zu vereinen«[41]. Er warnt wiederholt vor dieser Gefahr, der er die große Zahl der Zen-Anhänger ausgesetzt sieht, die nicht in intensiver Kôan-Übung den Durchgang durch den »Großen Tod« erfahren haben.

Tanabes Neigung zum Christentum erreichte in den Nachkriegsjahren ihren Höhepunkt. Damals befaßte er sich in den Büchern »Existenz, Liebe und Praxis« (1947) und »Dialektik des Christentums« (1948) mit christlicher Philosophie und Theologie. Im Vorwort der letzteren Schrift schreibt er, er sei »ein werdender Christ«[42]. Auch während dieser Phase behielten die buddhistischen Grundbegriffe ihre Gültigkeit, aber Tanabe sucht sie mit christlichen Vorstellungen in Verbindung zu bringen. So schreibt er: »Ich erfahre dieses absolute Nichts, durch das ich zu neuem Leben wiedergeboren bin, als Nichts-qua-Liebe.«[43] Die Annäherung an das Christentum ebbte bald merklich ab.

In zwei Texten aus seinen letzten Lebensjahren »Memento mori« (1958)[44] und Todesdialektik (1959)[45] bringt Tanabe östliche und westliche Bausteine einer Philosophie des Todes zusammen. Er schreibt: »Wenn aber das, was man die ›Philosophie des Todes‹ nennen sollte, der Menschheit als Aufgabe für die Gegenwart und für die Zukunft auferlegt ist, dann gibt es meines Erachtens keine machtvollere Hinführung zu ihr als die Erleuchtung im Zen-Buddhismus.«[46] In die Mitte seines Essays stellt er ein Kôan der klassischen Sammlung Hekiganroku. Angesichts eines Toten gefragt, ob menschliches Dasein Leben oder Tod sei, sagt der Meister: »Weder Leben noch Tod«. Dieses Kernwort des Kôan, der Inbegriff zen-buddhistischer Weisheit, entspricht dem Standpunkt der Mahâyâna-Metaphysik, gemäß der Leben und Tod untrennbar eines sind, Vorder- und Rückseite, sich gegenseitig durchdringend. »Die Wahrheit des Zen, die zugleich den Inhalt der ›Philosophie des Todes‹ ausmacht, ist kurz zusammengefaßt der Verzicht darauf, das Selbst auch in seinem Anspruch, die Wahrheit zu erlangen, zu befriedigen oder zu verwirklichen, und der Entschluß, sich auf keinen Fall mit einem Leben zufrieden zu geben, das direkt, also ohne die Rückseite des Todes und ohne auf die Todesdrohung zu achten, gelebt wird.«[47] Tanabe findet im *Memento mori* der Christen Verbindungsfäden zur zen-buddhistischen Haltung, doch bestimmt die mahayanistische Todesdialektik seine Gedanken zur Philosophie des Todes. Er steht fest in der buddhistischen Tradition des Ostens.

Nishida und Tanabe gelten als die Gründerväter der Kyoto-Schule, sie stehen nicht in einem Meister-Jünger-Verhältnis. Tanabe »vom Rang der schöpferischsten und einflußreichsten Denker des modernen Japans« (Heisig) ist kein Kontinuator, vielmehr schaffte er mannigfache eigenständige Gedankengänge, die ihn in wachsendem Maße in Widerspruch zu seinem älteren großen Anreger brachten. Die Spannung klaffte schließlich zum beinahe feindseligen Gegensatz auseinander.[48] Unter diesen Umständen läßt sich Tanabe unmöglich in eine »Nishida-Schule« einordnen. Weil trotzdem zwischen den zwei Denkern ein hohes Maß von Gemeinsamkeit besteht, führte wahrscheinlich gerade der Zwiespalt zwischen den beiden bedeutenden Philosophen der gleichen Universität zur Entstehung der sogenannten »Kyoto-Schule«, in der Gemeinsames und Verschiedenes zusammen existieren. Die Grundintention der Schule ist fraglos die Begegnung zwischen echt japanischem Denken und europäischer Geistigkeit, eine Begegnung, die in vielfältiger Weise stattfand und zu mannigfachen Ergebnissen führte. Die Kyoto-Schule ist seit den Anfangstagen ein komplexes Gebilde, das Gemeinsamkeit in Gegensätzen, Einheit in Vielheit zusammenbindet.

Suzuki Daisetsu

Wahrscheinlich ist Suzuki Daisetsu[49] der bekannteste Vertreter des zeitgenössischen Zen-Buddhismus im Westen. Er verdankt diese Vorzugsstellung seiner – im I. Kapitel bereits angesprochenen – überaus erfolgreichen Pioniertätigkeit bei der Einführung und Verbreitung des Zen in Amerika und Europa seit den Anfängen des 20. Jahrhunderts. Zwei Umstände sprechen dafür, ihn zu der im Zen verwurzelten Kyoto-Schule zu rechnen, obgleich er kein Philosoph vom Fach ist.

Zum ersten steht fest, daß er im geistigen Milieu Kyotos bedeutend gewirkt hat und zum buddhistischen Gelehrtenkreis der Universitätsstadt zählt. Enge Freundschaft verband ihn mit dem anerkannten Begründer der zen-buddhistischen Kyoto-Schule Nishida Kitarô. Beiden war die Einführung des östlichen Geistesgutes in der Form des Zen-Buddhismus im Westen das Herzensanliegen, dem sie ihre besten Kräfte widmeten. Nishida, »der erste Japaner, der, wie allgemein bekannt, seine eigene Philosophie besaß,« nahm die geistigen Anregungen seines Freundes gerne auf. War die theoretische Philosophie sein Gebiet, wo er aufgrund persönlicher Erfahrung seine eigene, von der westlichen verschiedene Logik entwickelte, so verkörperte Suzuki, ganz im Zen lebend, den Zen-Geist. Nach dem Urteil eines noch lebenden, bedeutenden japanischen Gelehrten der frühen Generation »wurde mit Suzuki, Nishida und Tanabe japanische Philosophie echt japanische Philosophie«. »Nishida begann diese neue Philosophie und verschaffte ihr eine Grundlage. [...] Seine Philosophie muß als eine Epoche in unserer Geistesgeschichte anerkannt werden.«[50]

Suzukis Beitrag, der lebendige Zen-Geist, äußert sich in vielen philosophischen Stücken seines Schrifttums. Ihm eignete eine ebenso umfassende wie originelle Aufnahmefähigkeit der Quellen, verbunden mit einem ungewöhnlichen Geschick der geeigneten Weitergabe. Im ersten Abschnitt dieses Kapitels handelten wir vom philosophischen Gehalt des zen-buddhistischen Traditionsgutes, das im Mahâyâna-Buddhismus gründet. Suzuki hat sich zeit seines Lebens intensiv mit den Mahâyâna-Sutren und der chinesischen Zen-Literatur befaßt. Schon in jungen Jahren verfaßte er ein Buch über die Grundzüge des Mahâyâna-Buddhismus[52]. Seine Studien über das Lankâvatâra-Sutra und dessen englische Übersetzung fanden die Anerkennung und den Beifall der zeitgenössischen Buddhismus-Forschung[52]. In seinen drei Bänden »Essays über den Zen-Buddhismus«[53] bietet er leicht verständliche Übersetzungen und zuverlässige Erklärungen vieler für das Zen grundlegender Texte. Exemplarisch für seine Vertrautheit mit der Terminologie des Mahâyâna-Buddhismus sind seine zwei Vorträge über »Das Wesen des Buddhismus« kurz nach Kriegsende vor dem Tennô gehalten (1947), die in knapper Form so ziemlich alle wichtigen philosophischen Motive des Mahâyâna aufscheinen lassen[54].

Die alten chinesischen Zen-Meister spielen eine große Rolle in Suzukis Schriften. An geistiger Tiefe hat er wohl in seinen häufigen kurzen Bemerkungen oder auch längeren Erklärungen über den von ihm hoch verehrten Patriarchen Lin-chi (jap. Rinzai) sein Bestes gegeben. Selbst der Rinzai-Schule angehörig, sah er in ihrem Begründer die Verkörperung höchster erleuchteter Weisheit. Eine japanische Monographie über »Die Grundideen des Rinzai« bezeugt sein tiefes Eindringen in das Denken des großen Chinesen[55]. Eine

Quintessenz in englischer Sprache bietet das dünne Bändchen »The Zen-Doctrine of No-Mind«[56]. Seine Auslegung des berühmten Passus vom »Mann ohne Rang« in der Spruchsammlung des Rinzai sichert ihm einen Platz unter den authentischen Deutern des Zen. In einem Symposium über »Zen-Buddhismus und Psychoanalyse«[57], zusammen mit Erich Fromm und Richard de Martino in Mexiko veranstaltet, durchbricht Suzuki bewußt den psychologischen Rahmen zur philosophischen Dimension hin. Die Durchforschung seiner Werke in japanischer Sprache befindet sich noch in den Anfängen, dürfte indes die philosophisch-wissenschaftliche Bedeutung seines Werkes klarer hervortreten lassen.

Obgleich Suzuki Daisetsu nicht im strikten Sinn zur philosophischen Kyoto-Schule gerechnet werden kann, so rechtfertigt sich doch die Würdigung seiner Leistung im Zusammenhang dieses Kapitels, besonders auch, weil nur allzuoft lediglich seine rastlose Tätigkeit für die Einführung und Verbreitung des Zen im Westen herausgestellt wird, ohne sein Hauptverdienst, die geistige Vermittlung fernöstlicher Weisheit, gebührend zu achten. Suzuki nimmt einen herausragenden Platz in der Geistesgeschichte dieses Jahrhunderts ein. Leider ist sein vielschichtiges Lebenswerk noch nicht in einem Gesamtwerk bibliographisch und wirkungsgeschichtlich aufgearbeitet. Eine objektive, ausgewogene Wertung, die auch offensichtliche Schwächen und Einseitigkeiten nicht übersehen dürfte, ist für die richtige Einordnung seines Lebenswerkes unabdingbar. Wie immer seine verschiedenen Einfälle und Äußerungen, seine Zu- und Abneigungen, literarischen Meisterwerke und schieren Wiederholungen zu beurteilen sind, Suzuki Daisetsu steht in der ersten Reihe der geistigen Brückenbauer zwischen Asien und dem Westen während des 20. Jahrhunderts.

Hisamatsu Shin'ichi

Unter den vielen Schülern Nishidas ragen Hisamatsu Shin'ichi (1889-1980)[58] und Nishitani Keiji (geb. 1900) hervor. Hisamatsu verbindet eine Universitätslaufbahn mit mönchischem Klosterleben. Nach seinem Studium an der Universität Kyoto unter Nishida, den er zeitlebens als seinen Lehrer und »Vater im Dharma« verehrte, trat er in das berühmte Rinzai-Kloster Myôshinji ein, absolvierte erfolgreich das Zen-Training, ohne indes seine wissenschaftlichen Studien abzubrechen. Er lehrte an verschiedenen Universitäten und verwaltete nach der Emeritierung Tanabes den Lehrstuhl der Universität Kyoto für Religionsphilosophie und Buddhismus (1943-1949), hielt in den Folgejahren Vorlesungen an Universitäten und Vorträge in Amerika, Europa, im Iran und in Indien. In Kyoto sammelte sich ein Kreis von Schülern um ihn, die er in sein Verständnis der Zen-Philosophie und als praktizierender Zen-Meister in die Meditation einführte.

Philosophisch ist seine Richtung durch die Ablehnung jeglicher Form von Theismus charakterisiert. Er vertrat diesen Standpunkt zuerst in seinen japanischen Publikationen. Seine frühe Schrift über das fernöstliche Nichts (jap. *Tôyôteki mu no seikaku*), verfaßt 1939, erschien in englischer Sprache unter dem Titel »The Characteristics of Oriental Nothingness« (1960) und im Deutschen in dem Büchlein »Die Fülle des Nichts« (1975). Dieser Versuch, seine Erleuchtungserfahrung, nämlich »das im tiefen Erlebnis des Nichts unmittelbar Geschaute in Worte zu fassen«[59], ringt mit dem »unüberwindlichen Verhängnis, dem jede begriffliche Erläuterung dieses Nichts ausgesetzt ist«[60]. Das anregende und aufschlußreiche Buch ist der unmittelbare Niederschlag eigener Erfahrung. Denn »dieses Nichts, »das Mark des Buddhismus und der Wesenskern des Zen«, ist, so schreibt Hisamatsu in seiner Vorrede, »das Selbsterwachen in mir, in dem mein religiöses Leben und mein philosophisches Denken verwurzelt ist. [...] Seit den frühesten Zeiten fehlt es nicht an begrifflichen Darlegungsversuchen dieses Nichts.«[61] Hisamatsu fügt seinen eigenen knappen, abgerundeten Traktat hinzu.

Dessen erster Teil enthält »die negative Erläuterung des zen-buddhistischen Nichts«[62]. Hisamatsu nennt fünf irrige Auffassungen des Nichts, nämlich das Nichts als Negation des Vorhandenseins, als

Negation der Aussage, als Idee, als Einbildung und als Unbewußtes. Diese Phänomene unterscheiden sich, wie er ausführt, »wesentlich und eindeutig von dem zen-buddhistischen Nichts«[63]. Ausdrücklich verwirft er das Nichts als negative Aussage Gottes, d.h. die sogenannte Theologia negativa. Der Begriff Gott schließt, wie er dartut, jede, auch jede negative Definition von Gott aus[64].

Doch bestehen zwischen den irrigen Aspekten des Nichts und dem zen-buddhistischen Nichts »starke Ähnlichkeiten«[65], die das ohnehin unmögliche adäquate Erfassen der Nichtserfahrung erschweren. Buri weist auf »innere Spannungen und nicht zu übersehende Fragwürdigkeiten«[66] hin. Überraschend bemerkt er: »Der von Hisamatsu wiederholt verwendete Begriff der Ähnlichkeit als wegen ihrer Unähnlichkeit über sich hinaus weisenden Kennzeichnung des Verhältnisses der Nichtsbegriffe zu dem im Zen in ihnen Gemeinten stellt offensichtlich eine Parallele dar zu der katholischen Analogielehre.«[67] Es ist kaum anzunehmen, daß Hisamatsu die berühmte Passage über die Analogie des vierten Laterankonzils oder die ausgiebige Literatur über den Gottesbegriff und die *Analogia entis* vorgeschwebt hat. Das Durchdenken der Beziehung zwischen der *Analogie entis* und den von ihm erkannten Analogien des Nichts hätte vielleicht gravierende Mängel seiner Auffassung vom »mittelalterlichen Theismus«[68] und von der »mittelalterlichen Theonomie«[69] vermeiden lassen.

Im zweiten Teil des Traktates erläutert Hisamatsu aufgrund seiner Erfahrung die Merkmale des zen-buddhistischen Nichts. »Das Nichts des Zen«, so erinnert er, »stellt nicht einen außerhalb meiner Person befindlichen leeren, objektfreien Raum dar, sondern es ist mein eigener Zustand des Nichts, nämlich mein Selbst, das ›Nichts‹ ist«.[70] Mit dem Erfahrungscharakter des Nichts verbindet sich »sein Charakter der völligen Unbestimmbarkeit«[71]. Das Nichts ist ein »Nichtirgendetwas« und rückt somit in die Nähe der Leere. Hisamatsu zählt, einer chinesischen Zen-Schrift folgend, zehn Bedeutungen der Leere auf und stellt fest: »Dem Nichts des Zen sind alle diese Charakteristika der Leere in der gleichen Weise eigen.«[72] Das

Nichts ist wie mit dem Selbst so auch mit dem Geist identisch. »Der ›Geist‹, nämlich das Nichts des Zen«, entspricht den Bedeutungen der Leere und ist »leerelos leer«[73].

Offensichtlich besteht eine »große Ähnlichkeit zwischen dem Nichts des Zen und der Leere«[74]. Dennoch »ist das Nichts des Zen-Buddhismus nicht mit der Leere identisch«[75]. Dies verdeutlicht die Identität des Nichts mit dem Geist oder der Geistnatur. »Der Begriff ›Geist‹ läßt sich mit Leere oder unendlichem Raum nicht erschöpfend vergleichen«[76]. Während die Leere keinen Geist und nichts, was Leben genannt werden kann, besitzt, ist das Nichts des Zen nicht leblos, sondern etwas ganz Lebendiges, besitzt Geist und ist sich seiner selbst bewußt. Hisamatsus Erläuterung zielt darauf hin, die Identität des zen-buddhistischen Nichts mit dem Geist oder der Geistnatur und dem Selbst aufzuweisen; sie wird im Augenblick des Erwachens zum wahren Selbst erfahren. Dem Erwachten eignet Freiheit und Unbefangenheit des Geistes sowie schöpferische Kraft. Das Nichts des Zen ist der alles hervorbringende Geist und das wahre Selbst des an nichts haftenden freien Menschen.

Das im vorigen skizzierte Büchlein »Die Fülle des Nichts«, das den Untertitel »Vom Wesen des Zen« trägt, bietet die frühe Zusammenschau der Zen-Philosophie Hisamatsus, so wie sie sich ihm in der Reflektion seiner Erfahrung ergab. In der Niederschrift klingen die Hauptmotive an. Weitere Auskünfte bietet sein Essay über *Satori* (*Selbsterwachen*)[77].

Das Selbsterwachen ist die Mitte und das Ziel der zen-buddhistischen Erfahrung; es begründet die Seinsweise des Menschen, die nach Hisamatsus Ansicht allein der Religion der postmodernen Zeit angemessen ist. Er handelt von vier »Menschenbildern« oder »Seinsweisen des Menschen«, nämlich dem humanistischen, dem nihilistischen, dem theistischen Menschenbild sowie vom Menschenbild des Selbsterwachens. Das Selbsterwachen ist gleich der Erleuchtungserfahrung des Zen und als solche unaussprechlich und unerklärlich. Eine Erklärung kann nur »der Selbstausdruck des Erwachens« sein. Irrige Ausdrucksweisen müssen ausgeschaltet werden. »Das Selbsterwachen ist«, so führt Hisamatsu aus, »weder ein Glauben an die Selbstheit, noch ein gegenständliches Empfinden der Selbstheit, auch nicht der Wunsch nach ihr, ihre innerliche Schau oder ein Wissen über sie, sondern ein Erwachen der Selbstheit an der Selbstheit selbst.« Positiv gesagt, ist es »ein gründliches Selbsterwachen von tiefer Dimension, das die absolute Negation überwunden hat. Es ist das wahre Selbst, der wahre Mensch. Genau dieses Selbsterwachen ist ›Buddha‹ im Buddhismus.«[78]

Hisamatsu nimmt für das Menschenbild des Selbsterwachens höchste Zeitgemäßheit in Anspruch. Er schließt nicht nur das nihilistische und theistische Menschenbild aus; auch »das schicksalhafte Steckenbleiben des modernen Humanismus« enttäuscht. Durch die »absolute Autonomie der Seinsweise des Selbsterwachens« wird sich ein Ausweg auftun, der in die Zeit nach der Moderne, die postmoderne, führt«.[79]

Der Aufsatz »*Atheismus*«[80], eine der letzten Arbeiten Hisamatsus, wurde durch den japanischen evangelischen Theologen Takizawa Katsumi ins Deutsche übersetzt. Ein wissenschaftliches Kolloquium in der Missionsakademie der Universität Hamburg befaßte sich im Januar 1978 mit dem Text, in dem Hisamatsu sich zum Atheismus bekennt, den er für die unabdingbare Konsequenz der radikalen Autonomie der zen-buddhistischen Selbsterfahrung ansieht. Von Fichte und Kant ausgehend definiert er Religion als »das Handeln des Menschen nach dem autonomen Gesetz«[81]. »Die Entwicklung der modernen Zeit verläuft so, daß sich der Mensch vom Gesetz Gottes lossagt und sich dem eigenen Gesetz unterwirft«.[82] Die zen-buddhistische Selbsterfahrung entspricht, wie er meint, der modernen Welt, die »in ihrem eigentlichen Wesen das Zeitalter des Atheismus« ist[83]. Trotzdem dürfen wir, obgleich radikale Atheisten, so fordert Hisamatsu, »nicht in der modernen Autonomie steckenbleiben [...] Wir müssen atheistisch bleiben und zudem religiöse, aber nicht-theistische Menschen werden.«[84]

Zur Aufhellung der Paradoxie führt er den dialektischen Begriff der »autonomen Heteronomie« ein, nämlich einer »Heteronomie, die die Autonomie in sich einschließt«[85]. Autonome Heteronomie besagt keine Abhängigkeit. Das Selbsterwachen muß »ein aus dem eigenen Grund des Selbst hervorbrechendes Ereignis sein«[86]. Der hier genannte Grund ist das Ich-Selbst oder das Ganz-Selbst. Das Erwachen, auch »Auferstehen« genannt, geschieht aus dem »eigenen ursprünglichen Seinskern«[87].

Hisamatsu veranschaulicht den Vorgang durch zwei Vergleiche. Einmal vergleicht er das Neuwerden oder Auferstehen im Erwachen mit der Verwandlung der Puppe in den Schmetterling. Was beim Ausschlüpfen des Schmetterlings aus der Puppe geschieht, ist, daß »sich die Puppe, sich selbst verneinend, von sich selbst frei macht und zum Schmetterling wird.« Dabei »wirken verschiedene äußere Mittel oder Hilfsmittel; sie sind aber nicht das Eigentliche des Buddha, sondern nur Hilfsmittel.« Was als ein Einwirkendes von außen und somit als ein Anderes erscheint, ist ein Wirken des Buddha. »Doch der wahre, ursprüngliche Buddha, der eine solche Wirkung ausübt, darf nichts Heteronomos, Ganz-Anderes sein, sondern muß das autonome Ganz-Selbst sein.«[88] »Die Verwandlung von der Puppe zum Schmetterling muß durch und durch autonom geschehen.«[89]

Das Zusammenwirken des Kükens mit der Henne im »Zugleich zustoßen von innen und von außen anpicken« ist ein in der Zen-Literatur beliebtes Beispiel für die Hilfeleistung des Meisters beim Durchbruch des Übenden zur Erleuchtung. Hisamatsu kommt es darauf an, daß nicht das Picken von außen, sondern das Zustoßen von innen entscheidend ist. »Das Küken tritt als solches mit seinem eigenen ganz selbständigen Sein hervor, indem es die Schale von innen her zerstört. Also gibt es im Küken ein ursprüngliches Selbstsein, so daß die Henne nur eine Hilfe dafür ist, daß sich das Sein des Küken als solches durchsetzt. Das Küken kommt durchaus autonom heraus…«[90]

Schmetterling und Küken exemplifizieren die autonome, völlig unabhängige und freie Seinsweise des erwachten Menschen, die mit der Seinsweise Buddhas identisch ist. »Der durch alle Hindernisse hindurch leuchtende Buddha existiert nie außerhalb des Ich-Selbst, [... er] ist erst dann Buddha, wenn er dieses Ich-Selbst ist.«[91] »Der Buddha, der der wahre Buddha genannt wird, ist niemals etwas Theistisches, sondern, wie oben gesagt, nichts anderes als der Mensch, der sich aus seiner ursprünglichen Krise befreit hat. Dieser existiert nicht etwa als ein von diesem Ich-Selbst getrenntes heteronomes, transzendentes oder immanentes Etwas, sondern als etwas, das mit diesem Ich-Selbst streng eins ist.«[92] Alle Erscheinungen sind die wahre Realität, weder immanent noch transzendent, Ganz-Selbst und Buddha, gegenwärtig.

Hisamatsu's Philosophie geht über eine schlichte Reflexion der Zen-Erfahrung weit hinaus; im Stile der Kyoto-Schule nimmt sie das zen-buddhistische Nichts zum Ausgangspunkt und bedient sich weitgehend westlicher Denkformen. Seine Erklärung der Zen-Erfahrung bietet eine zur Diskussion herausfordernde mögliche Interpretation unter anderen, deren ungewöhnliche Härte nicht zuletzt von der Akzentuierung westlicher Termini herrührt.

Takeuchi Yoshinori

Tanabe's Hauptschüler Takeuchi Yoshinori (geb. 1913)[93] verdeutlicht die Komplexität der Kyoto-Schule. Ein treuer Jünger seines Meisters Tanabe, dessen Werke er unermüdlich interpretiert und dessen Hauptschrift über die Philosophie der Metanoetik er in untadliger Übersetzung vorgelegt hat, ist zugleich einer der besten Kenner und ein Bewunderer der Nishida-Philosophie, die er in vielen Aufsätzen und Lexikon-Artikeln der westlichen Wissenschaft erschlossen hat. Er verbindet in einzigartiger Weise philosophische Geistesschärfe mit einem religiös gestimmten harmonischen Charakter.

Seiner Herkunft nach gehört Takeuchi zur Jôdoshinshû-Schule, in der er als Vorsteher eines Tempels hohes Ansehen genießt. Durch sein Studium und seine Lehrtätigkeit an der Universität Kyoto

(1964-1976) sowie durch seinen Lehrer Tanabe ist er geistig der Kyoto-Schule verbunden. Er steht mit seinem literarischen Werk in der ersten Reihe der Philosophen der Schule. Wie kein anderer hat er in zahlreichen Studien, präzisen Erklärungen und hervorragenden Übersetzungen das Geistesgut der Kyoto-Schule weiten Kreisen zugänglich gemacht.

Für den Dialog mit dem westlichen Denken, insbesondere mit dem Christentum, konnte Takeuchi infolge seines zuverlässigen, reichen Wissens und seiner offenen, wohlwollenden Menschlichkeit einen wichtigen Beitrag leisten. Durch seine Verbindung von zen-buddhistischer Philosophie und Amida-Verehrung zeigte er nicht wenigen erstaunten westlichen Freunden die Weite buddhistischer Religiosität. Aus einer Gastvorlesung an der Universität Marburg entstand sein vorzügliches Buch über den Urbuddhismus, das neue Sichten eröffnet[94]. Interpreten von seinem Format können dem Dialog der Weltreligionen an diesem von Unsicherheiten blockierten, kritischen Punkt wertvolle Hilfe leisten.

Nishitani Keiji

Die Kyoto-Schule erreichte ihren Höhepunkt in Nishitani Keiji (geb. 1900)[95]. Ein religiöser Denker von hohem Rang, hat Nishitani mit schöpferischem Elan und unermüdlicher, geistiger Spannkraft während seines langen Lebens die Kernfragen der Philosophie in Ost und West immer wieder neu in den Blick genommen und in ungezählten Vorträgen und Veröffentlichungen einem weiten Publikum vermittelt. Schon früh machte er sich als aktiver Teilnehmer an Kongressen und Symposien einen Namen in der westlichen Welt. Die Übersetzung seines Hauptwerkes »Was ist Religion?« (jap. *Shûkyô to wa nani ka*)[96] ließ ihn in die erste Reihe der weltbekannten Philosophen aufsteigen. Nicht zuletzt seinem Werk ist zu verdanken, daß die Kyoto-Schule heute einen hervorragenden Platz unter den im Westen bekannten östlichen Geistesrichtungen einnimmt. Dialogbereit und offen, bereicherte Nishitani die Ost-West-Begegnung mit vielen Anregungen. Seine aufrichtige Bemühung um ein persönlich vertieftes Verständnis des Christentums ließen ihn zu einem Hauptpartner des buddhistisch-christlichen Gesprächs werden.

Kindheit und Studienjahre

Geboren im gleichen Bezirk Ishikawa, einem Küstenstrich an der rauhen Japansee, wo seine großen Vorgänger Nishida Kitaro und Suzuki Daisetsu das Licht der Welt erblickten, wurzelt Nishitani im japanischen Boden und in der volkstümlichen Landestradition. Aber ungleich den zwei genannten Pionieren der Schule gehört er von seiner Herkunft her nicht dem Zen-Buddhismus an. Während seines ersten Schuljahres veranlaßten Familienverhältnisse den Umzug in die Hauptstadt Tokyo, wo er nach mehrmaligem Schulwechsel den Elementarkurs abschloß. Der nun folgende Besuch der zur Waseda-Universität gehörigen Mittelschule brachte erste Kontakte mit dem sich dem Westen erschließenden japanischen Geistesleben. Die Schule vermittelte englische Sprachkenntnisse, man las englische Literatur und bemühte sich um die Aneignung europäischer Kultur. Den Mittelschüler Nishitani traf die erste schmerzliche Lebenserfahrung im Tod seines Vaters (1915).

Es folgen die Studienjahre am Ersten Obergymnasium in Tokyo, dessen Tore sich dem hoch begabten Schüler leicht öffneten. Das einzigartige geistige Klima des Ersten Obergymnasiums hat wie viele bedeutende Männer auch Nishitani Keiji tief geprägt. Er nennt diese Jahre (1918-1921) in einer autobiographischen Niederschrift »Meine Jugendzeit« (jap. *Watakushi no seishun jidai*) »die fröhlichste Zeit seines Lebens«[97]. Eine durch einen Klimawechsel rasch geheilte Erkrankung hatte seinen Lebensmut und seine natürliche Heiterkeit nicht angeschlagen. Doch war der damals erzielte geistige Durchbruch, vollzogen im Kreis gleichgesinnter Freunde und doch in letztem Alleinsein, mit starken emotionalen Spannungen und Krisen verbunden. In seinen Erinnerungen spricht er von »grenzenloser Wehmut« und »tödlicher Einsamkeit«[98], Motive, die in den Erinnerungen hochstrebender Jugend aller Zeiten wiederkehren.

Das Studium am Ersten Obergymnasium begründete Nishitanis Anspruch auf einen Platz in der geistigen Elite seines Landes. Wie die meisten Kameraden war er ein leidenschaftlicher Buchleser und erwarb sich die weite, beinahe umfassende Kenntnis westlicher Literatur, die Ausländer immer wieder bei der Begegnung mit der jungen japanischen Intelligenz jener Tage in Staunen versetzt hat. Wir verzichten darauf, die lange Liste europäischer und japanischer Autoren anzuführen. Einzig der Name von Natsumi Sôseki sei genannt, bei dem er »eine philosophische Haltung und eine zen-artige Stimmung« verspürte und der zweifellos einen großen Einfluß auf seine geistige Entwicklung ausgeübt hat[99].

Wichtiger als andere Jugenderinnerungen ist die frühe Begegnung Nishitanis mit seinem Meister Nishida. In einem Buchladen nahe der Station Yotsuya in Tokyo kam dem Gymnasiasten die gerade erschienene Neuauflage des Buches »Denken und Erfahrung« (jap. *Shisaku to taiken*) von Nishida Kitarô in die Hände. Wissensdurstig kaufte er das Werk des damals noch wenig bekannten Autors. Der erste philosophische Teil, eine ihm bislang ungewohnte Lektüre, ließ trotz äußerster Bemühung einen unverstandenen Rest. Aber die im zweiten Teil angefügten Essays über Tolstoi, Shinran und japanische Literatur beeindruckten ihn zutiefst. Sein Bericht über das wichtige, ja entscheidende Leseerlebnis beginnt mit den Zeilen: »Ich las Professor Nishidas ›Denken und Erfahrung‹, dies hat schließlich meine Lebensrichtung bestimmt.«[100] Sein Herz war »tief getroffen«. Trotzdem kostete ihn der Entschluß, sich in Nishidas Schule zu begeben und Philosophie zu studieren, nicht wenig. Die großen Lebensfragen, die Nishida in seinen Essays ansprach, bewegten ihn stark. Bei der Hinwendung zur Philosophie ging es ihm vom ersten Tag an um das Existenzproblem.

Also trat Nishitani in die philosophische Abteilung der Universität Kyoto ein (1921) und wurde Nishidas Meisterschüler. Seine Biographie berichtet von seinen Studienerfahrungen, ausführlich auch über den Eindruck, den Nishida auf seine Schüler machte. Uns interessiert besonders Nishidas Eifer für das Zen. Darüber erzählt Nishitani in seinem Erinnerungsband »Sprechen über meinen verehrten Lehrer Nishida Kitaro« (jap. *Waga shi Nishida Kitarô seinsei wo kataru*, 1951). Nishida übte unter zwei berühmten Zen-Meistern mit großem Einsatz, ja er verbrachte zuweilen Nachtstunden auf einem Stein hockend in Bergeshöhe[101]. Über Nishitanis Zen-Praxis ist wenig bekannt. Er trennte mit Bedacht die Wissenschaft von der Praxis. Doch wissen wir, daß er sich im Engakuji in Kamakura und später im Shôkokuji in Kyoto der Zen-Übung widmete. Sein Meister im Shôkokuji gab ihm den Dharma-Namen »Ton des Tales« (jap. *Keisei*) in Anlehnung an ein Kapitel in Dôgens Shôbôgenzô[102]. Seine Offenheit für das Zen hatte Nishitani schon als Gymnasiast bewiesen, als er ein vom Gründer der japanischen Ôbaku-Schule Ingen gesammeltes Buch von Zen-Texten las, aus denen er in seiner Abschlußarbeit zitierte[103].

Philosophischer Werdegang

Nishitanis Verwurzelung im Buddhismus bezeugen die ersten Zeilen seines Berichts über den Ausgangspunkt seiner Philosophie (jap. *Watakushi no tetsugakuteki hossokuten*), verfaßt im Jahre seines Abschieds von der Professur für Religionsphilosophie an der Universität Kyoto, die er 20 Jahre lang innehatte (1943-1963): »Allmählich kam ich dazu, daß ich jetzt mit allen buddhistischen Kategorien denke.«[104] Und wenige Zeilen später bemerkt er, seine Annäherung an das buddhistische Denken sähe er im Rückblick darin begründet, daß solches von Anfang an, schon vor dem Beginn seines philosophischen Studiums, in ihm verborgen lag.

Der kurze aufschlußreiche Text enthält autobiographische Mitteilungen und eine Skizzierung seines philosophischen Werdeganges. Bekannt ist die Aufzählung der Namen von Literaten, denen er Einfluß auf seine geistige Entwicklung vor seiner Bekanntschaft mit Nishida zumißt: Nietzsche und Dostojewski, Emerson und

Carlyle, auch die Bibel und Franz von Assisi, in Japan Natsumi Sôseki und die zwei Zen-Meister Hakuin und Takuan. Bei den mannigfachen Kontakten mit diesen ging es im Grunde um die ihn persönlich bedrängende Frage des Nihilismus, die »seinen Zweifel an der Existenz des Selbst, buddhistisch gesagt, einen dem ›Großen Zweifel‹ verwandten Zweifel« anstachelte[105]. Sein Interesse für die Mystik wurde schon früh durch Emerson angeregt. Schelling und Plotin vermittelten ihm grundlegende Kenntnisse, während seines ganzen Lebens begleitete ihn eine starke Zuneigung zur deutschen Mystik, besonders des Meisters Eckhart und des Jakob Böhme. Die autobiographische Notiz bietet Hinweise auf die bevorzugten Autoren seiner Jugendjahre. Hinzuzufügen sind Bergson und Kierkegaard, später Heidegger und Sartre.

Nishitani sieht die gedankliche Motivierung seines Philosophierens in der Notwendigkeit der Überwindung des Nihilismus, nicht als eines Lebensgefühls der Sinnlosigkeit oder als einer philosophischen Ideologie, sondern als persönliches Anliegen seines Selbst verstanden. Als Ausgangspunkt seines Philosophierens betrachtet er den existentiellen »Zweifel an der Grundlage des Menschenlebens«, die nach seiner Ansicht tiefste Schicht des Nihilismus[106]. Über die Lösung des Zweifels und die Überwindung des Nihilismus gelangt er zur *sûnyatâ*-Metaphysik und dem Absoluten Nichts, den Kernlehren der mahayanistischen Weisheitssutren und des Zen[107].

Jan Van Bragt, der vorzügliche Kenner der Nishitani-Philosophie, folgert aus den frühen Zitaten des Philosophen: »Nishitanis ganzes Werk ist ein Versuch, eine *theologia fundamentalis* des Zen-Buddhismus zu schaffen.«[108] Dieses Urteil trifft die zentrale Bedeutung des Buddhismus, insbesondere des Zen-Buddhismus, im Werk des Philosophen. In dieser Perspektive fügen sich die Gedanken Nishitanis zu einer weiten Schau östlichen und westlichen Denkens unter der Führung des zen-buddhistischen Standpunktes zusammen.

»Der Standpunkt des Zen«

Die Frage nach dem Selbst führt Nishitani tief in das philosophische Denken ein. Wenn er im Rückblick auf seinen philosophischen Weg die Auseinandersetzung mit dem Nihilismus als den Ausgangspunkt seines Philosophierens bezeichnet, so geht es ihm, wie er klärend bemerkt, um jenen radikalsten Nihilismus, der den Grund des Selbst leugnet. Auf die Frage des Selbst stieß er bei den Großen der Philosophie, bei Sokrates, der zu Beginn des abendländischen Denkens einem jeden zuruft »Erkenne dich selbst!«, bei Augustinus, der den tiefen Zusammenhang zwischen Gotteserkenntnis und Selbsterkenntnis durchschauend nichts anderes als Gott und das Selbst zu erkennen verlangt, schließlich bei Descartes, durch den die Frage nach dem Selbst an der Anfang der neuzeitlichen Philosophie gestellt ist. Nishitani weiß, daß Shâkyamuni und dem Frühbuddhismus das Selbst ebenso wichtig ist und weiß auch, daß der Zen-Jünger, wenn er den Weg zur Erleuchtung betritt, sich zur Selbstsuche aufmacht.

In dem eindringlichen Essay »Der Standpunkt des Zen«[109] erklärt Nishitani, was die Frage nach dem Selbst im östlichen Denken bedeutet. Er stellt an den Anfang seiner Überlegungen das Wort von der »Erforschung des Selbst« (jap. *koji kyûmei*) des berühmten japanischen Zen-Meisters und Gründers des Daitokuji in Kyoto Daitô Kokushi (1282-1338). »Zeigt dieses Wort nicht am besten die Einzigartigkeit des Zen-Standpunktes an? Zen ist der Standpunkt, der das Selbst bis zum letzten erschöpfend untersucht und wird auch der Weg genannt, der das eigene ursprüngliche Antlitz offenbart.«[110]

Nishitani unterscheidet zwischen dem östlichen und westlichen Verständnis des Selbst. Im allgemeinen meinen die Menschen, wenn sie vom Selbst sprechen, das vom rationalen Denken geprägte westliche Selbstbewußtsein, das die geistigen Fähigkeiten des Menschen, »den Strom seiner mannigfachen Empfindungen, Gefühle, Verlangen, Vorstellungen, Begriffe« einschließt, beobachtet und analysiert[111]. Dieses Denken objektiviert das Selbst und stellt es

Gott, der Welt und jeglicher Wirklichkeit gegenüber. Die Gegenüberstellung begründet den für das westliche Denken charakteristischen Dualismus.

Demgegenüber gründet das östliche Selbst in sich selbst, transzendiert alle menschlichen Fähigkeiten und Tätigkeiten, insbesondere das Bewußtsein, das intellektuelle Denken und Vorstellen. Das Selbst geht allem Tun voraus und wehrt sich gegen jede Objektivierung. Auf dem Nicht-Ich (sanskr. *anâtman*) beruhend, ist es nicht auf ein subjektives Ich begrenzt, sondern als ein Ausfluß des Alls kosmozentrisch zu verstehen. Im Geist, der als die einigende Kraft des Bewußtseins und seiner Tätigkeit angesehen wird, nimmt es die zentrale Stellung ein, es ist im Zentrum der eigenen Welt und der Welt aller Dinge. Das Selbst dehnt sich, kosmisch betrachtet, in die ganze Welt hinein aus. In dieser Sicht »gibt es keinen fundamentalen Unterschied zwischen Tier und Mensch. Der Buddhismus sieht den Menschen als ein ›Lebewesen‹ an und betrachtet ihn aus diesem Blickfeld gleich den anderen Arten von Tieren«[112]. Nishitani schließt hier Gedanken über »Weltseele« oder »Weltgeist« an.

Für die Erforschung des Selbst im Zen ist der »Große Zweifel« entscheidend wichtig, der Zweifel, der das Selbst in seinem tiefsten Grund betrifft und sich vom methodischen Zweifel des nach einer letzten Gewißheit suchenden Descartes wesentlich unterscheidet. Descartes nennt seine Untersuchungen bezeichnenderweise »Meditationen«, offensichtlich um den Unterschied von den allgemein üblichen logischen Untersuchungen hervorzuheben. Überraschend verkündet er seine Einsicht: *Cogito, ergo sum*, die in der Philosophie der Neuzeit als grundlegend betrachtet und von bedeutenden Philosophen immer wieder kommentiert wurde. So viel ist sicher: Descartes verläßt hier den Weg logischer Schlußfolgerung: sein »*ergo*« zeigt einen Durchbruch an, den Nishitani für vergleichbar mit dem Durchbruch der Zen-Erfahrung hält. Allerdings – und dies ist der entscheidende Vorwurf des japanischen Philosophen – kehrt Descartes unverzüglich zur rational logischen westlichen Denkweise zurück. Die Erfahrung wird bei ihm zur Grundlage von Argumentation. Seine Erkenntnis bleibt im kognitiven Bereich[113].

Dagegen erfaßt der »Große Zweifel« des Zen existentiell den ganzen Menschen, ist »ein Zweifel, der Leib und Geist ganz betrifft, ein Zweifel im eigentlichen Sinn, der das Selbst und alle anderen Dinge total zum Fragezeichen macht«[114]. Descartes' Zweifel, der argumentative Gewißheit anstrebt, ist nicht das, was im Zen der »Große Zweifel« genannt wird. Der Zielpunkt des Großen Zweifels ist keine philosophische Erkenntnis, sondern ein totaler Durchbruch, durch den das Selbst zum eigenen, ursprünglichen Selbst zurückkehrt, ohne Einfluß von außen, einzig aufgrund der Realisierung unmittelbarer Erfahrung.

Nishitani nennt das westliche Selbst »selbst-zentriert« oder »ich-zentriert«, dagegen das östliche Selbst »kosmo-zentriert«. Der durch praktische Kôan-Übung im Durchbruch des Großen Zweifels zur Erleuchtung Gelante erfährt sich in der Einheit des Kosmos und sieht die Dinge »so wie sie sind« (*ari no mama*), ein inhaltschweres Wort, das Nishitani liebt. Das Selbst ist ein Zentrum, das mit allen Dingen in Verbindung steht und nach allen Seiten hin offen ist. Das Thema der Selbstfindung berührt Nishitani in vielen Schriften, sehr ansprechend in einem kurzen Essay über »Das Erwachen des Selbst im Buddhismus«[115], in dem er das Erwachen des wahren Selbst der ursprünglichen Dharma-Natur als die wesentliche Frucht der buddhistischen Religion rühmt. Durch den Buddhismus geschieht, wie er sagt, »das Erwachen zum Selbst auf einer Ebene jenseits der Welt«. Die Selbstfindung bewirkt – dies ist vielleicht die wichtigste philosophische Einsicht Nishitanis – die tiefste und radikalste Überwindung des Nihilismus.

»Was bedeutet der Nihilismus für uns?«

Die Auseinandersetzung und schließliche Überwindung des Nihilismus erweist sich beim Durchblick seines umfangreichen Schrifttums als das zentrale Thema, das in der zen-buddhistischen Perspektive zur vollen Ausreifung gelangt. Die in den zwei umfangreichen Bänden der Auswahl seiner frühen Schriften unter dem Titel »Philosophie der fundamentalen Subjektivität« (jap. *Kongenteki Shutaisei no Tetsugaku*)[116] gesammelten Aufsätze beweisen seine intensive Beschäftigung mit der europäischen Philosophie. Aufgabe der Nishitani-Forschung wird es sein, in diesen Abhandlungen die Keime seiner endgültigen Überwindung des Nihilismus aufzuzeigen. Angemerkt sei hier lediglich die herausragende Bedeutung, die Nishitani schon im Frühwerk der Religion beimißt. Er ist durch und durch »Religionsphilosoph«, nicht ein Erforscher der Philosophie der Religionen, denn dies gerade macht seine Eigenart aus, daß er keine trennende Unterscheidung zwischen Religion und Philosophie gelten läßt.

Im reifen Alter veröffentlichte Nishitani sein abschließendes, klar strukturiertes Werk über den »Nihilismus« (1946)[117]. Das Buch fand Beachtung und Anerkennung. Die Bedeutung des Werkes für den Autor bestätigt sein erinnerndes Wort im eingangs erwähnten autobiographischen Bericht: »Die Hauptaufgabe war für mich, noch bevor ich philosophierte, [...] die Überwindung des Nihilismus durch den Nihilismus.«[118] Diese Aufgabe nahm während seines philosophischen Fachstudiums konkrete Formen an. Er erkannte die Gefahr des Nihilismus für das europäische Geistesleben, gewahrte indes auch den Punkt, wo ein ins Positive gewandter, schöpferischer, sich selbst überwindender Nihilismus dem buddhistischen Denken nahekommt. Seine mustergültige Darstellung der Nietzscheschen Philosophie, die der westlichen Nietzsche-Literatur nicht nachsteht, braucht uns nicht zu beschäftigen. Neu und erregend ist die Entdeckung der geistigen Ebene, die den Buddhismus berührt. Das Schlußkapitel des Buches, überschrieben »Die Bedeutung des Nihilismus für uns«[119] eröffnet den Zugang zu einer Ost und West umgreifenden Sicht und bereitet auf die entscheidenden Kapitel des Hauptwerkes »Was ist Religion?« vor.

Nishitani stellt, nachdem er sich ausgiebig mit den Inhalten und Formen des europäischen Nihilismus befaßt hat, die Frage: »Was bedeutet der Nihilismus für uns?«[120] Insbesondere was bedeutet der positive europäische Nihilismus für das japanische Geistesleben, das, vielen Japanern unbewußt, in seinen traditionellen Grundlagen erschüttert und, vom fortschreitenden Säkularismus bedroht, in eine gefährliche Krise hineingeraten ist? »Die vielgestalte Kultur unseres Landes ist, tiefer betrachtet, gleich einem Schatten, der über einem Vakuum schwankt.« Der geschichtliche Wandel hat »eine höchste geistige Krise« heraufgeführt[121] Während der Meijizeit hatten bedeutende, von der traditionellen fernöstlichen Kultur beseelte Persönlichkeiten die Führung inne, später verursachte der Verlust moralischer Energie das Absinken in ein Vakuum.

Nishitani faßt die Gegenwartsaufgaben, die sich, wie er glaubt, aus der Erforschung des europäischen Nihilismus für die japanische Philosophie ergeben, in drei Punkten zusammen, die sein philosophisches Ethos in helles Licht rückt. Die beiden ersten Punkte betreffen die Bewußtmachung der Situation des Vakuums und den energischen Willen zur Überwindung. Der Blick auf die westliche Geistesgeschichte kann dabei hilfreich sein. Nishitani schätzt die prophetische Kraft Nietzsches und Dostojewskis hoch. Doch in Japan darf über dem Studium der europäischen Philosophie die eigene Tradition nicht in Vergessenheit geraten. »Der Nihilismus Europas lehrt uns, zum eigenen vergessenen Selbst zurückzukehren und uns auf die Tradition der fernöstlichen Kultur zu besinnen. Diese Tradition ist uns gegenwärtig verloren gegangen, wir müssen sie wiederentdecken.«[122] Dabei handelt es sich nicht um Rückkehr in die Vergangenheit, zu alten toten Formen, sondern um eine Wiedererweckung. Nishitani verweist auf die aktive, positive Bemühung zur Überwindung des Nihilismus in Europa. »Ein solcher Versuch, verbunden mit gleicher Anstrengung bezüglich der fernöstlichen Kultur, insbesondere des buddhistischen Standpunktes der ›Leere‹ (jap. *kû*, sanskr. *sûnyatâ*) und des Nichts (jap. *mu*) wird neu zur Frage.«[123] Die gegenseitige Vermittlung von Vergangenheit und Zukunft ermöglicht die Erweckung des Geistes.

Bei der Besinnung auf die Tradition als Heilmittel gegen den Nihilismus denkt Nishitani vorzüglich an das buddhistische Erbe, ungeachtet seiner Hochschätzung der gesamten japanischen Religiosität, einschließlich des Shintô. Im philosophischen Bereich ist der Buddhismus seit den Anfängen der Kyoto-Schule durch Nishida maßgebend. Nishitani hätte gerne eine direkte Verbindung vom europäischen Nihilismus zur Mahâyâna-Philosophie aufgewiesen, die er irgendwie vermutete oder spürte. Die unzulänglichen Kenntnisse und mehr noch das mangelnde Verständnis der deutschen Philosophen des 19. und der ersten Hälfte des 20. Jahrhunderts bezüglich der Buddha-Religion boten keine tragfähigen Anhaltspunkte. Nishitani attestiert Schopenhauer »ein tiefes Interesse für den Buddhismus«[124], aber dies genügt nicht zum Beweis seiner Vermutung. Die Zitate aus Nietzsche, die er anführt, zeigen deutlich, wie gründlich dieser Philosoph den Buddhismus verkannte. In der Tat führt kein organischer Übergang von dieser Phase der deutschen Philosophie zum Mahâyâna-Buddhismus, auf den es Nishitani ankommt. Für die Überwindung des Nihilismus im Mahâyâna führt Nishitani zwei bedeutende Texte an, einen aus einem Traktat des indischen Philosophen Nâgârjuna und einen zweiten aus der Spruchsammlung des chinesischen Zen-Meisters Lin-chi (jap. *Rinzairoku*). So gelangt er bis zum Eingang seines Hauptwerkes »*Was ist Religion?*«, das die volle Überwindung des Nihilismus und zugleich die ihm eigene Philosophie darlegt.

Die Überwindung des Nihilismus und die Leere
Im Buch über den Nihilismus stellt Nishitani die Bemühungen der modernen westlichen Philosophie, vorab Nietzsches, Sartres, Stirners, Heideggers, um die Überwindung des Nihilismus dar. Diese Philosophen wußten um die heute viele Menschen bedrückende Sinnlosigkeit des menschlichen Daseins, sie vermochten das Bewußtsein ihres Selbst zu durchbrechen und auf dessen Grund eine Nichtigkeit, ein *nihilum* zu gewahren, das sie in einer ekstatischen Transzendenz erreichten.

Nishitani betont nachdrücklich den wesentlichen Unterschied zwischen dieser Art von Nihilismus und dem fernöstlichen »Nichts«, zu dem der buddhistische Bereich der Leere den Zugang eröffnet, Sartre, der westliche Nihilist, gelangt zur »Subjektivität eines in sich selbst eingeschlossenen Selbst, das in einer Weise, die sich selbst nicht entweichen kann, an sich selbst geklammert ist. Die Existenz dieses Selbst ist gekennzeichnet durch ein Anhaften am Selbst, gleichsam wie gefesselt von eigener Hand mit eigenem Strick.«[125] »Er anerkennt eine Transzendenz die man ekstatisch nennen kann. [...] Diese Transzendenz besagt, daß auf dem Grund der Selbstexistenz Nichts ist.«[126] Das Selbst betrachtet Sartre als ein Objekt. Nietzsche strebt in tieferer Sichtweise einen Humanismus an, der »das absurde Leben zu bejahen« vermag und das »Bild des ›Übermenschen‹ oder das Bild des voll menschlichen ›Menschen‹« als Ziel aufrichtet[127].

Das Ungenügen des westlichen Nihilismus zeigt sich offenkundig in der Mechanisierung des modernen Menschen. Der »in ein bloß auf sein Begehren ausgerichtetes Subjekt« verwandelte moderne Mensch wird von »von der Maschine überrollt, die er selbst konstruiert.« »Beharrlich auf dem *nihilum* stehend, folgt er uneingeschränkt seinem Begehren.« »Diese Tendenz führt zum Verlust der Menschlichkeit und endet in »Entmenschlichung«[128]. Zweifellos haben die nihilistischen Strömungen der modernen westlichen Philosophie zu diesen Erscheinungen erheblich beigetragen.

»Der Mensch ist mehr und mehr seiner eigenen Menschlichkeit gegenüber gleichgültig geworden.« So stellt Nishitani fest und fährt fort: »Angesichts dieser Situation [...] erhebt sich die Forderung nach der Erschließung eines Persönlichkeit und Geist übersteigenden überpersönlichen Ortes, der aber zugleich der einzige Ort ist, wo Persönlichkeit und Geist also solche in die Erscheinung treten.«[129] Einen diesem ähnlichen Ort sieht Nishitani in der »Abgeschiedenheit« Meister Eckharts, dessen tiefen religiösen Einsichten er große Bedeutung beimißt. Doch »dieser Punkt tritt noch deutlicher hervor im buddhistischen Standpunkt der ›Leere‹. Die ›Leere‹ ist der Ort, wo wir als konkrete Menschen, nämlich als Individuen mit Persönlichkeit und Leib in unserer Soheit erscheinen und zugleich die uns umgebenden Dinge in der Soheit zur Erscheinung kommen.«[130]

Die »Leere« (*sûnyatâ*) ist ein Kernbegriff des Mahâyâna-Buddhismus, zentral im Werk des großen indischen buddhistischen Philosophen Nâgârjuna und in der von ihm herrührenden Schule vom »Mittleren Weg« (*Mâdhyamika*), sie steht auch im Zentrum der Philosophie Nishitanis. Er interpretiert den facettenreichen Begriff und hebt besonders die Wesenszüge hervor, die ihm in der Auseinandersetzung mit dem westlichen Nihilismus wichtig scheinen. Auch die westliche nihilistische Philosophie kennt einen Überstieg über das vulgäre Ich und die scheinbare Sinnlosigkeit des menschlichen Alltagslebens, bleibt aber auch in der sogenannten »ekstatischen Transzendenz« dem Selbst verhaftet und neigt zur Objektivierung des Nichts als eines Dinges, das nicht ist oder einer Entität außerhalb des eigenen Seins, die negiert wird. Es öffnet sich nicht die offene Weite und Freiheit, die allein die volle Überwindung des Nihilismus manifestiert.

Sûnyatâ, die Leere, ist, wie die buddhistische Philosophie erklärt, kein »etwas«, kein Ding auf der Ebene von Sein und Nicht-Sein, sondern transzendiert alle Gegensätze und Unterschiede. Nishitani zeigt den fundamentalen Unterschied zwischen dem Nichts des westlichen Nihilismus und dem Feld der Leere auf. »Die Leere ist nur dann Leere, wenn sie sich des Standpunktes, der die Leere als ein Ding, das Leere ist, vorstellt, entleert.«[132] Die Leere ist weder dem Sein noch dem Nicht-Sein verhaftet, sie führt in einen Bereich, der tiefer ist als der Abgrund des westlichen Nihilismus, nämlich in die bodenlose Tiefe der Gleichheit, wo alle Dinge auf der Ebene der Gleichheit in absoluter Selbstidentität existieren, »absolut isoliert und zugleich absolut vereint«, »absolut zwei und zugleich absolut eins«[132], gemäß dem Wort des Landesmeister Daitô (1282-1338): »Durch hundert Millionen Kalpas geschieden sitzend und doch keinen Augenblick voneinandergetrennt, den Tag lang einander von Angesicht zu Angesicht gegenüber sitzend und doch keinen Moment ein Gegenüber«[133].

Nishitani zitiert ebenfalls die Verse des japanischen Zen-Meisters Gasan Jôseki (1275-1365):

>»Geist und Bewußtsein des Schattenmenschen
Ist mir überall vertraut.
Seit alters geheimnisvoll wunderbar,
Weder ich noch ein anderer.«[134]

Die letzte Zeile erweist die Leere als den Ort der Gleichheit, wo die Leere, um wahre Leere zu werden, entleert ist und jedes Ding in seiner wahren, realen Soheit erscheint.

Im Feld der Leere ist alle Nichtigkeit des westlichen Nihilismus vollständig überwunden. Die östliche Philosophie erweist sich an diesem Punkt als eine Philosophie der Bejahung. Ein zusammenfassender Abschnitt im Werk Nishitanis schließt mit den geradezu triumphalen Sätzen: »An jenem Ort der Leere erscheinen alle Dinge in ihrer Seinsmöglichkeit und Potenz, und zwar sich selbst bejahend, in der ihnen eigenen Form. Sich diesem Feld der Leere zuwenden, heißt für uns Menschen, das Sein aller Dinge (der Welt) fundamental bejahen und zugleich unsere eigene Existenz fundamental bejahen. Der Ort der Leere ist nichts anderes als der Ort der Großen Bejahung.«[135]

Nishitanis Darlegung der *sûnyatâ*-Philosophie begnügt sich nicht mit der Überwindung des westlichen Nihilismus: Der Ort der Leere, die Mitte seiner denkerischen Anstrengung gründet in den Mahâyâna-Sutren und reflektiert die Sichtweise des Zen. Der Dialektik der Weisheitssutren verdanken viele Zen-Kôan ihre geistige Schärfe. Ebenso wichtig ist die Beziehung zu den Avatamsaka- (jap. Kegon-)Sutren. Das Ineinssein des Seins mit der Leere und die wechselseitige Verknüpfung aller Dinge, dieses wichtige Thema des Kegon ist dem Zen geläufig. Die dem Zen zugrunde liegende Philosophie und Nishitanis zentrale Gedanken entstammen dem gleichen Wurzelgrund.

Modernität und Naturwissenschaft

Die Schlüsselfunktion der Auseinandersetzung mit dem westlichen Nihilismus kennzeichnet die Modernität der Philosophie Nishitanis, der im Nihilismus »das wesentliche Charakteristikum der modernen Zivilisation« sieht, auf deren »Grund überall der Nihilismus erscheint«[136]. Eng mit diesem verknüpft ist die neuzeitliche Naturwissenschaft, die keineswegs nur zufällig in einem scheinbaren Gegensatz zur Religion steht. »Ich bin überzeugt, daß das Problem des Nihilismus«, schreibt Nishitani in dem oben zitierten Rückblick auf seinen philosophischen Werdegang, »sich an der Wurzel der gegenseitigen Abneigung zwischen Religion und Naturwissenschaft befindet«[137].

Der tiefere Grund für die Abneigung liegt auf religiöser Seite in der Zerstörung der im Glauben an eine göttliche Weltregierung und Vorsehung gründenden teleologischen Weltsicht durch die Erkenntnisse der modernen Naturforschung. Nishitani, der sich schon früh mit dem Thema »Religion und Naturwissenschaft« befaßte, hat diesen Bezug immer wieder herausgestellt, z.B. in verschiedenen Kapiteln seines Hauptwerkes *»Was ist Religion?«*, sehr ausführlich in einem Essay *»Naturwissenschaft und Zen«*[138]. Nach der Auffassung traditioneller Religionen beruht die geordnete Struktur der Welt auf zielgerichteten Naturgesetzen, die dem gläubigen Menschen die Weisheit und Allmacht des Schöpfers offenbaren. Dagegen untersucht die moderne Naturwissenschaft die Eigengesetze der Welt, den in ihr wirkenden unpersönlichen, toten Mechanismus, der weder zum Menschen noch zur Umgebung des Menschenlebens eine Beziehung hat. Die mechanische, naturwissenschaftliche Weltsicht ist, wie ihre Vertreter meinen, durch exakte Forschung abgesichert. Auch Nishitani betrachtet sie als unbezweifelbares Faktum. Demgegenüber erscheinen die Bemühungen, die teleologische mit der mechanischen Weltanschauung zu vereinbaren, als ein müßiges Unterfangen. Die Wirklichkeit, so wie sie ist, bietet auf der rationalen Ebene widersprüchliche Aspekte, ein Tatbestand, den auch die Vertreter der Religion anerkennen und durch tiefere Einsicht zu verstehen suchen sollten. Überdies kann die exakte Naturwissenschaft einer dem modernen Wissen geöffneten Religion zur Reinigung von anthropomorphen Vorstellungen verhelfen.

Nishitani weist auch hier ähnlich wie bei der Überwindung des Nihilismus auf den Weg der Negativität hin. Während die teleologische Weltanschauung die aufsteigende Linie von der Materie über das Leben zum Menschen und seinem Urheber zeigt, bevorzugt die moderne Naturwissenschaft die von der Materie abwärts steigende Linie, die mechanisch analysierend der Auflösung zustrebt. Beide Aspekte müssen auf tieferer Ebene miteinander versöhnt werden. Der Gedankengang entspricht dem der Philosophie der Leere. Nishitani spricht in seinem Essay vom Feld des »Ungrundes« oder der Bodenlosigkeit oder des Nichts als dem Hintergrund der Welt, das durch die Umkehr in der Realisation des Großen Todes erreicht wird. In diesem Feld konvergieren die aufsteigende und die absteigende Linie, der teleologische und der mechanistische Aspekt, es übersteigt in gleicher Weise beide Seiten, sowohl die Materie als auch Leben und Geist. »Die Wahrheit selbst verlangt eine solche gleichzeitige Sicht beider Seiten.«[139]

Die *sûnyatâ*-Philosophie ermöglicht die Auflösung der scheinbaren Gegensätzlichkeit von Religion und Naturwissenschaft, die Nishitani durch *kôan*-artige Sprüche des Zen veranschaulicht. Seine entmythologisierende existentialistische Interpretation der Kôan hebt die durch diese repräsentierten widersprüchlichen Aspekte der Wirklichkeit auf höherer Ebene auf. Die bekannte, wie barer Unsinn klingende Kôan-Vorstellung vom »hölzernen Mann, der singt, und der steinernen Frau, die tanzt«[140], gehört weder zur Welt in ihrem teleologischen Aspekt des Lebens, noch zur Welt in ihrem mechanistischen Aspekt der Materie, sondern zu einer Welt, die diese Sichtweisen übersteigt, in der die unvereinbaren Aspekte einander durchdringen und zur Aufhebung kommen. Eine solche Kôan-Interpretation unterscheidet sich von der üblichen Erklärung der Ausschaltung des logischen Denkens im Ringen mit dem Kôan, indem sie sich der existentialistischen Logik der *sûnyata*-Philosophie bedient.

Nishitanis Sicht der modernen Naturwissenschaft in der Perspektive der *sunyata*-Philosophie beweist sein Bemühen, den Gegenwartsfragen gerecht zu werden. Er findet eine Nähe zum Standpunkt des Zen im Bezug auf die unmittelbare Erfahrung, der sich die Naturforschung wie das Zen verpflichtet fühlt. »Die Einzigartigkeit des Zen besteht in der Verbindung seines religiösen Charakters und der Betonung der Unmittelbarkeit der Erfahrung.«[141] Trotz der Annäherung zwischen östlichem und westlichem Denken bleibt der Zweifel, ob dieses Philosophieren der mit dem unerhörten Fortschritt der modernen Naturwissenschaft verbundenen Menschheitsproblematik gerecht zu werden vermag. Die Ausschaltung der Teleologie, die Nishitani als einen Erfolg der Naturforschung rühmt, weckte berechtigte Kritik. Der von Naturwissenschaft und Technik hervorgerufene epochale Umbruch, den wir heute erleben, läßt sich nicht durch traditionelle philosophische Kategorien, ob östliche oder westliche, einfangen. Vielleicht zeigen gerade Nishitanis Ausführungen über Religion und Naturwissenschaft bei aller Geistesschärfe und Modernität die Grenzen seiner Philosophie an.

Ueda Shizuteru

Unter den zahlreichen Schülern Nishitanis, die heute den Kern der Kyoto-Schule bilden, ragt heraus Uede Shizuteru (geb. 1926)[142], der unter Nishitanis Leitung Religionsphilosophie an der Universität Kyoto studierte, den Doktorgrad erlangte, dann in Deutschland wie sein Lehrer das Studium fortsetzte und vertiefte, um schließlich Nishitanis Lehrstuhl zu übernehmen (1976). Aus buddhistischer Familie stammend, nahm er während seiner Studienjahre den Geist der Kyoto-Schule tief in sich auf. Die Synthese zwischen westlichem Denken und der Mahâyâna-Metaphysik in ihrer konkreten

Form des Zen ist auch sein Anliegen. Er übernimmt die *sûnyatâ*-Philosophie von seinem Lehrer Nishitani, mit Ehrfurcht schaut er auf zu dem Gründer der Schule Nishida Kitarô, der als erster in der Philosophiegeschichte die Kluft zwischen der reinen Erfahrung, die das Zen artikuliert, und der philosophischen Reflexion zu überbrücken vermochte. Die Ergebnisse seiner wissenschaftlichen Bemühungen finden sich in der deutschen Doktordissertation für die Universität Marburg, die weit über das Gewöhnliche solcher Arbeiten hinausreicht, und in einer stattlichen Anzahl von Essays, die die gleichen Motive entfalten und zu einem durchdachten, stimmigen Lehrgebilde vereinen. Das zusammenfassende Hauptwerk steht noch aus, kann indes von dem unablässig schöpferischen Gelehrten, der 1990 frühzeitig nach der Sitte der staatlichen japanischen Universitäten emeritiert wird, füglich erwartet werden.

Meister Eckhart und Zen

Die Doktordissertation Uedas über Meister Eckhart in der Konfrontation mit dem Zen-Buddhismus bildet den Grund seiner folgenden philosophischen Untersuchungen. Mit der Wahl seines Themas knüpft er an eine Tradition der Kyoto-Schule an, die bis zum Gründer Nishida zurückreicht, der in der deutschen Mystik eine Geistesverwandtschaft mit dem Zen entdeckte. Nishitani verfaßte über Meister Eckhart eine bedeutende Monographie mit dem bezeichnenden Titel »*Das Absolute Nichts*« (1948). So lag es nahe, daß Ueda sich in Marburg unter Leitung des ohnehin der Mystik zugetanen Altmeisters der Religionswissenschaft Friedrich Heiler und seines mit einer Arbeit über Eckhart hervorgetretenen Doktorvaters Ernst Benz der Eckhart-Forschung widmete, wobei er vor dem für einen Japaner nicht leichten Erlernen des Mittelhochdeutschen und des Lateinischen nicht zurückschreckte. Die Frucht seines langjährigen Studiums findet sich in dem Buch »*Die Gottesgeburt in der Seele und der Durchbruch zur Gottheit. Die mystische Anthropologie Meister Eckharts und ihre Konfrontation mit der Mystik des Zen-Buddhismus*«[143]. Uns interessiert vor allem die Beziehung zum Zen, und unsere Erwartung wird nicht enttäuscht, wenn wir in dem Werk zuverlässige Auskünfte über Uedas Auffassung vom Zen, insbesondere von der das Zen begründenden und durchwaltenden Philosophie erhoffen.

Ueda sieht die innere religiöse Grunderfahrung Eckharts in den Motiven der Gottesgeburt und des Durchbruchs ausgedrückt, die er in den zwei Teilen seiner Arbeit sorgfältig untersucht. Das Motiv der Gottesgeburt führt ihn tief in die christliche Theologie hinein, beruht es doch auf den Mysterien der Trinität und der Inkarnation. »Gott gebiert seinen Sohn in der Seele und dadurch die Seele als seinen Sohn.«[144] Ueda vergißt nicht darauf hinzuweisen, daß die christlichen Mysterien wie die Zen-Erfahrung unaussprechlich sind. Eckhart liegt zumal die Einheit der drei Personen in Gott am Herzen. Die drei Personen sind der »eine ungeteilte Gott (*unus indivisus deus*)«, oder auch schlechthin »eines«[145]. In der Hinzielung auf das Eine (*unum*) glaubt Ueda wie viele Eckhart-Forscher neuplatonische Einflüsse erkennen zu können. Diese sind nicht auszuschließen, aber gerade Uedas weitere Ausführungen, die Zug um Zug Ähnlichkeiten oder Parallelen zum Zen-Weg feststellen, zeigen wie sehr Eckhart sich von der spekulativen Philosophie der Neuplatoniker unterscheidet, da er eine dem Zen verwandte Spiritualität des alltäglichen Lebens in der Welt lehrt. Seine kühnen Formulierungen wie »Der Mensch wurde Gott« oder »der göttliche Mensch« (*homo divinus*)[146] bleiben wie das Sprechen der griechischen Kirchenväter von der »Vergottung« des Menschen im Rahmen der christlichen Orthodoxie. Dies ist auch die Ansicht Uedas, aber er meldet Zweifel an, wenn Eckhart in seinen deutschen Predigten die Gottesgeburt in der Seele mit dem Ereignis der Menschwerdung gleichzusetzen scheint.

Augustinisch ist der Gedanke der Empfänglichkeit der Seele für Gott (*capax Dei*), den Eckhart aufnimmt, aber er begnügt sich nicht mit der aus der Gottesgeburt der Seele gefolgerten Vereinigung der Seele mit Gott, gemäß der die Seele das Leben Gottes lebt, und mit Gott wirkt. Die innere Dynamik seines Denkens drängt weiter. Das

Durchbruchsmotiv kommt zur Geltung. Die Seele verlangt, Gott zu durchbrechen, um zum Grunde Gottes zu gelangen. Der Grund Gottes ist die Gottheit. Eckhart unterscheidet zwischen Gott und Gottheit. Die Gottheit ist Gottes Wesen, das Innerste Gottes die erste Lauterkeit jenseits jeder Beziehung, »die stille Wüste, in die nie ein Unterschied hineinlugte, weder Vater noch Sohn noch Heiliger Geist.«[147] Die Schwierigkeit der Interpretation ist offensichtlich. Das Drängen zum Einen führte, wie Ueda bemerkt, »trotzdem nicht zur völligen Aufhebung des Trinitätsbegriffes«[148]. Die Seele bricht, so erklärt Eckhart, mit ihrem Grunde durch zum Grunde Gottes, zum Wesen Gottes, zur Gottheit. Der Seelengrund oder auch das Seelenfünklein ist eines mit dem Grunde Gottes. Auch hier merkt Ueda an: »Die Identität des Seelengrundes mit dem Grunde Gottes ist etwas völlig anderes als die Identität der Seele mit Gott.«[149] Das Durchbrechen als Erfahrung kann in der psychologischen Erscheinung mit der Zen-Erleuchtung verglichen werden.

Eckharts Aussagen vom göttlichen Nichts sind in der Konfrontation mit dem Zen gewichtig. Mit diesen Aussagen steht er in der Tradition der negativen Theologie, die bis in die Frühzeit des Christentums zurückreicht und in Pseudo-Dionysius, dem vermeintlichen Apostelschüler und christlichen Neuplatoniker des 5. Jahrhunderts, den ersten großen Vertreter hat[150]. In seinen deutschen Predigten sprach er oft und begeistert vom göttlichen Nichts. Die Bezeichnungen der negativen Theologie vom »Nichts« und vom »Überhinaus« wendet er auf Gott und auf die Gottheit an. Eine Predigt schließt mit den Sätzen: »Du sollst ihn lieben, wie er ist ein Nicht-Gott, ein Nicht-Geist, eine Nicht-Person, ein Nicht-Bild, mehr noch wie ein lauteres Eines ist, abgesondert von aller Zweiheit. Und in diesem Einen sollen wir ewig versinken von Etwas zum Nichts. Dazu helfe uns Gott. Amen.«[151] Er erklärt das Schriftwort, gemäß dem Paulus, vom Strahl der Gnade getroffen, mit offenen Augen Nichts sah (Apg. 9,8): »[...] dieses Nichts war Gott, denn als er Gott sah, das nennt er ein Nichts.«[152] Gott ist zugleich »ein Nicht und ein Icht«, »überwesende Nichtheit«, »ein überschwebendes

Wesen« und eine »überwesende Nichtheit«[153]. Ueda befaßt sich ausführlich mit Eckharts Auslegung des Wortes aus dem Johannesevangelium: »Gott ist ein wahres Licht, das da leuchtet in der Finsternis« (Joh 1,9 und 5). Dieses Wort veranlaßt Eckhart zu einem Passus über drei Finsternisse. Die dritte Finsternis ist die beste, »es ist die verborgene Finsternis der ewigen Gottheit, sie ist unbekannt und war nie bekannt und wird niemals bekannt. Gott bleibt da in sich selbst unbekannt. Das Licht des ewigen Vaters hat ewiglich hineingeschienen, aber die Finsternis begreift das Licht nicht.«[154] Diese Finsternis der Gottheit umschließt, so erklärt Ueda den dunklen Text, das Licht Gottes. »Das Nichts, wie es Gott in sich selbst ist, liegt jenseits jedes Gegenübers von Gott und Kreatur, bezw. von Gott und Mensch, es ist weder Sein noch Nichts.«[155] Wie immer man Eckharts dunkel kühne Aussagen vom Nichts interpretieren mag, sein Sprechen vom Nichts hat eine Parallele im Donnerruf des vierten chinesischen Zen-Patriarchen Tao-hsin (580-651) vom »Nichts der Buddha-Natur«, den der japanische Zen-Meister Dôgen (1200-1253) in seinem »Buch von der Buddha-Natur« orchestriert und der in vielen Zen-Hallen bis heute weiter schallt[156]. Die Abwehr jeglicher Rationalisierung und Verbalisierung ist in beiden Traditionen gleich stark, obwohl der metaphysische Grund verschieden ist.

Der *sûnyatâ*-Lehre des Mahâyâna, die vom Zen-Übenden, radikal verstanden, die völlige geistige Entleerung von allem Denken und Vorstellen, allem Wollen und Wünschen verlangt, entspricht Eckharts Forderung der gänzlichen Abgeschiedenheit. Die Abgeschiedenheit ist die notwendige Vorbedingung für die Vereinigung der Seele mit Gott. In seinen Predigten findet er immer neue Wortbilder, die diese Notwendigkeit einschärfen. Der Mensch muß schweigen, blind und taub sein, in Armut und Einsamkeit verweilen, ja er muß sterben. Ledig und lauter, muß er alle Dinge und das eigene Ich lassen, bereit, um Gottes willen Gott zu lassen und in die Finsternis und ins Nichts einzugehen. »Du sollst ganz still in seinem reinen Nichts verharren«.[157] Das ist der »Grundtod«[158], von dem Eckhart spricht, ähnlich dem »Großen Tod« der Zen-Erfahrung.

Abgeschiedenheit und Gelassenheit gleichen der in der Zen-Übung angestrebten Stillegung aller geistigen Tätigkeiten im Zustand der Leere. Das Zen geht, wie Ueda ausführt, nur insofern über den von Eckhart verlangten Grad der Entäußerung hinaus, als es das Leer-Werden von der Leerheit fordert, also nicht eine Leere empfänglich für etwas, sondern Leere schlechthin. Eckharts Abgeschiedenheit der Wüste ist ein Ort offen für Gott und die Gottheit.

Ueda verwendet in seinem Eckhart-Buch sowie in seinen Essays viel Mühe darauf aufzuzeigen, daß Eckharts geistlicher Weg ein Weg der Steigerung ist, und zwar von der Christusmystik der Gottesgeburt in der Seele über die Gottesmystik im Durchbruch zur Gottheit zur Überwindung der Mystik, d.h. zu einer Stufe des In-der-Welt-Seins, die wie die Entäußerung im Zen noch überboten wird. »In ihrem Höchsten ist Eckharts Mystik nicht mehr mystisch«[159]. Dies stimmt, aber auch der wenige Zeilen folgende Satz trifft: »… der Gedanke des lauteren Eins-Seins mit dem lauteren Einen wird jedoch bei ihm [Eckhart] nicht bis zur letzten Konsequenz, bis zur Aufhebung der christlichen Begriffe und der christlichen Frömmigkeit geführt.«[160]

Der zur Vereinigung mit Gott gelangte Mensch wendet sich der Weltwirklichkeit zu. Bekannt ist Eckharts Mahnung, allsogleich dem Notleidenden zu helfen und auch den Zustand höchster Kontemplation aufzugeben, um dem hungrigen Bettler ein Süpplein zu reichen. Diesen Aspekt der Lehre Eckharts veranschaulicht seine eigenwillige Interpretation der Epikope des Lukasevangeliums von Maria und Martha (10,38-42). Nach seiner Erklärung ist Martha vorbildlich. »Sie hat lange und wohl gelebt«, so lobt er ihr Arbeiten in der Küche[161]. Obgleich sie sich um viele Dinge gesorgt hat, fand sie, aus dem Grunde der Seele wirkend, in allem Gott. Das aktive Leben (*vita activa*) ist, wie Eckhart es versteht, nicht vom beschaulichen Leben (*vita contemplativa*) getrennt. Der abgeschiedene, wahre Mensch sieht Gott in allen Dingen. Die vollkommene Verbindung des aktiven mit dem beschaulichen Leben ist die zu erstrebende höchste Stufe des Weges der Gottvereinigung.

In der Zusammenfassung seines Eckhart-Buches führt Ueda Gemeinsamkeiten und Unterschiede auf, die wir im vorigen mehrmals hervorgehoben haben. Er spricht von »auffallenden Gemeinsamkeiten« und sogar von einer »gewissen Wesensverwandtschaft«[162], stellt jedoch fest, daß »die Rückkehr zur Weltwirklichkeit als realer Vollzug des Durchbruchs zur wahren Transzendenz [...] im Zen-Buddhismus viel radikaler und konsequenter durchgeführt als bei Meister Eckhart«[163] sind. »Eckhart konnte die letzte Konsequenz nicht ziehen, auch wollte er es nicht.«[164] Entsprechend dieser Einsicht faßt Ueda das Ergebnis seiner Forschung in dem Schlußsatz zusammen: »Durch unseren kurzen Vergleich mit dem Zen-Buddhismus zeigt sich also die Mystik Meister Eckharts in ihrer Untrennbarkeit von der christlichen Grundlage, als eine christliche Mystik, obwohl sie innerhalb des Christentums eine radikale Abweichung von der kirchlichen Orthodoxie aufweist.«[165]

In mehreren deutschsprachigen Essays hat Ueda, sein Grundstudium weiterführend, über die Beziehung zwischen Eckhart und Zen gehandelt. Er sucht deren geistige Nähe zueinander noch spürbarer zu machen und deren Unterschiede noch schärfer zu fassen. Dabei stützt er sich mit Vorliebe auf die drei letzten Bilder der zehnteiligen Serie »Der Ochs und sein Hirt«, die er tiefschürfend erklärt[166]. Exemplarisch für seine ebenso eindringliche wie ansprechende Deutung sind die Ausführungen seines Vortrages vor der Eranos-Gesellschaft (Askona). Ueda zeigt die Bedeutung der drei Bilder »als Illustration für die Bewegung des wahren Selbst« auf[167]. Das erste Bild, der leere Kreis, bedeutet das absolute Nichts, die totale Negation jeder Art von Dualität. Der Mensch muß ins lautere Nichts hineinspringen, den »Großen Tod« erfahren. Das zweite Bild, ein blühender Baum am Fluß, malt keine gegenständliche oder metaphorische Landschaft, sondern vergegenwärtigt auf ungegenständliche Weise die Selbstlosigkeit und Freiheit des wahren Menschen. Das dritte Bild zeigt einen Greis in der Begegnung mit einem

Jungen und bedeutet die selbstlose Selbstentfaltung des Greises im Zwischen des Ich-Du. Zusammenfassend erklärt Ueda: »Es handelt sich um eine Bewegung, die mit der Existenz einen unsichtbaren Kreis von Nichts-Natur-Kommunikation zeichnet.«[168]

Wie oder bis zu welchem Punkt läßt sich Eckharts Denken in die durch die drei Bilder veranschaulichte Bewegung einfügen? Der leere Kreis kann bei entsprechender Erklärung seine negative Theologie symbolisieren. Wir sahen, wie emphatisch Eckhart vom Nichts Gottes spricht. Doch er nennt Gott auch ein überwesentliches Sein. Das Nichts Gottes ist zugleich Seinswirklichkeit. Dagegen ist die Leere des Zen, das der Leere entleerte absolute Nichts weder Sein noch Nicht-Sein. Die Verneinung ist radikaler als bei Eckhart. Während dessen sich steigernde Verneinung nach der völligen Entäußerung von allen Dingen und vom Ich im Gott-Lassen zum Nichts der Gottheit führt, zielt »die Unendlichkeit der Verneinung« im Zen auf »das unendliche Nichts ›jenseits der hundertfachen Verneinung‹«[169]. Das Nichts des Zen ist weder Sein noch Nicht-Sein, doch kein nihilistisches Nichts, sondern das Zugleich von Negation und Bejahung. Der leere Kreis versinnbildet das »zugleich« und »weder noch«, das »mahâyâna-buddhistische Beziehungsdenken«[170], die Relation als den Grundbegriff der Mahâyâna-Philosophie, gemäß der alle Dinge (buddhistisch *dharma*) ebenso wie das Ich radikal entsubstantialisierte Realität sind; sie sind und sie sind nicht. Eckharts negative Theologie geht nicht so weit.

Damit ist die Grenze der Relevanz des zweiten Bildes für das Eckhartsche Denken angedeutet. Der blühende Baum am Fluß, gedeutet als die Natur in ihrer Soheit, als die Dinge, so wie sie sind, läßt keine Transparenz zur Transzendent erkennen. Dagegen vergißt Eckhart bei der Zuwendung zur Natur und zur Welt niemals die Gründung allen Seins in Gott. »Wenn alle Kreaturen in Gott ›grünen‹, dann ist das Eckharts Bejahung der Fliege, und zwar als Fliege in Gott.«[171] Das Zen bejaht alle Dinge unvermittelt, »die Berge als Berge, das Wasser als Wasser«.[172] Der Unterschied ist unverkennbar.

Die zwei Ochsenbilder (Nr. 8 und Nr. 9) versinnbilden die Koinzidenz der radikalen Verneinung der Leere und die höchste Bejahung des Wirklichen im Zen. Im chinesischen Text sind sie überschrieben: »Beide vergessen« (nämlich Ochs und Hirt, deshalb Leere) und »Zurückgekehrt zu Grund und Ursprung«: »der Fluß fließt, wie er fließt, die Blume blüht, wie sie blüht«. Für beide Bilder konnten wir Entsprechungen bei Eckhart feststellen, freilich bleibt eine Differenz, die in Eckharts christlichem Standpunkt gründet[173].

Mit Uedas Erklärung des letzten Ochsenbildes verlassen wir seinen zen-buddhistisch-christlichen Vergleich. Allerdings bleibt eine Beziehung zum Christentum im weiten Sinne. Ueda hat dieses Bild in einer von der traditionellen abweichenden, originellen Weise gedeutet. Im Original lautet die Unterschrift: »Heimgekommen auf den Marktplatz mit offenen Händen«. Gewöhnlich wird das Bild so erklärt, daß der vollkommen Erleuchtete, ins Alltagsleben zurückgekehrt, freigebig Gaben austeilt, buddhistisch gesagt, einem Bodhisattva gleich irrende Lebewesen zur befreienden Erleuchtung führt. Uedas Deutung ist anders. Er hebt auf das »Zwischen« der Begegnung des dickleibigen Greises mit dem Jungen ab. Die beiden sind nicht zwei Menschen, sondern aus der selbstlosen Selbstentfaltung des Greises wird der Junge im Gegenüber als der Ort der existentiellen Frage nach dem Selbst. Zwischen beiden kann sich das Frage- und Antwortspiel eines Kôan entwickeln, etwa: »Wo kommst du her?« »Was ist dein Name?«, alltägliche Fragen, die im Zen zu Fragen nach dem ursprünglichen Antlitz, der wahren Wirklichkeit, schließlich nach dem Selbst des anderen werden. Ein Ort für die Beziehung zum anderen ist erschlossen, aber, wie Ueda betont, »nicht mehr im Subjekt-Objekt Rahmen, auch nicht ganz in derselben Weise wie ›Ich und Du‹ bei Martin Buber, obgleich die Ich-Du-Beziehung als ein wissenschaftliches Moment mit enthalten ist.«[174]

Die Deutung des zehnten Ochsenbildes ist aufschlußreich für Uedas Verständnis vom Zen. Er handelt in seinen Schriften auch von der

Praxis des Zen und von der Struktur der Zen-Übung. In dem angeführten Eranos-Vortrag gibt er eine eindringliche Erklärung der zwei Grundübungen des Zen, nämlich des Zazen und des Kôan. Das Zazen ist »Sitzen als Zen« und »Zen als Sitzen«. In den einzelnen Elementen der Übung deckt er wesentliche Zen-Komponente auf. Zazen ist, wie er es sieht, der »körperliche Ausdruck und Vollzug der stillen Sammlung und der gelassenen Offenheit«, der Übende muß »das so Gesammelte von der grenzenlosen Offenheit durchdringen lassen«[175].

Ein längerer japanischer Essay, überschrieben »*Nichijô Kûfu*« (zu deutsch: »Übung im Alltag«, von Ueda übersetzt »Alltag als Übung«)[176] erklärt eingangs die grundlegende Bedeutung des *zazen*, das alle Lebenslagen des Alltags meistern läßt und ohne Absicht zur »großen endgültigen grundlegenden Umkehr«, zum Ursprung führt. Für den ursprünglichen Menschen in Freiheit ist »der Alltag gleich Zen« und »Zen gleich dem Alltag«. Ueda entwickelt die Zen-Askese im Alltag nach zwei Richtungen hin, einmal wie der gewöhnliche Alltag mit allen Einzelheiten vom Übenden zu Zen gemacht und gelebt wird, – dies ist die aufsteigende Linie vom Alltag zum Zen, ferner wie der Zen-Mann die Dinge des Alltags als Alltagsdinge bejaht und tut, so daß sie anderen nützen, – dies ist die absteigende Linie von Zen zum Alltag. In der Praxis fallen beide Linien zusammen und sind im Zazen verankert.

Ueda sieht das Zazen im Zusammenhang mit dem Wechselgespräch des Kôan. Das Zazen ist, wie er ausführt, »die Verkörperlichung der totalen Infragestellung des Menschen durch die Grundfrage und deren Unlöslichkeit.« Und wenige Zeilen später: »Nun ist dasselbe Zazen zugleich die Verkörperlichung der Antwort, der Gelöstheit…«[177] Er hat dem Kôan im Zen sein besonderes Augenmerk zugewandt. Die Beziehung zum anderen, die im Wechselgespräch oder Frage-Antwort-Spiel des Kôan hervortritt, ist ihm wesentlich. Er hebt das »Ich und Du« im Zen von dem Bubers klar ab. Wenn Buber durch die Beziehung zum anderen auf »das ewige Du« hinblickt, so werden im Zen »Ich und Du […] auf Ungrund des

Weder Ich-noch-Du in der Tiefe des Zazen oder vom Weder-Ich-noch Du durchdrungen. Dadurch ist das Zwischen von Ich und Du zur un-gründigen Grundlosigkeit der Tiefe geworden.«[178] Klassische Kôan-Beispiele zeigen, wie in der Begegnung der Partner, einer Begegnung von Selbst zu Selbst, beide sich gegenseitig in Frage stellen und im Spiel von Frage und Antwort jegliche Dualität in einer schlichten Bejahung verschwindet, die manchmal durch einen Gestus, einen Donnerruf oder ein schallendes Gelächter ausgedrückt wird.

Sprachphilosophisches
Ueda, selbst sehr sprachbegabt, leistete einen wichtigen Beitrag zum sprachphilosophischen Verständnis des Zen. Er sieht im Kôan, dem *mondô* (zu deutsch: »Frage und Antwort«), einen Höhepunkt des menschlichen partnerlichen Sprechens. Das Mondô, von anderen religiösen Sprachäußerungen unterschieden, ist in seiner Besonderheit dem Zen eigentümlich. Die Wesensverwandtschaft veranschaulicht Ueda an einem einfachen Beispiel.[179] Wenn der Satz »Eines ist vieles« und »Vieles ist eines«, ein Kernsatz der Mahâyâna-Philosophie, nach Kôan-Art zum Wechselgespräch gemacht wird und lautet: »Was ist eines? – Vieles«, und: »Was ist Vieles – Eines«, wird die im Satz ausgesprochene These durch den dazwischen tretenden Menschen zu einem mit Dynamik geladenen Frage-Antwort-Spiel. Der Mensch ist ein lebendiges Selbst, seine Frage zielt auf das Selbst des Partners. In diesem auf die einfachste Form gebrachten Wechselgespräch offenbart sich das Wesen des Zen-Mondô, bei dem es immer um das »wahre Selbst«, das »ursprüngliche Antlitz« geht. Im Meister-Jünger-Gespräch fragt der Meister (meistens in einen Zusammenhang eingebettet): »Wer bist du?« Das heißt, er fragt nach dem Selbst seines Gegenüber. Und der Jünger fragt den Meister, ebenfalls oft in weitläufiger Form: »Wer bin ich?« Das heißt: »Was ist mein Selbst?« Diese Grundstruktur des Mondô wird in mannigfacher Weise abgewandelt. Im Mondô vom Einen und Vielen läßt sich die Antwort leicht in den

Thesensatz einfügen. Bei anderen Kôan fällt die Antwort, wie es scheint, ganz aus dem Kontext. So z.B.: »Was ist der Buddha?« – »Drei Pfund Hanf«[180], oder: »Welches ist der Sinn des Kommens des ersten Patriarchen (Bodhidharma) vom Westen?« – »Der Lebensbaum vor dem Garten.«[181] Frage und Antwort ergeben, in einen Satz gefügt, keinen Sinn.

Als Philosoph befaßt Ueda sich mit der Sprachphilosophie des Zen. Oft ist das Paradox angemeldet worden, daß das Zen, obwohl es Verbalisierung haßt und sich rühmt, eine Überlieferung ohne Worte zu sein, einen erstaunlichen Reichtum an Literatur hervorgebracht hat. Ueda zielt bei seiner Forschung auf das Urwort oder Grundwort, dem ein Urschweigen vorausgeht. Er bezieht sich auf ein Wort Nishidas, mit dem der Begründer der Kyoto-Schule das Gesamt seines Vorhabens umreißt. Nishida schreibt: »Ich möchte versuchen, alles im Licht des Anspruches zu erklären, daß die reine Erfahrung die einzige wirkliche Wirklichkeit ist.« Ueda unterscheidet in dem Satz drei Aussagen. Die erste betrifft die »reine Erfahrung«, unaussprechlich wie das Urwort im Urschweigen verborgen. Dann formuliert Nishida dieses Unsagbare in den Satz: Die reine Erfahrung ist die einzige wirkliche Wirklichkeit. Damit ist das Unsagbare in eine Aussage gefaßt, die sich in konkrete Ausdrücke und Sprüche entfalten kann. Die Möglichkeit der Zen-Literatur scheint auf. Drittens äußert Nishida sein Vorhaben, alles im Lichte dieser Aussage zu erklären. Eine erklärende, reflektierende Philosophie entsteht über dem aus der reinen Erfahrung geborenen Grundwort. Die Beziehung der Philosophie zur Sprache ist offensichtlich[182].

Ueda ist mit der westlichen Sprachphilosophie wohl vertraut. Er nennt Humboldt, Cassirer, Bollnow, Jaspers und Heidegger. Einen deutlichen Anklang an das fernöstliche Sprachverständnis findet er in Merleau-Ponty's Sprachphänomenologie, die vom institutionalisierten Gebrauchswort zum schöpferischen Wort aufsteigend unter dem Lärm der vielen Worte ein »Urschweigen« (*le silence primordial*) entdeckt, dessen Durchbrechen eine tiefe Bewegung auslöst, die nicht bloß die Sprache, sondern den Menschen selbst betrifft und, so Merleau-Ponty, eine »Wandlung meiner eigenen Existenz« (*une modulation de ma propre existence*) und eine »Umformung meines Seins« (*transformation de mon être*) bewirkt[183]. Auch im Zen erkennt Ueda diese existentielle Bedeutung der Sprache.

Ueda erläutert in seinem deutschen Eckhart-Buch mit sorgfältiger Liebe das Gedicht des Angelus Silesius: »Die Rose ist ohne warum, sie blühet, weil sie blühet.«[184] Das »ohne warum« verdeutlicht ihm letzte metaphysische Zusammenhänge. Doch ist es auch seine letzte Erklärung für die Sprache. Das Urwort ist »ohne warum«. Er erläutert dies an einem anderen Gedicht über die Rose, nämlich dem berühmten Grabspruch Rilkes: »Rose, oh reiner Widerspruch, Lust, Niemandes Schlaf zu sein unter so vielen Lidern.«[185] In diesem Gedicht ist das »oh« das Urwort, der numinose Urlaut, der die folgenden Worte im Keim enthält. In dem Urwort ist die »reine Erfahrung« (Nishida) gegenwärtig. Reine Erfahrung und Urwort sind Ereignis, Gegenwart, »ohne warum«, jenseits jeder Unterscheidung und ungegenständlich. Uedas Sprachphilosophie bewegt sich auf der gleichen Ebene wie die ungegenständliche Zen-Meditation.

Das Problem der Säkularisierung

Ueda bedrängt wie seinen Lehrer Nishitani die Problematik des technischen Zeitalters, aber er bemüht nicht wie dieser die *sûnyatâ*-Metaphysik um eine Lösung, sondern stellt sich der weltweiten Gefahr der Säkularisierung, die heute alle Religion bedroht. In einem Beitrag zu einem Symposium »Hat die Religion Zukunft?« der Salzburger Humanismus-Gespräche, in dem er »Zur gegenwärtigen geistigen Situation Japans« in zen-buddhistischer Sicht Stellung nimmt[186], stellt er eingangs fest, daß es für den Stifter Shâkyamuni und den von ihm begründeten indischen Mönchsorden kein Problem der Säkularisierung gab, da die Mönche Haus und Welt radikal verließen und alle gesellschaftlichen Bindungen von sich warfen. Erst im Mahâyâna findet sich so etwas wie eine Spannung zwischen »Aus-der-Welt-Treten« und »In-der-Welt-Bleiben«. Indem die Mahâyâna-Lehre keine Trennung von Diesseits und Jenseits, von Samsâra und Nirvâna kennt und den Unterschied zwischen »sakral« und »profan« aufhebt, ist im Buddhismus Ostasiens dem Problem der Säkularisierung, nämlich des Überganges vom Sakralen zum Profanen eigentlich der Boden entzogen. In einem Universum, charakterisiert durch das Zen-Wort »Offene Weite – Nichts Heiliges«, gibt es schlechthin keinen Raum für einen Säkularisierungsprozeß.

Dennoch fordert die Weltoffenheit des Mahâyâna im Kontrast zur asketischen Weltabgewandtheit des Theravâda-Buddhismus zur Untersuchung etwaiger Säkularisierungserscheinungen heraus. Ueda sieht den Mahâyâna-Grundgedanken der Rückkehr zur Welt ohne Unterscheidung zwischen »sakral« und »profan« im klassischen Zen verwirklicht. So hat »der Mahâyâna-Buddhismus eine einfachste alltägliche oder weltliche Tätigkeit wie Tee-Trinken, Schriftzeichen-Schreiben usw. zum ›Weg‹ des Tees, ›Weg‹ des Schreibens vertieft, indem er jeweils die betreffende Tätigkeit in eine Aufstehenstätigkeit aus der Versenkung verwandelt […], ohne daß einerseits die Versenkung verlassen wird und zugleich andererseits zur jeweiligen Welttätigkeit etwas Besonderes hinzugetan wird.«[187] Wer die Zen-Kultur erleuchteter Meister kennenlernen durfte, wird Uedas Urteil bestätigen. Aber Ueda kennt auch die Gefahr, die den Zen-Buddhismus wegen des Schwebezustandes zwischen Erleuchtung und Weltlichkeit bedroht. Bitter tadelt er die Weltverfallenheit weiter Kreise des japanischen Buddhismus. »Der Buddhismus ist in einer Verlegenheit, ja in großer Verlegenheit«, klagt er, weil der Buddhismus »sich vielleicht zum ersten Mal in seiner ganzen Geschichte in einer prinzipiell fremden Welt« befindet[188]. »Der Buddhismus mit seiner Offenheit für die Welt läuft heute in der technologischen Welt leer.«[189] Und das buddhistische Menschenbild mit dem Ideal der Ego-Überwindung sieht sich einer maßlosen Expansion des Ego gegenüber. Ueda sieht klar die Krise der Religion, auch der buddhistischen Religion, und des Menschen in der technologischen Welt.

Dennoch vermag er dem weltweiten Säkularisierungsprozeß, der heute alle Lebensbereiche von jeder religiösen Beeinflussung loszulösen sucht, auch eine gute Seite abzugewinnen. Die gegenwärtige Zwangssituation verweist die Religionen auf ihr Ursprüngliches und Eigentliches[190]. Für den fernöstlichen Menschen ist sein religiös verwurzeltes Naturverständnis wesentlich. Die rationale westliche Zivilisation brachte die Naturwissenschaften und die Technik hervor. Dazu befähigte sie außer einer starken analytischen Begabung die deutliche Scheidung von Objekt und Subjekt, wobei die Natur dem Subjekt, nämlich dem Menschen als Gegenstand gegenübersteht. Die nichtgegenständliche Naturerfahrung des fernöstlichen Menschen kennt keinen solchen dualistischen Gegensatz, doch fehlt dem Menschen in Asien keineswegs die rationale Fähigkeit. Diese ist, wie Ueda bemerkt, eine Selbstverständlichkeit, aber er erinnert nachdrücklich daran, »daß es sehr vieles Wichtiges für den Menschen gibt, das nicht rational lernbar ist[191].« Der unleugbare Wert nichtgegenständlicher Erfahrung kommt heute auch im Westen zu neuer Geltung.

Die Zen-Philosophie und die Ost-West-Begegnung

Das philosophische Ferment, das im Buddhismus seit seinen Anfängen wirkt, hat im 20. Jahrhundert durch die Begegnung des Zen-Buddhismus mit dem abendländischen Denken eine bis dahin nicht gekannte Bedeutung erlangt. Das Verdienst dafür ist nicht allein, aber doch zu einem großen Teil, der Kyoto-Schule zuzuschreiben, die, obgleich philosophische Elemente auch sonst im Zen vorkommen, mit Recht als repräsentativ für die Zen-Philosophie unserer Tage angesprochen wird. Der japanische Zen-Buddhismus wurde deshalb öfters geradezu mit der Kyoto-Schule identifiziert. Diese Übersteigerung kann zu einer unzutreffenden Beurteilung der Zen-Schulen in Japan führen. In vielen Zen-Tempeln und Klöstern des Landes wird regelmäßig und mit Eifer die Zen-Meditation praktiziert, ohne daß man viel von den Bemühungen und Leistungen der Kyoto-Schule wüßte.

Der Kyoto-Schule gebührt auf philosophischem Gebiet die Vorrangstellung im japanischen Buddhismus, weil in ihr erstmalig das Zen zur vollen philosophischen Reflexion gelangte. Ein zweiter Umstand, der dieser Schule in westlicher Perspektive besondere Bedeutung verleiht, ist ihre große Bereitschaft zur Mitteilung und zum Austausch mit Denkern anderer Kulturen. Die ausgesprochen partnerschaftliche Haltung der Kyoto-Philosophen, ihr williges Sprechen mit vielen repräsentativen Persönlichkeiten der westlichen Geisteswelt, begünstigte eine rege persönliche Kommunikation und wurde zu einer wichtigen positiven Komponente der Ost-West-Begegnung. Über die Früchte dieser Gespräche berichtet eine ausgedehnte Literatur. Wie ein Blick in die Personenregister zeigt, finden sich da Namen wie Heiler, Benz, Heidegger, Tillich, Toynbee u.a.

Herausragt in der Ost-West-Begegnung der Dialog des Buddhismus mit dem Christentum, das eigentlich immer und überall gegenwärtig ist, wo fernöstliche und abendländische Geistesmänner einander treffen, auch wenn kein ökumenisches Interesse offen zu Tage tritt. Die Philosophen der Kyoto-Schule suchten und fanden im vollen Bewußtsein der eminenten Wichtigkeit der religiösen Dimension immer wieder christliche Gesprächspartner. Exemplarisch für diesen Dialog ist ein vom Institut für Religion und Kultur der Nanzan-Universität in Nagoya (Japan) veranstaltetes Symposium mit dem Thema: »Absolutes Nichts und Gott. Die Nishida-Tanabe-Tradition und das Christentum«[192]. Drei im vorigen gewürdigte Philosophen der zweiten Phase der Kyoto-Schule bemühten sich zusammen mit christlichen Theologen, die Bedeutung der Begründer ihrer Schule Nishida und Tanabe für den buddhistisch-christlichen Dialog auszuleuchten. Die überaus ergiebigen Gespräche dieses Symposiums bestätigen das Wort, mit dem sie der Direktor des Nanzan-Institutes Jan Van Bragt eröffnete: »Ich kenne keinen anderen Platz, wo christliche und buddhistische Theologien einander intensiver und exakter begegnen als in der Philosophie der Kyoto-Schule.«[193]

Die Philosophie des Zen, nicht nur die Philosophie der Kyoto-Schule, vielmehr die dem Zen innewohnende philosophische Tendenz greift zentrale Menschheitsfragen auf und befaßt sich mit ihnen in einer den modernen Mensch ansprechenden Weise[194]. Im Zen kommen ontologische Probleme von Sein und Zeit, Wirklichkeit und Bewußtsein ebenso zur Sprache wie die anthropologische Sicht, die nach dem Sinn des Menschenlebens, nach der Beziehung von Leib und Geist und nach dem Ineinander von Leben und Tod fragen läßt. Immer geht es beim Philosophieren im Zen um die menschliche Existenz. Existentielle Angst und Sorge motivieren zur Praxis, die endgültige Befreiung und Heil anzielt.

Die Zen-Philosophie, eine Frucht des buddhistischen Heilsweges, wurzelt in den Mahâyâna-Sutren, die ihrem philosophischen Gehalt nach noch keineswegs völlig durchleuchtet und ausgeschöpft sind. In China bereicherte ein Einstrom taoistischer Weisheit das Zen. Bemerkenswert ist, daß innerhalb der Zen-Geschichte die originellsten, in ihrer Wirkung stärksten Meister für die Philosophie die wichtigsten und anhaltendsten Anstöße gegeben haben. Gestalten wie Lin-chi (jap. Rinzai) und Dôgen sind für die Zen-Philosophie von herausragender Bedeutung. Dialektik und Paradox sind diesen Meistern geläufig und kommen schöpferisch zum Zuge. In der Auseinandersetzung mit dem abendländischen Denken bringt die Kyoto-Schule viel traditionelles Gut in die zeitgemäße Diskussion dieses Jahrhunderts ein.

Die neue Epoche, deren Anfänge wir heute erleben, besitzt die Zen-Philosophie als einen Beitrag aus Asien zum Kosmos des Wissens der Menschheit. Dieser Ertrag der Ost-West-Begegnung unserer Tage ist von bleibendem Wert und deutet in die Zukunft.

III Zen-Forschung

Die Buddhismus-Forschung setzt in Europa im 19. Jahrhundert ein. Dem Antrieb der westlichen Gelehrten folgend beginnt um die Wende zum 20. Jahrhundert in den Ländern Asiens, in denen der Buddhismus in stärkerem Maße vorkommt, gleichzeitig mit einem religiösen Revival die wissenschaftliche Beschäftigung mit der Buddha-Religion[1]. Der Zen-Buddhismus kommt erst nach seiner Rezeption im Westen, von der unser erstes Kapitel handelt, zum Zuge, dann allerdings mit großer Intensität. Die enorme Leistung der Zen-Forschung während der zweiten Jahrhunderthälfte gehört zu den Charakteristika des Zen-Buddhismus im 20. Jahrhundert.

Im Zusammenhang dieses Buches kann keine detaillierte Darstellung aller wichtigen Forschungsergebnisse unternommen werden, aber ein Überblick über das Feld der Wissenschaft ist im Interesse der Gesamtschau geboten. Wir beginnen mit dem Gebiet der Linguistik, dem heute allenthalben große Aufmerksamkeit gewidmet wird.

Sprachliches und Übersetzungen

Die Sprache spielt im Zen zu jeder Zeit und in allen Formen eine wichtige Rolle. War es schon eine ungeheure linguistische Leistung, den Buddhismus mit seinen Schulen in die chinesische Sprache und Kultur zu übersetzen, so ergibt sich bei der Überprüfung der Entstehungsphase des Zen in China die besondere Schwierigkeit, aus dem mit dem indischen Geistesgut durch die Mahâyâna-

Sutren eng verknüpften frühen chinesischen Buddhismus das Zen (chin. *ch'an*) herauszuheben und als solches zu erkennen[2]. Wann wurden aus den *dhyâna*-Meistern *Ch'an*-Meister? Der taoistische Einschlag in den schriftlichen Zeugnissen jener frühen Zeit, etwa des 6. und 7. Jahrhunderts, zeigt das Neue an, dem wir im Zen begegnen. Die Sprache der Zen-Literatur unterscheidet sich vom klassischen Chinesisch, dessen sich die konfuzianischen Gelehrten bedienen, so sehr, daß der in Europa schon früh blühenden Sinologie das Zen völlig fremd blieb und nur langsam zur Kenntnis genommen wurde. In unseren Tagen hat der japanische Gelehrte Iriya Yoshitaka die linguistische Erforschung der chinesischen Zen-Literatur weit vorangetrieben[3]. Auf seine Arbeiten stützt sich für den sprachlichen Bereich sein Kollege und Freund Yanagida Seizan, dessen herausragende Verdienste im Feld der Geschichte allgemeines Lob fanden.

Sprachlich interessieren in der chinesischen Zen-Literatur vor allem die Spruchsammlungen der Meister und die aus diesen schöpfenden Kôan-Sammlungen, in denen volkssprachliche Ausdrücke sowie vieldeutige Wendungen in großer Zahl vorkommen. Die Chroniken der späten T'angzeit (618-907) und der Sungzeit (960-1279) enthalten in ihren lebendigen, geschichtlich nicht immer zuverlässigen Viten, viel ähnliches Material. Die Spruchsammlung des bedeutendsten chinesischen Zen-Meisters Lin-chi (gest. 866) liegt in mehreren englischen Übersetzungen vor[4]. Die französische Übersetzung des großen Gelehrten Paul Demiéville zeichnet sich durch eine vorzügliche Kommentierung aus[5]. Daß die Spruchsammlung noch keinen deutschen Übersetzer gefunden hat, ist um so mehr zu bedauern, als sie nach Inhalt und Wirkmächtigkeit zur ersten Klasse der chinesischen Zen-Literatur zählt. Das kräftige Chinesisch der frühen Meister sprüht in den Schriften von Lin-chi's Lehrer Huang-po (gest. 850), des an tiefsinnigem Humor unübertroffenen originellen Chao-chou (778-898) und des von seinem Meister Matsu (709-788) als »Große Perle« (chin. ta-chu) gerühmten Ta-chu Hui-hai[6].

Was den besonderen Reiz der Spruchsammlungen ausmacht, sind die eingestreuten kôan-artigen Episoden aus dem Leben der Meister, die den Chroniken entnommen sind. Das Kôan ist sprachlich eine einmalige Form in der religiösen Literatur. So wundert es nicht, daß die bis heute in den Zen-Hallen benutzten wichtigsten Kôan-Sammlungen, das Hekiganroku und das Mumonkan, im Westen stark beachtet wurden. Der erste ins Deutsche übersetzte Zen-Text ist eine Kôan-Antologie zusammengestellt und erläutert von dem japanischen Zen-Meister Ôhasama Shûei mit Hilfe des deutschen Gelehrten August Faust[7]. Das Hekiganroku, wohl das künstlerisch verfeinertste Werk der chinesischen Zen-Literatur, fand in Wilhelm Gundert den adäquaten Übersetzer[8]. Gundert vertiefte sich während eines langen Lebensabends in die Kôan und schuf ein Meisterwerk dichterischer Einfühlung, das, sprachlich zuverlässig und wirksam, literarischen Wert besitzt. Leider konnte Gundert nur 68 der 100 Beispiele der Sammlung fertigstellen. Eine von vielen gewünschte Fortsetzung der Arbeit nach seinem Tod in gleicher Art oder zum mindesten auf annähernd gleichem Niveau erwies sich als unmöglich, so blieb das Werk unvollendet. In englischer Sprache gibt es mehrere vollständige Übersetzungen des Hekiganroku[9].

Das Mumonkan, die Sammlung der 48 Kôan, weniger anspruchsvoll, aber bei japanischen Zen-Meistern sehr beliebt, wurde schon viermal ins Deutsche übertragen. Die Übersetzung des Sinologen Walter Liebenthal zeichnet sich durch ihren chinesischen Bodengeruch aus[10]. Meine Übersetzung stützt sich auf das reiche japanische Kommentarwerk und strebt sprachliche Stimmigkeit verbunden mit möglichster Verständlichkeit an[11]. Die Übersetzungen der japanischen Zen-Meister Shibayama Zenkei und Yamada Kôun wurden aus der englischen Vorlage erstellt[12]. Anregend und wertvoll sind die erklärenden Ausführungen (jap. *teishô*) der Meister zu den einzelnen Beispielen, die, aus dem Mund des Meisters gesprochen, einmal die Übenden beim Sesshin belehrt und ermuntert haben.

Die japanische Zen-Literatur, nämlich genuin japanische Werke, die nicht lediglich chinesische Schriften kommentieren, genießt in Japan, da die Ursprünge des Zen im blumigen Reich der Mitte, insbesondere die großen Meister der T'angzeit für unerreichbar gelten, nicht das gleiche hohe Ansehen wie die chinesische, steht dieser aber *de facto* nur wenig nach. Auch die japanischen Zen-Schriften bieten sprachliche Schwierigkeiten, weil die japanische Sprache im Laufe der Jahrhunderte viele einschneidende Veränderungen erfahren hat. Japanische und westliche Gelehrte sparten keine Mühe, die Zen-Literatur philologisch zu entschlüsseln. Während der letzten Jahrzehnte erschien eine japanische Sammlung von 20 Bänden, fast völlig angefüllt mit gut eingeleiteten und ausführlich kommentierten Spruchsammlungen und Schriften japanischer Meister im Originaltext und in Übersetzung ins moderne Japanisch[13]. Westliche Forscher können aus diesem Schatz schöpfen, nicht wenige wichtige Texte wurden schon in den letzten Jahren dem westlichen Leser in Übersetzung zugänglich gemacht. Nach Myôan Eisai (1141-1215) der die im China der Sung blühende Linie des Lin-chi vom Kontinent nach Japan überbrachte, sind vor allem die japanischen Rinzai-Meister Bassui Tokushô (1327-1387), Ikkyû Sôjun (1394-1481), Musô Sosekai (1275-1351), Takuan Sôhô (1573-1645), Shido Mu'nan (1603-1676), Bankei Yôtaku (1622-1693) und Hakuin Ekaku (1685-1768) zu nennen, aus deren Schriften größere Abschnitte ins Englische oder Deutsche übersetzt wurden. Von diesen Meistern gibt es im Japanischen gut edierte Ausgaben der Gesammelten Werke oder wenigstens der Hauptschriften[14].

Die Ôbaku-Schule, eine der drei Zen-Schulen in Japan, die von chinesischen Rinzai-Meistern der Mingzeit (1138-1644) in Japan eingepflanzt wurde, hat als ersten japanischen Vertreter den Mönch Tetsugen Dôkô (1630-1682), der sich durch die Drucklegung des buddhistischen Kanon (*tripitaka*) einen Namen gemacht hat. Obgleich die Schule von ihrem chinesischen Begründer Yin-yüan Lung-chi (jap. Ingen Ryûki, 1592-1673) her in Lehr- und Lebensweise chinesisch geprägt ist, hat der japanische Meister Tetsugen als seine Hauptschrift Lehrreden in reinem Japanisch *kana hôgô*, nach der japanischen Silbenschrift *kana* genannt, hinterlassen, die der junge Schweizer Gelehrte Dieter Schwaller in einer gründlichen Studie, gut erklärt, in deutscher Übersetzung vorgelegt hat[15]. Der *kana*-Stil der Tokugawazeit zeigt eine eigene Sprachform von philologischem Interesse.

Die sprachliche Leistung Dôgen's wurde schon im vorigen Kapitel im Hinblick auf seine philosophischen Einsichten bedacht[16]. Die Erfahrung drängt bei ihm in den Ausdruck, der nur im Licht der Erfahrung verstanden werden kann. Die entscheidende Erfahrung wurde ihm in China zuteil. Dort übte er unter dem chinesischen Meister Ju-ching (1163-1228). Sein eigener Weg zur Erleuchtung ist wie der vieler japanischer Meister chinesisch geprägt, ein Umstand, der auch seinen sprachlichen Niederschlag hat. Die erste Schrift, die Dôgen nach seiner Rückkehr nach Japan verfaßte (1227), »Allgemeine Lehren zur Förderung des Zazen« (jap. *Fukan Zazengi*), eine eindringliche Ermunterung zu eifriger Zen-Übung und genaue Beschreibung der Meditation im Hocksitz *zazen*, ist im chinesischen Kambun verfaßt[17]. Erhalten ist auch eine Sammlung Dôgen's von 300 Kôan-Beispielen in chinesischer Sprache, die ihm wahrscheinlich zusammen mit einer chinesischen Vorlage, dem nicht mehr vorhandenen sogenannten Kambun-Shôbôgenzô als Quelle für seine zahlreichen Vorträge diente, durch die er seine Jünger auf dem Erleuchtungsweg voranführte. Der Meister benutzte das chinesische Material freizügig und schöpferisch. Es gelang ihm, was er sich in China angeeignet hatte, ins Japanische umzumünzen, indem er seine eigene Sprache, die japanische Muttersprache, so wie Erfahrung sie ihm eingab, sprach, nämlich ein Japanisch, das sich sowohl vom modernen Japanisch als auch von der zu seiner Zeit üblichen japanischen Sprachform unterscheidet. Zitate aus der chinesischen Zen-Literatur verwendet er gerne als Ausgangspunkt oder Bestätigung seiner Gedanken. Was das Verständnis seiner Sprache besonders erschwert, sind von ihm ins Japanische übernommene Ausdrücke aus der chinesischen Umgangssprache der Sungzeit, die heute von versierten japanischen Philologen entdeckt werden. Das so entstandene Hauptwerk Dôgen's, das Shôbôgenzô in 92 Büchern oder Kapiteln stellt die linguistische Wissenschaft vor schwierige Aufgaben, die von japanischen und westlichen Gelehrten in Angriff genommen sind[18].

Die Übersetzung der Werke Dôgen's ist eine noch nicht vollständig bewältigte Aufgabe. Zwar gibt es eine vollständige englische Übersetzung des Shôbôgenzô, die ins Deutsche übersetzt wurde[19]. Diese freie Übersetzung, eher eine Paraphrasierung, kann einen ersten Eindruck vom Denken des Meisters vermitteln, genügt jedoch nicht berechtigten wissenschaftlichen Ansprüchen. Nützlicher sind die ausgezeichneten englischen Übersetzungen wichtiger Kapitel des Hauptwerkes, die in der Zeitschrift Eastern Buddhist erschienen sind[20]. Auch finden sich in Büchern oder Aufsätzen über Dôgen nicht wenige zuverlässige, zum Teil längere Zitierungen aus Dôgen's Werken. Dem der japanischen Sprache einigermaßen kundigen westlichen Leser können gut kommentierte Übersetzungen ins moderne Japanisch eine Hilfe bieten, deren er sich freilich mit Umsicht bedienen muß. Oft begnügen sich solche Übersetzungen ebenso wie die paraphrasierende Gesamtübersetzung gerade an schwierigen, indes für das Verständnis des Dôgenschen Gedankens wichtigen Stellen mit einer vagen Annäherung an den Text. Zur Zeit macht das Übersetzungswerk der Schriften Dôgen's rasche Fortschritte, so daß vielleicht mit einem Abschluß noch vor der Jahrhundertwende gerechnet werden kann. Die Dôgen-Übersetzung gehört dann zu den hervorragenden Leistungen der Zen-Forschung auf dem Gebiet der Linguistik während des 20. Jahrhunderts.

Wandlungen im Geschichtsbild

Suzuki Daisetsu, der Pionier des Zen-Buddhismus im Westen, übermittelte das überlieferte, in den japanischen Zen-Schulen und in der Religionsgeschichte gängige Geschichtsbild des Zen. Selbst der Rinzai-Schule angehörig, sah er die Anfänge des Zen und dessen

Geschichte in China im Lichte seiner Schule. In seinem ersten großen Werk, den Essays, tradiert er die Bodhidharma-Legende und erzählt vom Triumph der Südschule des Sechsten Patriarchen Hui-neng im Stil der für echt gehaltenen erhaltenen Zen-Schriften, vorab des Plattformsutras und der Chroniken der Sungzeit[21]. Später läßt er nur noch wenige Schriften des Gründers Bodhidharma als historisch echt gelten. Suzuki war geschichtliches Denken fremd, wie seine berühmte Kontroverse mit dem chinesischen Kollegen Hu Shih drastisch und dramatisch bekundet. Viele auf seinen Werken fußenden Bücher über das Zen in westlichen Sprachen übernahmen unkritisch sein Geschichtsbild.

Die Darstellungen der chinesischen und japanischen Religionsgeschichte behandeln die Anfänge der Zen-Schule in China meist kurz und unbefriedigend. Das japanische Zen, während der Kamakurazeit (1185-1333) im Land eingepflanzt und während des Mittelalters zur ersten Blüte gelangt, schimmert im Licht des Klischees von der »Religion des Samurai«, das doch nur mit Vorsicht und großen Einschränkungen angewandt einen Wahrheitskern enthüllt[22]. Das Wirken der Zen-Schulen während der folgenden Jahrhunderte wird in allgemeinen Geschichtsbüchern nur summarisch erwähnt, um durch statistische Angaben aus der Gegenwart abgerundet zu werden.

Als das Zen um die Mitte dieses Jahrhunderts durch die Tätigkeit Suzukis und anderer Freunde in zunehmendem Maße Beachtung fand, ja geradezu modern wurde, kam naturgemäß die Geschichte des Zen-Buddhismus in den Blick. Angeregt durch erste Übersetzungen aus der Zen-Literatur wuchs der Wunsch, die fesselnden Persönlichkeiten in ihrem Wirken näher kennenzulernen und in einen geschichtlichen Zusammenhang einzuordnen. Dieses Unternehmen sollte sich als äußerst schwierig, aber sehr fruchtbar erweisen. Auch vom Zen gilt: Seine Geschichte offenbart seine Gestalt, nämlich seinen Sinn und sein Wesen. Ohne Kenntnis der wichtigsten geschichtlichen Abläufe ist ein befriedigendes Verständnis des Zen-Buddhismus unmöglich. Diese Überzeugung inspirierte während der zweiten Jahrhunderthälfte die wissenschaftliche Forschung, die umsichtig und kritisch die sich deutlich zeigenden Probleme anging und Schritt für Schritt einer Lösung entgegenzuführen suchte.

Zunächst ging es darum, die Zen-Bewegung in ihren Anfängen zu begreifen und zwar bezüglich ihrer geistigen Quellen und ihrer ersten Vertreter. Trotz seiner geschichtsfremden Haltung hat D.T. Suzuki dem geschichtlichen Verständnis einen unschätzbaren Dienst erwiesen, indem er in seinen Schriften nachdrücklich auf die Bedeutung des Einflusses der Mahâyâna-Sutren auf das Zen hingewiesen hat. Die japanischen zen-buddhistischen Gelehrten sahen das Zen im Rahmen des Mahâyâna, dem sie mit Überzeugung anhängen und dessen Entwicklung und vielfachen Verzweigungen in Ostasien ihre Studien gelten. Dagegen erregte im Westen die offensichtliche Nähe des Zen zur chinesischen Philosophie des Tao wiederholt die Vermutung, das Zen sei seinem tiefsten Wesen nach eher zum Taoismus zu rechnen und stelle dessen buddhistische Variante dar. Diese Annahme konnte sich indes nicht durchsetzen. Zu den genannten Gründen kommt hinzu, daß das lebendige Zen, wie es bis heute in Japan und anderen asiatischen Ländern praktiziert wird, keinen Zweifel über den radikal buddhistischen Charakter der Zen-Schule lassen kann. Ein starker taoistischer Einstrom erhöht den Reiz.

Bodhidharma und die Anfänge des Zen

Begründete Zweifel an der Geschichtlichkeit Bodhidharma's, des Gründers des Zen in China, erhoben sich zu Anfang dieses Jahrhunderts, als die äußerst ergiebigen Ausgrabungen der buddhistischen Höhlen von Tun-huang am Nordende der Seidenstraße zahlreiche Manuskripte zu Tage förderten, die das Geschichtsbild des Buddhismus in China veränderten und ergänzten. Die aufgefundenen Zen-Schriften erschütterten die Bodhidharma-Legende. Den ersten Schock weckte in der Gelehrtenwelt die Mitteilung des eminenten französischen Orientalisten Paul Pelliot, der in einer Beschreibung buddhistischer chinesischer Tempel, verfaßt von Yang Hsüan-chih 547, den Namen eines Buddha-Mönches Bodhidharma entdeckte, der das Tempelkloster Yung-ning besuchte, dessen Schönheit rühmte und angab, aus Persien zu stammen und 150 Jahre alt zu sein[23]. Sollte dieser Mönch mit dem legendären Gründer des Zen Bodhidharma identisch sein? Spätere Zen-Manuskripte gestatteten die Demontage der Legende, indem sie deren fortschreitende Bildung dokumentierten. Es fehlt nicht an abweichenden Einzelzügen der Legende. In ihrer Vollgestalt liegt die Bodhidharma-Legende in der bekannten Zen-Chronik der Sungzeit *Keitoku Dentôroku* (1004) vor.

Die Historizität der Persönlichkeit Bodhidharmas wird, obgleich nicht ganz sicher, heute von der Geschichtsschreibung im allgemeinen anerkannt. Als wichtigste Quelle für sein Leben und Werk gilt die kurz gefaßte Biographie im Geschichtswerk des Tao-hsüan (gest. 667) »Fortsetzung der Biographien berühmter Mönche« (jap. *Zoku-Kôsôden*), verfaßt 645, verbessert und ergänzt 666[24]. In dieser Biographie ist der aus Südindien stammende Brahmane Bodhidharma als ein der Meditation ergebener Mahâyâna-Mönch gezeichnet. Auf dem Seeweg nach Südchina gelangt, wandte er sich nach Norden und stieß bei der Verbreitung seiner Erleuchtungslehre auf Widerstand. Tao-hsüan nennt seine zwei Jünger Tao-yü und Hui-k'o (487-593), letzterer gilt als der Nachfolger des Gründers. Die Biographie des Tao-hsüan ist einfach und nüchtern, an einige Aussagen konnten legendäre Züge anknüpfen.

Für die Zen-Geschichte ist wichtig, daß Bodhidharma bei Tao-hsüan nicht als Patriarch einer Schule und Übermittler einer Geistüberlieferung erscheint. Der chinesische Geschichtsschreiber rühmt zwar seine Weisheit und Versenkung, berichtet aber nicht von einem besonderen Erleuchtungsweg. Der neun Jahre die Wand anstarrende Brahmane gehört ebenso wie der 28. indische Zen-Patriarch und Geistüberlieferer der Legende an. Von einem Zen-Patriarchat in China und der Generationsfolge chinesischer Patriarchen nach Bodhidharma ist erst in Chroniken des achten Jahrhunderts die Rede. Der Geschichtsforschung obliegt die Aufgabe zu zeigen, wann und wie die Meditationsschule des Zen (chin. *ch'an*) in China Gestalt angenommen hat.

Die auf Bodhidharma und Hui-k'o folgende Zeitspanne von etwa 250 Jahren, eine für die Ausformung des Zen sehr wichtige und an Ereignissen reiche Periode, ist trotz intensiven Studiums nicht vollständig aufgeklärt. Allerdings gehen unsere heutigen geschichtlichen Kenntnisse weit über das hinaus, was noch vor fünfzig Jahren aufgrund der unbezweifelt akzeptierten Chroniken allgemein angenommen wurde. Gab es schon bei D.T. Suzuki und mehr noch bei seinem chinesischen Kollegen Hu Shih widersprüchliche Aussagen, so gebührt dem zeitgenössischen japanischen Gelehrten Yanagida Seizan das Verdienst, in langjährigem Quellenstudium die dunklen Jahrhunderte durchleuchtet und einigermaßen aufgehellt zu haben. Sein Standardwerk »Studien über die Schriften zur Frühgeschichte der Zen-Schule«, das zahlreiche Einzelstudien und Monographien ergänzen, bringt den entscheidenden Durchbruch zu einem neuen Geschichtsbild[25]. Die auch im Westen, zumal in Amerika sehr aktive Zen-Forschung konnte, von Yanagida's Werk inspiriert, das Forschungsfeld erheblich erweitern.

Wenn alle Traditionstafeln, die die Anfänge der Zen-Geschichte in China graphisch veranschaulichen, mit den Namen der fünf ersten Patriarchen Bodhidharma – Hui-k'o – Seng-ts'an – Tao-hsin und Hungjen beginnen, so bedarf dieser Einstieg, geschichtlich gesehen, einer Qualifikation. Die fünf Namen kommen zwar in den frühen Geschichtsquellen vor, aber die Generationsfolge, die die Geistüberlieferung verbürgt, ist unsicher. Der zur Charakterisierung des Bodhidharma-Zen mit Vorliebe angeführte Vers:

>»Eine besondere Überlieferung außerhalb der Schriften,
>unabhängig von Worten und Schriftzeichen:
>Unmittelbar des Menschen Herz zeigen, –
>die (eigene) Natur schauen und Buddha werden.«

ist als feste Formel erst in der Sungzeit (1108) nachweisbar. Insbesondere bietet Seng-ts'ang, das dritte Glied in der Fünferreihe, eine nicht geringe Schwierigkeit. Ihm fällt die Aufgabe zu, die Verbindung zwischen den beiden ersten Überlieferungsträgern Bodhidharma und Hui-k'o und den zwei Äbten auf dem Ostberg Tao-hsin und Hung-jen herzustellen. Die Angabe seines Namens und des wahrscheinlichen Datums seines Todes können nicht darüber hinwegtäuschen, daß die zwei Phasen der Frühzeit nicht kontinuierlich ineinander übergehen. Über die Meditationsweise Bodhidharma's und Hui-ko's fehlen sichere Angaben[26]. Tao-hsüan's enigmatisches Wort von der mahayanistischen Wandbetrachtung (chin. *pi-kuan*) Bodhidharma's gibt keine befriedigende Auskunft über seine Meditationsart. Auch die Bodhidharma zugeschriebene Schrift über die »Zwei Eingänge und vier Arten von Praktiken« mit der Vorrede des T'an-lin, wohl das älteste schriftliche Dokument der Bodhidharma-Tradition, erörtert nicht die Bodhidharma eigentümliche Meditationsweise. Wir wissen nicht, wie Bodhidharma und Hui-k'o, die Vertreter der ersten Phase des chinesischen Zen, meditiert haben.

Zen-Meditation auf dem Ostberg

Die zweite Phase des chinesischen Zen-Buddhismus, nach dem Wohnsitz des fünften Patriarchen Hung-jen (601-674) das »Dharma-Tor des Ostberges« genannt, ist in zweifacher Hinsicht von geschichtlichem Interesse. Nachrichten aus früher Zeit deuten auf eine Wende zum Mönchtum hin, die zur Zeit des vierten Patriarchen Tao-hsin (580-651), dessen Kloster sich nahe beim Ostberg befand, einsetzte. Um den vierten und fünften Patriarchen scharten sich zahlreiche Mönche, teilten die seßhafte Lebensweise ihrer Äbte, bebauten den Acker und schlugen Wurzel im chinesischen Boden. Über die Zen-Meditation auf dem Ostberg geben zwei Manuskripte der Tun-huang-Funde Auskunft. In der Chronik der Lankâvatâra-

Meister, einer Schrift vom Anfang des 8. Jahrhunderts, findet sich ein längerer dem Tao-hsin zugeschriebener Text, dessen Niederschrift Hu Shih und Yanagida ins Jahr 716 datieren[27]. Es handelt sich nicht um eine Schrift aus der Feder des Meisters, sondern um eine spätere Sammlung von Aussprüchen oder Deutungen von Theorie und Praxis der Zen-Meditation. Ähnliches gilt von der zweiten für die Zen-Bewegung des Ostberges wichtige Schrift, dem »Traktat vom Wesentlichen der Bewahrung des Geistes« (chin. *Hsiu-hsin yao lun*, jap. *Shushin yôron*), von Jüngern des Hung-jen um das Jahr 720 zusammengestellt und Hung-jen zugeschrieben[28]. Beide Werke von posthumer Urheberschaft stellen die Ostberg-Doktrin zu Beginn des 8. Jahrhunderts dar. Unsicher bleibt, welche der zwei Schriften früheren Ursprunges ist. Beide bieten ein ziemlich deutliches Bild der geistigen Situation vor der Spaltung in Nord- und Südschule des chinesischen Zen.

Tao-hsin's Text mit dem Titel »Grundlegende Auskunftsmittel zur Beruhigung des Geistes bei Eintritt in den Weg« (chin. *Ju tao an hsin yao fang pien*, jap. *Nyûdô anshin yô hôben*) läßt an die Bodhidharma-Tradition denken, in der der Eintritt in den Weg, das Tao, öfters beschworen wird und die vollkommene Erleuchtungserfahrung bedeutet. Inhaltlich ist der Text den Mahâyâna-Sutren verpflichtet und dem Tendai nahe.

Tao-hsin lehrt das schon in der Weisheitsliteratur empfohlene »Samâdhi der einen Übung« (jap. *ichigyô sammai*). Das Kennwort seiner Unterweisung lautet »Bewahren das Eine ohne Abweichung« (chin. *shou-i pu-shun*, jap. *shui fui*), Hung-jen betont ähnlich das »Bewahren des Geistes« (chin. *shou-hsin*, jap. *shushin*). Die Achtsamkeit auf das Eine, nämlich den Geist, ist die Vorbedingung jeglicher tiefer Erfahrung. Das Letzte der Fünf Tore des Tao-hsin lautet: »Bewahre die Achtsamkeit auf das Eine! Bewegung und Stille bleiben beständig. Jeder Übende kann klar die Buddha-Natur sehen und ins Tor des Samâdhi eingehen.«[29]

Tao-hsin bietet in seinem Text keine einheitliche Lehre der Zen-Meditation. Er zitiert aus vielen Mahâyâna-Sutren und verbindet philosophische Systeme wie das des Yogâcâra mit dem des Mâdhyamika. Auch die Namenanrufung (jap. *nembutsu*) hat ihren Platz. In dem weitverzweigten, vielseitigen Meditationsgut können spätere auseinanderklaffende Richtungen der Zen-Linien unschwer Bestätigungen für ihre Thesen finden. Wie im indischen Buddhismus wiegt die schrittweise, allmähliche Annäherung an das Meditationsziel vor. Aber manchmal spricht der Text auch der Plötzlichkeit und Spontaneität das Wort. Auf die Frage, wie der Geist die lautere Reinheit der Erleuchtung erlangen kann, antwortet Tao-hsin: »Richte nicht deine Achtsamkeit auf den Buddha, ergreife nicht den Geist, miß nicht den Geist, reflektiere nicht, betrachte nicht, auch unterbrich nicht den Geist! Folge dem natürlichen Rhythmus der Dinge! Zwinge kein Gehen, zwinge kein Bleiben!«[30]

»Der Geist wird gleich einem leuchtenden Spiegel«, fährt Tao-hsin fort. An anderer Stelle sagt er: »Das Dharma-Auge öffnet sich spontan.«[31] Er kennt das plötzliche, spontane Leuchten der Buddha-Natur ebenso wie die gradweise Vervollkommnung durch meditative Übung. Sache des Meisters ist es, den Jünger auf dem für ihn passenden Weg zu führen.

Die zwei Patriarchen Tao-hsin und Hung-jen müssen bezüglich der Zen-Meditation zusammen gesehen werden. Trotz der ihnen zugeschriebenen verschiedenen Traktate lassen sich kaum Unterschiede und Übergänge feststellen. Hung-jen war, nach dem Zeugnis der frühen Berichte, eine große Persönlichkeit von starker Ausstrahlung. Ihm vor allem verdankt die Bewegung des Dharma-Tores auf dem Ostberg ihre Bedeutung in der frühen Zen-Geschichte, die erst von der neuen Geschichtsschreibung, auf die Tun-huang-Manuskripte gestützt, voll gewertet werden konnte. Nach Tao-hsin's Tod erreichte unter Hung-jen's Führung die Zen-Gemeinde auf dem Ostberg ihre volle Tiefenwirkung.

In Hung-jen's Traktat liegt der Akzent auf dem Bewahren des Geistes. Aufgabe der Meditation ist, in steter Achtsamkeit die Gegenwart des Geistes im Bewußtsein zu bewahren. »Die Achtsamkeit des Wahren Geistes bewahren, ist besser als über vom eigenen

Selbst getrennte Buddhas zu reflektieren.«[32] Den Geist bewahren, ist die Grundlage des Nirvâna, der Weg zum Eintritt in den Pfad, das Grundprinzip des buddhistischen Kanons, der höchste Weg und das letzte Anliegen der Meditation. Hung-jen schärft dies unablässig seinen Jüngern ein. »Wenn einer klar (die Achtsamkeit auf) den Geist bewahren kann und keine falschen Gedanken hervorbringt, wird die Dharma-Sonne des Nirvâna sich spontan manifestieren.«[33] Diese Überzeugung gründet in seinem Glauben an die ursprüngliche Reinheit des Geistes.

Hung-jen kennt ebenso wie Tao-hsin die Metaphern von Sonne und Wolken, von Spiegel und Staub. Diese Metaphern haben eine über den Buddhismus hinausreichende Geschichte im chinesischen Geistesleben. Ihr inhaltlicher Parallelismus liegt klar zu Tage. Sonne und Spiegel leuchten ihrer Natur gemäß wie der ursprünglich lautere Geist. Den die Sonne verfinsternden Wolken entspricht der den Glanz des Spiegels trübende Staub. Die Wolken können momentan das Sonnenlicht verdecken, auslöschen können sie es nicht. Ähnlich ist der Staub stets getrennt von der Spiegelfläche und kann dessen Leuchtkraft nicht zerstören. Den Staub kann man vom Spiegel abwischen, die Wolken ziehen weiter und lassen das Sonnenlicht scheinen.

Hung-jen bringt in seinem Passus die beiden Metaphern zusammen, wenn er schreibt: Die Buddha-Natur »ist ursprünglich rein wie eine Sonne über Wolken. Durch klares Achten auf den Wahren Geist schwinden die Wolken falscher Gedanken dahin und die Sonne erscheint«[34]. Dieser Vorgang ist, wie er meint, gemäß der Metapher vom Polieren des Spiegels zu verstehen. »Wenn der Staub weg ist, wird die Natur spontan manifest.« Man könnte erwarten, Hung-jen werde an diese Bemerkung eine dringende Ermahnung an seine Jünger anschließen, den Spiegel eifrig zu polieren und jedes Staubkorn sorgfältig abzuwischen. In anderen Texten der Zen-Tradition vom Ostberg kommen solche Folgerungen zum Tragen. So heißt es in der Chronik der Lankâvatâra-Meister: »Es ist wie beim Polieren eines Bronze-Spiegels. Wenn der Staub gänzlich von der

Oberfläche des Spiegels weg ist, so ist der Spiegel natürlicherweise hell und rein.«[35] Ein anderer Text der Schule erklärt die Reinigung des Spiegels:

»Obgleich die Natur ohne Dunkel ist, ist sie durch Wolken falscher Gedanken verdüstert. Dies ist gleich Staub auf einem hellen Spiegel. Wie kann dieser möglicherweise der wesentlichen Helligkeit des Spiegels schaden? Auch wenn diese zeitweise verdunkelt wird, so wird Reiben die Helligkeit zurückbringen. Die Helligkeit (des Spiegels) ist eine ursprüngliche Helligkeit, nicht gleichsam etwas Hinzugefügtes. Die Dharma-Natur ist die gleiche.«[36]

Auch dieser Aspekt der Spiegelmetapher war also auf dem Ostberg bekannt. Bei der Auseinandersetzung zwischen Nord- und Südschule sollte er stark hervortreten. Den Vertretern der Nordschule wurde das asketisch mühevolle im Grunde zwecklose Reiben des Geistes vorgeworfen. Weil die Bemühung allmählich vonstatten geht, konnte der Gegensatz zwischen allmählicher und plötzlicher Erleuchtung zum Streitobjekt werden. Eine sorgfältige Überprüfung des Schrifttums des Ostberges zeigt deutlich, daß die Meditationsweise des vierten und fünften Patriarchen keinen Grund für die spätere Streitigkeit bietet.

Die Zen-Meditation auf dem Ostberg zeigt, soweit die Quellen einen Einblick gewähren, in ihren zwei Hauptrepräsentanten, dem vierten und fünften Patriarchen, einen offenen, ansprechenden Charakter. Mit Recht wurde das »sehr milde Angehen der geistlichen Praxis«[37] hervorgehoben. Selbstverständlich spornen auch Tao-hsin und Hung-jen ihre Jünger zu eifriger Meditation an. Doch ist ihr Führungsstil eher milde. Die Jünger sollen ihre Anstrengung auf das richtige Sitzen, auf die Beruhigung des Geistes und vor allem auf das Bewahren des Geistes richten. Die Bemühung um Konzentration soll unnatürlichen Zwang vermeiden. Das Ziel kann mit einem Mindestmaß an Anstrengung erreicht werden. Allerdings wird der Erfolg von der Begabung des einzelnen für den Dharma abhängen. Wenn Hung-jen am Ende seines Traktates die Erlangung der Buddhaschaft in Aussicht stellt, handelt es sich nicht um »Plötzlichkeit« oder »Allmählichkeit« der Erleuchtung. Vielmehr soll jeder, der sich aufrichtig bemüht, davon überzeugt sein, das Heil erlangen zu können.

Zum Schluß dieses Abschnittes sei angemerkt, daß sich in der Zen-Literatur vom Ostberg wahrscheinlich die frühesten praktischen Anleitungen zur Zen-Meditation finden.

Hervorgehoben sei ein dem Tao-hsin zugeschriebener Text:
»Wenn du zuerst die Sitzmeditation *zazen* zu praktizieren und den Geist zu schauen (jap. *kanshin*) beginnst, geh' weg und sitz an einem ruhigen Platz! Richte deinen Körper aufrecht, lockere deine Kleider und löse deinen Gürtel! Entspanne deinen Körper und lockere deine Glieder! Reibe dich sieben- oder achtmal! [...] Wenn Körper und Geist in Harmonie sind, ist der Geist in Frieden [...] Der innere Atem ist klar und kühl. Langsam, langsam sammle den Geist, dein geistlicher Pfad wird klar und scharf.«[38]

In verschiedenen Schriften finden sich solche Hinweise, die deshalb Beachtung verdienen, weil eigentliche Manuale der Zen-Meditation erst später aufkamen[39].

Die Nordschule des chinesischen Zen

Die im vorigen skizzierten Ergänzungen bezüglich der Anfänge der Zen-Geschichte in China und insbesondere der Abschnitt über die Zen-Meditation auf dem Ostberg zielen auf die neue, genauere Sicht der sogenannten Nordschule des chinesischen Zen hin, deren Trennung von der Südschule bei dem geschichtlich schillernden Zusammenprall auf der »Großen Dharma-Versammlung« (jap. *daihô-e*) im Tempelkloster Daiunji (chin. *ta-yün ssu*) in Hua-t'ai (Provinz Hunan) am 15. Januar 732 bedeutende Gelehrte wie Hu Shih und D.T. Suzuki auf den Plan rief. Die klassische Darstellung der Vorgänge, die sich auf das Material der Südschule stützt, ist ebenso wie deren Deutung bekannt. Die stark vereinfachte Formulierung des Streites im gängigen Schlagwort »Plötzlichkeit des Südens«

und »Allmählichkeit des Nordens« (jap. *Nan-ton* versus *Hoku-zen*) läßt die Nordschule in ungünstigem Licht erscheinen, während sie Hui-neng, den »Sechsten Patriarchen« und Führer der Südschule zum zweiten Gründer des Zen in China hochstilisiert. Eine sich seit langem ankündigende Änderung des Geschichtsbildes bewirkten gründliche Studien westlicher Wissenschaftler, die, angeregt vom japanischen Altmeister der Zen-Geschichte Yanagida Seizan, die Tun-huang-Schriften aus dem Lager der Nordschule durchleuchteten und auswerteten[40].

Die Bezeichnung »Nordschule« stammt nicht von ihren Anhängern, sondern von Shen-hui (670-762), dem kämpferischen Jünger des Hui-neng (638-713), der bei der »Großen Dharma-Versammlung« das Banner für seinen Meister erhob und diesen zum Sechsten Patriarchen proklamierte[41]. Von den zehn hervorragenden Jüngern des fünften Patriarchen Hung-jen, den Repräsentanten der Zen-Schule des Ostberges, entfalteten einige eine beachtliche Tätigkeit im Sinne der Nordschule. Als Vorläufer und Pionier kann der älteste Jünger Hung-jen's Fa-ju (638-689) angesehen werden, der sich um die Ausbreitung des Zen-Stiles des Ostberges in Nordchina bemühte und dessen Grabinschrift erstmalig die Generationsfolge der frühen Zen-Patriarchen aufweist. Wahrscheinlich geht die Vorstellung der Generationsfolge auf Fa-ju als Urheber zurück. Die frühe Chronik der Nordschule *Dembôhôki* (chin. *Chuan-fa cheng-tsung-chi*) bietet das erste schriftliche Zeugnis der Generationsfolge, die wie andere Streitpunkte im Machtkampf zugunsten der Südschule entschieden wurde. Der Name des Fa-ju findet in späteren Geschichtswerken des Zen wenig Beachtung.

Shen-hsiu (606-706), Hung-jen's Hauptjünger, gilt auch in dem von der siegreichen Südschule geprägten Geschichtsbild, obgleich als Mann von geringerer Qualität abgewertet, als Begründer und Führer der Nordschule. In der Tat zählt der hochgebildete, aus aristokratischem Haus stammende Mönch zu den hervorragenden Persönlichkeiten des chinesischen Buddhismus. Das Zen-Zentrum auf dem Ostberg verlor nach Hung-jen's Tod (775) seine Anziehungskraft; mit Shen-hsiu tritt die Zen-Bewegung in eine neue Epoche ein. Seine Biographie erweist ihn als bedeutenden Zen-Meister; die triumphalen Erfolge während seiner letzten Lebensjahre in den Hauptstädten von Lo-yang und Chang-an sichern ihm einen Platz in der Geschichte des Reiches der Mitte. Die pompösen Begräbnisfeierlichkeiten nach seinem Hinscheiden zeugen von seiner herausragenden Berühmtheit, festgehalten im Gedächtnistext des Hofpoeten Sung Chih-wen und in seinem posthumen Titel eines »Dhyâna-Meisters von Großer Durchdringung« (chin. *Ta-t' ung ch' an-shih*)[42]. Nach dem Tod Shen-hsiu's fiel der Mantel zuerst auf seinen Mitjünger Lao-an (auch Hui-an, 584?-708), der ebenfalls in hohem Ansehen beim Kaiserhof stand und durch seinen schriftstellerisch tätigen Jünger Chih-ta (oder Hui-ta) der Schule treffliche Dienste leistete[43]. Nach Lao-an's raschem Tod kam die Nachfolge auf einen anderen Jünger des fünften Patriarchen Hsüan-tse (gest. vor 727), den Verfasser einer Schrift über Meister und Lehre des Lankâvatâra-Sutras, die sein Jünger Ching-chüeh (683-ca. 750) teilweise in seine Chronik der Meister und Jünger des Lankâvatâra-Sutras (jap. *Ryôga Shijiki*, chin. *Leng-ch' ieh shih-tzu chi*) integrierte[44]. In beiden Schriften ist das Wirken der zur Nordschule gerechneten Meister hervorgehoben. Textlich unabhängig entstand um die gleiche Zeit die wohl wichtigste Schrift der Nordschule *Dembôhôki* (chin. *ch' üan fa-pao chi*), vom Laienjünger Tu Fei verfaßt, der seine Schule für den Hauptstrom des chinesischen Zen-Buddhismus hält. Die wenigen Angaben über den Übergang von der Schule auf dem Ostberg zu dem, was als Nordschule in die chinesische Zen-Geschichte eingegangen ist, zeigen deutlich den engen Zusammenhang mit dem Überlieferungsstrom der Frühzeit und die Bedeutung der aus der Nachfolge des fünften Patriarchen hervorgegangenen Meister. Es folgt die Phase des in der Großen Dharma-Versammlung von Hua-t'ai gipfelnden Streites zwischen Südschule und Nordschule. Der Zusammenstoß von Hua-t'ai hat die Nordschule nicht in einem so beträchtlichen Ausmaß geschädigt, wie dies aufgrund der Berichte von Vertretern der Südschule angenommen worden ist. Die mo-

derne Forschung beweist mit glaubwürdigem Material die bedeutende Wirksamkeit der Schule während der ersten vier Jahrzehnte des
8. Jahrhunderts. Hervorragt unter Shen-hsui's Jüngern P'u-chi (651-
739), »die herausforderndste Gestalt in der Geschichte des nordchi-
nesischen Zen«[45]. Enge Beziehungen zum Hof unterhielt auch I-fu
(661-731), der seinem Meister Shen-hsui während der letzten
Krankheit beistand. Außerdem ist von einer größeren Zahl unmittelbarer Jünger Shen-hsui's und der Jüngerschar P'u-chi's die Rede[46].
Grabinschriften rühmen die Verdienste einiger besonders hervorra-
gender Mönche. Das Wirken der Nordschule erreichte während der
zweiten Hälfte des 8. Jahrhunderts seinen Höhepunkt. Damals ereignete sich das Gespräch von Lhasa (781), bei dem Mo-ho-yen, ein
Anhänger der chinesischen Nordschule den Standpunkt der plötzlichen Erleuchtung vertreten hat[47].

Die im vorigen in abgekürzter Form mitgeteilten Forschungsergebnisse aus jüngster Zeit ergeben die Notwendigkeit einer Korrektur
im Geschichtsbild des chinesischen Zen. Die Nordschule war keineswegs eine ephemere Erscheinung ohne Einfluß und Dauer. Auch
ist der schließliche Niedergang der Schule nicht, wie eine unstatt-
hafte Vereinfachung der Tatsachen glauben machen will, den heftigen Angriffen des Shen-hui und seiner Jünger während und nach
der Großen Dharma-Versammlung von Hua-t'ai zuzuschreiben.
Eher können die manchmal zu engen Beziehungen zum Hof der
geistigen Kraft dieser Zen-Schule geschadet haben. Das Auf und
Ab der Schulen und Verzweigungen im Zen ist eine schwer ver-
meidliche Folge des Fehlens eines inneren organisatorischen Zu-
sammenhaltens. Jedenfalls genügen die 125 überlieferten Namen
von Jüngern aus der Generationsfolge des Shen-hsiu[48], die Nordschule zu den wichtigen Strömungen des chinesischen Zen zu rechnen; ihr Wirken ist in China bis zum Beginn des 10. Jahrhunderts
nachweisbar.

Innerhalb der Nordschule gab es Vertreter der plötzlichen wie auch
der allmählichen Erleuchtung. Die Streitigkeiten über die Generationsfolge lassen sich nicht völlig aufklären. Im turbulenten achten

Jahrhundert bleiben ungelöste Fragen. Um die Wende des neunten Jahrhunderts gewinnt das Plattformsutra führende Bedeutung. Die zwei Hauptlinien des Ma-tsu Tao-i (709-788) und des Shih-t'ou Hsi-ch'ien (700-790) führen das »Goldene Zeitalter« des chinesischen Zen herauf und bestimmen dessen Weg in die Zukunft.

Einfluß der chinesischen Nordschule des Zen in Japan

Die Aufmerksamkeit der geschichtlichen Forschung auf die Nordschule des chinesischen Zen brachte neue Erkenntnisse, darunter die Entdeckung von Beziehungen zum japanischen Zen. In Japan befand sich das bedeutendste buddhistische Zentrum während der Frühzeit auf dem Hiei-Berg bei Kyoto, auf dem die aus China überpflanzte Tendai-Schule ein weit verzweigtes Netz von Lehre und Praxis entfaltete. Saichô (767-822), der Gründer der japanischen Tendai-Schule, überbrachte aus China das Zen in den zwei Linien der sogenannten Nordschule und der Ochsenkopfschule[49]. Vor ihm schon hatte ein chinesischer Jünger der Nordschule Tao-hsüan (702-760) zugleich mit der in seiner Schule eifrig gepflegten Mönchsdisziplin des Vinaya Zen-Meditation auf dem Hiei-Berg gelehrt. Doch spielte das Zen lange Zeit in dem an Meditationspraktiken reichen Zentrum eine eher bescheidene Rolle. Die Situation änderte sich gegen Ende der Heianzeit (794-1192). Die moderne Geschichtsforschung vermag hier eine nicht unbedeutende Ergänzung einzufügen[50].

In der zünftigen Zen-Geschichte gilt (erst vor kurzem mit berechtigter Einschränkung) Myôan Eisai (1141-1215) als Gründer der japanischen Rinzai-Schule des Zen, die er als eine Frucht seiner zweiten Chinareise ins Land brachte. Als seine Vorläufer werden in den Geschichtsbüchern einige Mönche erwähnt, darunter auch Dainichi Nônin (o.J.), das Haupt einer sogenannten japanischen Daruma-Schule. Die moderne Forschung erkannte die nicht geringe Bedeutung seiner Persönlichkeit und des ihn umgebenden Jüngerkreises. Die Schule stand von Anfang an dem Tendai-Buddhismus nahe. Nônin weilte eine Zeitlang auf dem Hiei-Berg. Mit seinen Jüngern pflegte er Meditation im Zenstil. Die Schule hütet verehrungsvoll das Andenken des Zen-Patriarchen Bodhidharma und seiner (allerdings apokryphen) Schriften. In der an alten Texten reichen Bibliothek von Kanazawa (*Kanazawa Bunko*) brachten in jüngster Zeit glückliche Funde Schriften der japanischen Daruma-Schule ans Tageslicht, die unverkennbar in Beziehung zur chinesischen Nordschule des Zen stehen[51].

Die japanische Daruma-Schule hatte ihren Hauptsitz in dem von Nônin gegründeten Tempelkloster Sambôji im Lande Settsu. Einen anderen Mittelpunkt besaß sie in Tônomine, einem 1228 zerstörten Zentrum des Tendai-Buddhismus im Lande Yamato. Nach Nônin's Tod zerstreuten sich seine Jünger, eine Gruppe siedelte sich im Land Echizen an. Diese geschichtlich teilweise wenig deutlichen Ereignisse sind an und für sich von geringer Bedeutung. Wichtig ist einzig die Beziehung zur Schule des großen japanischen Zen-Meisters Dôgen (1200-1253), die sich damals ergab[52]. Eine Gruppe von Jüngern der japanischen Daruma-Schule nahm ihren Aufenthalt im Lande Echizen, nicht weit von dem Ort ländlicher Stille, an den sich Dôgen, wahrscheinlich durch unerfreuliche Erfahrungen in der alten Hauptstadt Kyoto bewogen zurückgezogen und wo er als Hauptsitz seiner Schule den Tempel vom Ewigen Frieden (Eiheiji) errichtet hatte. Einige Jünger der Daruma-Schule schlossen sich ihm an und verstärkten die Beziehungen, die schon früher der Jünger Ejô geknüpft hatte, mit dem Dôgen in enger Freundschaft verbunden war und der sein Nachfolger wurde. Im übrigen fehlen genauere Nachrichten über die Beziehungen Dôgen's zur japanischen Daruma-Schule. Wir dürfen annehmen, daß durch die Vermittlung der Jünger dieser Schule ein Einfluß aus der Nordschule des chinesischen Zen einem dünnen Rinnsal gleich in den breiten Strom der auf Dôgen zurückgehenden japanischen Sôtô-Schule einmündete.

*

Die wissenschaftliche Zen-Forschung wirkte sich auf geschichtlichem Gebiet am stärksten aus. Im Laufe des zwanzigsten Jahrhunderts kam das weithin legendäre Geschichtsbild des Zen mit den Methoden der historischen Kritik in Berührung. Dies führte zu erheblichen Veränderungen. Zudem erschlossen sich neue Quellen in reicher Fülle. Weiteres Wachstum unserer geschichtlichen Kenntnisse dürfen wir erwarten. Als exemplarisch mag angesehen werden, was wir von der neuen Bewertung der chinesischen Nordschule des Zen und ihrer Einflüsse berichtet haben.

Psychologie und Therapie

Die Aufnahme des Zen im Westen ereignete sich zu einer Zeit, in der die abendländische Psychologie durch neue Entdeckungen in ungewöhnlich starkem Maße das allgemeine Interesse geweckt hatte. Diesem glücklichen Zusammentreffen verdankt die Geistesgeschichte des 20. Jahrhunderts ein faszinierendes Schauspiel. Aus uralten Traditionen schöpfend konnte der Osten dem westlichen Menschen neue, erprobte Wege in die Innenräume der Psyche zeigen, die irgendwie im Erleuchtungsweg des Zen-Buddhismus, dem Treffpunkt altindischer Yoga-Erfahrungen mit chinesischem taoistischem Geistesgut, gipfeln. Der neue Beitrag zum Wissen der Menschheit um ihre Psyche fand viele westliche Menschen bereit, mit dem östlichen Partner gemeinsam die *terra incognita* zu erforschen. Nicht zuletzt dank der modernen Psychologie verbreitete sich die östliche Meditation rasch im Westen.
Als ein weiterer glücklicher Umstand kann der hohe Grad von Aufgeschlossenheit und das überaus wache Verständnis des Pioniers des Zen-Buddhismus im Westen D.T. Suzuki für die Psychologie angesehen werden, die er, noch in der Ausbildung begriffen, in Amerika auf dem Vormarsch antraf. Wir erwähnten den Einfluß des unvergessenen, bahnbrechenden Werkes des amerikanischen

Gelehrten William James. Was Suzuki lernte, entsprach zwar nicht adäquat seinem östlichen Erbe, doch ist seine frühe Beeinflussung von der Psychologie her durchaus positiv zu bewerten, besonders in Anbetracht seiner fortdauernden fruchtbaren Beziehungen zu diesem Zweig der westlichen Wissenschaft. Wir heben im folgenden einige Hauptaspekte der Begegnung zwischen dem Zen-Buddhismus und der westlichen Psychologie heraus, die von einiger Bedeutung für die Geistesgeschichte des 20. Jahrhunderts sind.

Die psycho-somatische Ganzheit des Menschen

Die Zen-Meditation erfaßt in ihren Phasen den ganzen Menschen. Das Hauptinteresse der Psychologie richtet sich verständlicherweise auf die Erleuchtungserfahrung, die den Durchbruch zu einer höheren Bewußtseinsebene und die Verwandlung des Menschen in seiner Tiefe bringt. Doch der Übende muß vom ersten Tag an alle seine Kräfte einsetzen, um auf dem Zen-Weg voranzuschreiten.

Die Grundübung des Zen, im Yoga beheimatet, aktiviert sehr wirksam den Körper. Dieser Umstand fordert die westliche Psychologie heraus, die sich lange Zeit mit dem Körper fast ausschließlich zur Vermeidung und Ausräumung körperlich bedingter Störungen befaßte; ihr vorwiegendes Interesse galt der Krankenheilung. Psychologen sahen die östlichen Wege, Yoga und Zen, vorwiegend in therapeutischer Perspektive. So konnte es vorkommen, daß die Askese eines Yogi als Krankenbild mit angewandtem Heilverfahren untersucht wurde[53]. Dieses typisch westliche Mißverstehen versperrt den Zugang zum Eigentlichen der östlichen Meditation, der es immer um das Heil des ganzen leiblich-seelischen Menschen geht. Asien kennt nicht den von der griechischen Philosophie herrührenden anthropologischen Dualismus von Leib und Seele. Im östlichen Verständnis hat der Mensch nicht einen Leib, sondern ist Leib und ist Seele, besser ist Leibliches und Geistiges in einem Ganzen vereint.

107

Die Grundübung des Zen lehrt das Sitzen im Lotossitz und das rechte Atmen, beide Vollzüge nicht als medizinische Maßnahmen, sondern als Grundbedingungen für die Meditation, die den Menschen auf den Weg seiner Selbstwerdung bringen. Im Lotossitz, der vollkommensten der yogischen Sitzweisen (*âsana*), findet der Übende zu seinem leiblich-geistigen Gleichgewicht, zu seiner Mitte, dem »Hara« (wörtlich: »Bauch«), der »Erdmitte des Menschen«, wie Dürckheim in seinem ansprechenden Buch ausführt. Der um das Verständnis des Ostens in seiner Heimat hoch verdiente deutsche Psychotherapeut und Meditationsmeister preist beredt die physischen und psychischen Wirkungen des »Sitzens im Hara«. »Rechtes Sitzen bedeutet mehr als nur eine Bedingung für Gesundheit und Leistungskraft. Wie alle Formen, im Leibe da zu sein, so hat auch das Sitzen seine Bedeutung für alle Ebenen menschlichen Lebens.«[54] Im Alltagsleben wohltuend erfahren, ist »das Sitzen als Übung gewissermaßen das Grundexerzitium überhaupt. In ihm hat die Übung der Stille ihre ursprüngliche Heimat.« »Denn es bedeutet Erneuerung von Grund auf und dies um so gewisser, als man lernt, sich gedanken- und bilderleer ausschließlich im Sitzen zu versammeln.«[55] Das Zazen im Lotossitz, während der Übungsperiode in der Zen-Halle täglich viele Stunden lang praktiziert, ist rechtes Sitzen *par excellence*.

Die Atmung ist die erste grundlegende Lebenstätigkeit des Menschen; das rechte Atmen, ebenfalls im Osten yogischen Ursprungs, gehört zur Grundübung des Zen. Während der Yoga viele, teils komplizierte Arten des Atmens lehrt, läßt das Zen den Übenden seine natürliche Atmung durch langsames, rhythmisches Ein- und Ausatmen ordnen, um den Körper in einen Zustand harmonischen Gleichgewichtes zu bringen. Die Zen-Übung befindet sich hier im Einklang mit der ältesten buddhistischen Überlieferung. Ein Sutra des Pâli-Kanons schildert das bewußte Atmen eines Mönches, der unter einem Baum aufrecht und achtsam in Meditation sitzt: »Achtsam atmet er ein, achtsam atmet er aus. Lang einatmend, weiß er: ›Ich atme lang ein‹; lang ausatmend, weiß er: ›Ich atme lang aus...‹«»[56] Die Zen-Übung beginnt zumeist damit, daß der Meister oder sein Gehilfe den Übenden das rechte Atmen lehrt, langsames, rhythmisches Bauchatmen, das zuerst bewußt, später unbewußt vollzogen wird. Der Osten kennt keine Meditation ohne rechtes Sitzen und rechtes Atmen, die zwei körperlichen Vorbedingungen für höhere Geisteszustände.

Bei der Grundübung des Zen handelt es sich um einen psycho-somatischen Vollzug, bei dem Körperliches unabdingbar mit Geistigem verknüpft ist. Die moderne Psychologie konnte die Verknüpfung wissenschaftlich exakt nachweisen, indem sie die Veränderungen, die bei der Grundübung des Zen im Gehirn des Übenden vor sich gehen, nachprüfte.

Die Gehirnforschung kennt vier Arten von Gehirnwellen, die je mit bestimmten psychischen Haltungen verbunden sind und also diese Haltungen anzeigen[57]. Die am häufigsten registrierten Beta-Wellen entstehen im Gehirn des der Außenwelt zugewandten tätigen Menschen, die Alpha-Wellen gehen zusammen mit innerer Stille und Gelassenheit, die Theta-Wellen melden einen schläfrigen, dämmrigen Bewußtseinsgrad an, während die Delta-Wellen dem völlig unbewußten Schlaf zugeordnet sind. Diese Wellen sind wie elektrische Potentiale meßbar; die mit Elektroden registrierten, durch geeignete Instrumente millionenfach verstärkten Spannungsschwankungen geben, im Elektroenzephalogramm (EEG) festgehalten, ein Bild der Bewußtseinsveränderungen des Menschen. Von Psychologen entdeckt, diente die Methode zunächst therapeutischen Zwecken, hat aber auch eine Bedeutung für die Meditation, wie ihre Anwendung auf die Zen-Meditation zeigt.

Experimente wurden mit Übenden der Zen-Meditation in Laboratorien, vorzüglich an der Universität Tokyo und der zen-buddhistischen Komazawa-Universität, erfolgreich durchgeführt. Zen-Meister, aber auch Anfänger und kontemplative christliche Mönche stellten sich für die Untersuchungen zur Verfügung. Die Elektroden konnten, ohne die Kopfhaut zu verletzen, am Hinterkopf angebracht werden. Die Ergebnisse entsprachen den Erwartungen. Die Zen-

Meister produzierten prachtvolle, langgedehnte Alpha-Wellen, bei den Anfängern unterbrachen nicht selten Beta-Wellen den Fluß der Alpha-Wellen. Mit gewissem Staunen bemerkte man, daß die Alpha-Wellen der Meister bei langdauerndem Sitzen in Theta-Wellen übergingen, ein Zeichen für das Nachlassen der Bewußtseinsklarheit. Die christlichen Mönche produzierten während der Meditation ähnlich wie die Zen-Meister Alpha-Wellen. Diese sind also mit aller Art von beschaulicher Ruhe verknüpft, Erregungen und sichtbare Bilder hindern sie.

Die Laborexperimente geben auch über die Art der Konzentration während der Meditation einige Auskunft. Interessant ist ein Experiment, bei dem der Meditierende durch einen Ton aus der Sammlung geweckt wird, der sogenannte Klicktest. Auch die Zen-Meister registrieren deutlich den Ton, aber nach momentaner Unterbrechung setzt der Fluß der Alpha-Wellen wieder ein; beim Anfänger bleibt er für geraume Zeit blockiert. Das Experiment zeigt, daß das Wahrnehmungsvermögen bei der Zen-Meditation nicht aufgehoben ist. Der Meister sieht und hört frisch wie ein Kind. Der Unterschied zu hypnotischen gefühllosen Zuständen, wie sie der Yoga hervorbringt, ist offensichtlich.

In der Rückkoppelung, dem sogenannten Biofeedback können die bei der Meditation hervorgebrachten Gehirnwellen durch einen Ton oder ein Licht dem Übenden erkennbar gemacht werden, so daß er seinen psychischen Zustand mit seinen körperlichen Veränderungen vergleichen kann. Dies ermöglicht in fataler Umkehrung den Versuch, zuerst Gehirnwellen zu erzeugen, um so meditative Bewußtseinszustände und eine Bewußtseinsänderung herbeizuführen. Die japanischen Zen-Meister zeigen sich, so wie sie den Gebrauch halluzogener Drogen verwerfen, solchen künstlichen Verfahren nicht geneigt. Das Interesse, das Zen-Kreise der Gehirnforschung und ihren Ergebnissen entgegenbrachten, blieb rein wissenschaftlich und theoretisch. Die Laborexperimente fanden keinen Eingang in die zen-buddhistischen Klöster und Meditationshallen.

110

Die Bedeutung der wissenschaftlichen, psychologischen Erforschung der Zen-Meditation liegt vorzüglich darin, daß sie mit exakter Methodik die psychisch-somatische Ganzheit des Menschen erhärtet. Dadurch daß das Zen den Körper in die Meditation einbezieht, ja diesem einen hervorragenden Platz zuweist, verschafft es die Möglichkeit, die Beziehung zwischen den körperlichen Vorgängen und den psychischen Wirkungen im Experiment exakt, sicher und anschaulich aufzuweisen. Kein Grund liegt vor, die Zen-Meister »Techniker der Mystik« zu heißen, wie ein namhafter westlicher Theologe getan hat. Den Zen-Meistern geht es um den geistigen Nutzen der Übenden. Sie wissen genau, daß »da im Menschen etwas ist, das sich allen Versuchen begrenzender Zeichnung entzieht und mit keiner menschlichen Methode gemessen werden kann.« »Niemals können wir die Erlangung von Weisheit oder die Realisierung von Buddha-Natur oder Vereinigung mit Gott mit einem empirischen Experiment gleichsetzen, das vom Menschen oder der Maschine oder dem genauesten Computer gemessen werden kann.«[58] Hier stoßen wir an die Grenzen der wissenschaftlichen Psychologie.

Bewußtseinszustände und das Unbewußte

Die Psychologie ist während des 20. Jahrhunderts über ihren Fachbereich hinaus in zunehmendem Maße für das Geistesleben wichtig geworden. Hervorragen die Namen von Sigmund Freud, dem Begründer der Psychoanalyse (zusammen mit Josef Breuer) und seinem frühen Anhänger und späteren Rivalen Carl Gustav Jung, der als erster westlicher Psychologe sich ausführlich zum Zen-Weg geäußert hat. Sein Geleitwort zur Einführung in den Zen-Buddhismus von D.T. Suzuki zog weite Kreise in den Bann und ließ den Zen-Weg vornehmlich in psychologischer Perspektive erscheinen[59]. Dem psychologischen Zen-Verständnis hatte Suzuki's Vorliebe für die Psychologie den Weg bereitet.

In einem ersten psychologischen Ansatz ergänzte Suzuki die vier bekannten, von William James benannten Merkmale mystischer Geisteszustände (Unaussprechlichkeit, Noetische Qualität, Flüchtigkeit und Passivität) zu acht Charakteristika der Zen-Erleuchtung: Irrationalität, Intuitive Einsicht, Autoritativer Charakter, Bejahung, Sinn für das Jenseitige, Unpersönliche Färbung, Exaltationsgefühl, Augenblicklichkeit[60]. Diese Beobachtung bleibt im Rahmen der damals gängigen Psychologie der Mystik. Wichtiger ist, daß Suzuki dem Werk James's eine weitere Anregung entnahm. Der amerikanische Gelehrte spricht mehrmals von den transmarginalen oder subliminalen Kräften des Unterbewußtseins, mißt diesen für das religiöse Leben große Bedeutung bei und stellt fest, daß die transmarginale oder subliminale Region, nämlich im Unterschied zur A-Region des Bewußtseins »die B-Region offensichtlich den größeren Teil eines jeden von uns« ausmacht[61]. Er verweist für diese schon gut beglaubigte Entität auf seinen Zeitgenossen, den amerikanischen Psychologen Frederic Meyers, der dazu auffordert, »den subliminalen Bereich des Bewußtseins in seinem ganzen Umfang zu erforschen« und erste Schritte zu einer Topographie der »subliminalen Fakten« tat.

Übrigens wurde das Unbewußte nicht zuerst von der modernen westlichen Psychologie entdeckt, in Asien ist es seit dem ersten Jahrtausend vor unserer Zeitrechnung bekannt. Die Inder beobachteten aufmerksam die menschlichen Bewußtseinszustände. In den Upanishaden wird außer den drei Zuständen des Wachens, Träumens und Schlafens noch ein vierter Zustand, *turiya* beschrieben, »der weder eine nach außen noch eine nach innen gerichtete Erkenntnis besitzt…, der unsichtbar, unaussprechlich, undefinierbar, undenkbar, unnennbar, dessen Wesen die Erfahrung des eigenen Selbst ist, der jenseits der Verschiedenheit liegt…«[62] In der buddhistischen Bewußtseinslehre (vijñânavâda) ist das achte Bewußtsein die »Bewußtseinsschatzkammer« (*âlayavijñâna*, jap. *arayashiki*), im japanischen auch *mumotsushiki*[63] (wörtlich: ins Nichts gesunkenes Bewußtsein) genannt, die sich als »das Unbewußte« oder auch als »das kosmische Bewußtsein« interpretieren läßt. Dieses Bewußtsein wird von japanischen Zen-Meistern gern bei der Erklärung des Erleuchtungsprozesses herangezogen. Im Westen führte eine erste Begegnung der romantischen Schule im 19. Jahrhundert zu einer Beschäftigung mit dem Unbewußten. C.G. Carus schreibt in seinem Buch »Psyche. Zur Entwicklungsgeschichte der Seele« (1846), das vor einigen Jahren nach mehr als einem Jahrhundert in einem Neudruck erschien: »Der Schlüssel zur Erkenntnis vom Wesen des bewußten Seelenlebens liegt in der Region des Unbewußten.«

Am Anfang der Begegnung des Zen-Buddhismus mit der westlichen Psychologie des 20. Jahrhunderts steht das Wort D.T. Suzuki's vom Satori, das »eine Einsicht in das Unbewußte« ist[64]. C.G. Jung hat diese Aussage aufgegriffen und im Sinne seiner Psychologie ausgelegt. »Die Welt des Bewußtseins ist«, wie er ausführt, »unvermeidlicherweise eine Welt voll von Beschränkungen und Wege versperrender Mauern. Sie ist stets eine notwendige Einseitigkeit, welche dem Bewußtsein selbst entspricht.«[65] Schon James hatte von der Begrenztheit des menschlichen Bewußtseinsfeldes gesprochen. Dagegen ist das Unterbewußte oder Unbewußte von unermeßlicher Weite. Jung schreibt: »Das Unbewußte ist eine nicht anschaubare Ganzheit aller subliminalen psychischen Faktoren, eine ›Totalschau‹ potentieller Natur«.[66] Demnach erklärt Jung die zen-buddhistische Erleuchtungserfahrung als »Durchbruch unbewußter Inhalte ins Bewußtsein«[67]. Im vollkommenen Vollzug scheint die Ganzheit der menschlichen Psyche mit allen ihren bewußten und unbewußten Inhalten auf. Da es sich um einen psychischen Vorgang handelt, ist dabei »völlig irrelevant […] ob eine ›Erleuchtung‹ ›wirklich‹ oder ›eingebildet‹ genannt wird.« Denn es handelt sich lediglich um den psychischen Vorgang, und, so Jung, »auch die Einbildung ist ein psychischer Vorgang«[68].

Zen-Buddhisten dürften der letzten Behauptung Jungs wohl nicht zustimmen. Ihnen ist die Zen-Erleuchtung, wie immer sie psychologisch interpretiert werden mag, auf jeden Fall eine Wirklichkeitserfahrung. Erich Fromm kritisiert diese These Jungs, die er dessen »relativistischer Einstellung in bezug auf die ›Wahrheit‹ religiöser Erlebnisse« zur Last legt. Fromm verdanken wir die aufschlußreichste psychologische Studie über den Zen-Weg. Er konnte sich auf eine Vortragsserie D.T. Suzuki's bei einer Arbeitstagung über Zen-Buddhismus und Psychoanalyse an der medizinischen Fakultät der Staatsuniversität von Mexiko in der ersten Augustwoche des Jahres 1957 beziehen[69].

Als Vertreter einer humanistischen Psychoanalyse teilt Fromm nicht das Libido-fixierte Menschenbild Freuds, auch beschränkt er die Methode nicht auf die Behandlung kranker Menschen. Ziel ist nach seiner Auffassung, im Durchbrechen des logischen, bewußten Denkens, das nur einen kleinen, unbedeutenden Teil der menschlichen Psyche bestimmt, das Unbewußte aufzudecken, das freilich nicht ausschließlich und hauptsächlich der Freudsche dunkle Keller voll abscheulichen Unrates ist, sondern als Quelle schöpferischer Kräfte und höchster Weisheit Achtung und Aufmerksamkeit verdient. Der gesunde, d.h. der heile, offene, wache Mensch, dessen Existenz sich im Einklang mit seiner Menschennatur befindet, hat sein Unbewußtes ins Bewußtsein überführt, alle Verdrängungen aufgehoben, Angst und Entfremdung überwunden. Er berührt in seinem Unbewußten Wirklichkeit, denn das Unbewußte ist ein wesentlicher Teil des ganzen Menschen. Freilich gibt es im Unbewußten Stufen, die nicht alle in gleicher Weise und gleichzeitig erobert werden.

Der Psychoanalyse und dem Zen sind, wie Fromm dartut, die von Suzuki aufgeführten Ziele des Zen gemeinsam, nämlich das Sehen der eigenen Natur, die Befreiung aus egoistischer Knechtschaft, das Freisetzen natürlicher Energien und die Bewahrung vor geistiger Verkrüppelung. Beiden Prozessen oder Wegen geht es um die »das volle Erwachen des ganzen Menschen für die Wirklichkeit«, und zwar um die »unverzerrte [...] Wahrnehmung der Wirklichkeit«, die dem ins Alltagsleben verstrickten Menschen ob seiner Verdrängungen (Psychoanalyse) und seiner Illusionen (Zen) verwehrt ist[70].

Fromm sieht eine Gemeinsamkeit von Zen und Psychoanalyse auch in deren gewöhnlich wenig beobachtetem ethischen Charakter. Beide stellen ihren ethischen Gehalt nicht zur Schau. Die ethische Seite des Zen wurzelt, wie Fromm mit Recht bemerkt, in seinem lebendig wirksamen buddhistischen Erbe, das vor allem das Ausräumen von Gier und Haß fordert. Die humanistische Psychoanalyse schließt ebenfalls eine ethische, charakterliche Wandlung ein, wenn sie, von der jüdisch-christlichen Tradition beeinflußt, Demut, Mitgefühl, Liebe anmahnt[71].

So deutlich sich Ähnlichkeiten in den Zielen von Zen und Psychoanalyse aufzeigen lassen, so verschieden sind die Methoden und Prozesse auf dem Weg. Kôan-Übung und Freie Assoziation stimmen, wie Fromm meint, darin überein, daß beide Methoden den Übenden oder Patienten gleichsam in die Ecke drängen, ihn in eine Zwangslage bringen, die den Durchbruch im unmittelbaren, nicht rationalen, undefinierbaren, plötzlichen Erleben erzwingt, das eine Bewußtseinsänderung im Menschen bewirkt[72].

Die Psychoanalyse, wie Fromm sie versteht und in Vergleich zum Zen setzt, geht über die übliche, empirisch-psychologische Auffassung hinaus, indem sie im Bewußtmachen des Unbewußten einen ethisch fundierten neuen Realismus anstrebt, in dem das Unbewußte vollständig freigelegt und alles Empfinden des ganzen Menschen umfaßt ist. Wenn die Befreiung von allen Verdrängungen gelungen ist, begreift der Mensch, »wie nutzlos es ist, die Antwort auf das Leben darin zu suchen, sich zu haben, anstatt er selbst zu sein und zu werden[73].« Nicht haben, sondern sein, in dieser metaphysischen Aussage gipfelt Fromms philosophisch inspirierte Psychologie. In den vergleichenden Schlußbemerkungen seiner Ausführungen betont Fromm, daß der Zen-Weg keine bloß technische Methode ist, sondern ethische Werte birgt und in der Atmosphäre buddhistischer Klöster zur Reife kam. Wenn Fromms Psychoanalyse an die Metaphysik grenzt, so gehört die metaphysische Ausrichtung auf Transzendenz zu den Wesenszügen des Zen. Suzuki zählt den »Sinn für das Jenseitige« (engl.: »*sense of the beyond*«) zu den Charakteristika der Zen-Erleuchtung. Er folgt darin den Spuren seines Vordenkers William James, der »die Meinung des Theologen, daß der religiöse Mensch von einer äußeren Macht bewegt wird, gerechtfertigt« glaubt[74]. In die gleiche Richtung weist der Schlußsatz des Essays Fromms, der sagt, daß »Buddha-Natur in uns allen liegt«[75].

Heilkräfte der Zen-Meditation

Das Geistige und das Körperliche sind bei den östlichen Meditationsweisen im ganzheitlichen Vollzug miteinander verknüpft. Verschiedene Arten des Yoga akzentuieren verschiedene Kräfte und Funktionen von Körper und Geist. Der Hatha-Yoga aktiviert vornehmlich den Körper, während Jhâna-Yoga und Bhakti-Yoga die intellektuellen und emotionalen Kräfte der menschlichen Psyche ansprechen. Jede Yoga-Übung hat eine heilsame Wirkung für den ganzen Menschen.

Bei der Zen-Meditation ist die Grundübung, das Sitzen im Lotossitz und die rhythmische Atmung vordergründig auf den Körper bezogen, hat indes eine psychische Entsprechung, so daß der Mensch in seiner psycho-somatischen Ganzheit am Vollzug beteiligt ist. Deutlich zeigen die Wechselwirkungen zwischen dem Körperlichen und Geistigen die bei der Meditation beobachteten Gehirnwellen an. Die in ruhigem Rhythmus dahinfließenden langgedehnten Alpha-Wellen bekunden zweifellos auch gesundheitliches Wohlbefinden. Andere Körperfunktionen, ebenfalls durch exakte Messungen sicher gestellt, insbesondere Blutdruck, Herzschlag, Hautwiderstand, bestätigen die günstige Einwirkung auf den Organismus. Und die rhythmische langsame Atmung bezeugt eindrucksvoll den normalen Gesamtzustand des Meditierenden. Eine entsprechende Ernährung und Kleidung vervollständigen das Bild der Meditationsübung nach der äußeren, körperlichen Seite.

Die Grundübung der Zen-Meditation geht zum bestimmten Zeitpunkt in geistige Vollzüge über. Dabei ergeben sich Heilkräfte, die keiner medizinischen Absicht unterliegen, aber um so freier und tiefer die gesamte Konstitution des Meditierenden durchdringen. An erster Stelle ist das Schweigen zu nennen. Die Zen-Meditation ist ganz wesentlich eine Schweigemeditation. Das Schweigen erfaßt den ganzen Menschen bis auf den Grund, wirkt befreiend und erneuernd, reinigend und stärkend. Während des durch viele Stunden hindurch fortdauernden tiefen Schweigens kommen ähnlich wie bei den psychoanalytischen Sitzungen aus dem Unbewußten Erinnerungen und Vorstellungen, hypnagogische Bilder und Traumgebilde herauf. Die Schweigestunden sind voller innerer Ereignisse, bis sich die erwünschte Stille einstellt. Wie bei einer erfolgreichen Psychoanalyse werden Verdrängungen aufgehoben, Traumata ausgeräumt, Ängste überwunden. Die Heilwirkung des Schweigens ist unauffällig und verborgen, aber tiefreichend und beglückend.

Die Zen-Meditation bringt noch ein anderes, wirksames inneres Geschehen ins Spiel, das aus der widerspruchsvollen Haltung des Meditierenden bezüglich der Erlangung der Erleuchtungserfahrung folgt. Der Übende weiß, daß das Endziel seiner Anstrengung das Erleben der Erleuchtung ist, aber zugleich darf er keineswegs dieses Ziel bewußt anstreben, sondern muß sich in völliger Gelassenheit passiv der Meditation hingeben, einzig der Führung seines Meisters folgend. Psychologen sehen in dieser paradoxen Haltung das Wirken von »passiver Energie«. Der geforderten und eingeübten Gelassenheit eignet eine ganzmenschliche Heilkraft. Hier tritt die im Zen stark betonte unabdingbare Notwendigkeit der Führung durch den Meister deutlich in Erscheinung. Nur allzuleicht kann der Übende vom rechten Gleis abweichen, entweder dadurch, daß er eigenwillig aktiv in den Meditationsverlauf eingreift, um das Resultat zu erzwingen, oder daß er, ob der Erfolglosigkeit seiner Bemühung ermüdet, die wache Absicht zu meditieren aufgibt.

Die Heilkräfte der Zen-Meditation können dem gesunden und auch dem körperlich oder seelisch angeschlagenen Menschen nützen. Kein Mensch ist so gesund, daß nicht irgend welche Schäden sein psycho-somatisches Befinden beeinträchtigen. Aber – dies muß klar gesagt werden – die Zen-Meditation ist keine Therapie für psychisch Kranke. Vielleicht kann man noch einen Schritt weiter gehen und sagen, daß der Zen-Weg, zum mindesten seine höheren Stufen, nicht für alle Menschen bekömmlich ist. Körperhaltung und Atmung, auch Schweigen können vorbehaltlos allen empfohlen werden. Meditation allgemein birgt Heilkräfte für jedermann. Doch ist bei spezifischen Ausformungen, beispielsweise bei der zen-buddhistischen Kôan-Übung Diskretion geboten. Im Gespräch sagte einmal ein erfahrener Geistesmann scherzend: »Gymnastik ist gut für alle, Akrobatik für wenige.«

Dieses Wort, auf das Zen gemünzt, gilt im geistigen Bereich ebenso wie im körperlichen. Sicher trifft es auf das Zen zu, das wie ein Wagnis in übermenschlicher Strenge von den Alten der Frühzeit geübt wurde. Im Zuge der weiten Verbreitung gibt es heute dieses unverfälschte, nicht mit Unrecht eine Akrobatik genannte Zen, nur mehr selten. Die Verwässerung ist mancherorts weit fortgeschritten. Was einst mit äußerster Anstrengung von wenigen in lang dauernder Übung erreicht wurde, liegt zur Zeit in breitem Angebot, leicht und sicher erreichbar auf dem Markt. Dieses Zen für alle mag sein Gutes haben. Jedenfalls ist es ziemlich ungefährlich und bedeutet für viele eine Hilfe auf dem Lebensweg. Für die Zukunft der Zen-Meditation könnten Unterscheidungen und Stufungen einen Garant der Echtheit und Wirksamkeit bieten.

William Johnston merkt in seinem Buch über »Wissenschaft der Meditation« an, daß das Eintreten in tiefere Bewußtseinszustände durch meditative Technik nicht zur vollständigen inneren Heilung genügen kann. Emphatisch schreibt er: »Liebe ist der große Heiler«[76] und nennt als zweiten unabdingbaren Heilfaktor das Innewerden von Sinn. Liebe und Sinn reichen über den technisch psychologischen Bereich hinaus, beide sind im Religiösen beheimatet. Diese Heilkräfte wirken in der religiösen Meditation, in der buddhistischen sowohl als auch in der christlichen. Darüber wird im letzten Kapitel dieses Buches mehr zu sagen sein.

Die Morita-Therapie ist benannt nach ihrem Begründer, dem japanischen Arzt Morita Masatake Shôma, (1874-1938), der nach Abschluß seiner medizinischen Studien an der Universität Tokyo westliche Psychotherapie studierte und in Versuchen und Experimenten ein neues Heilverfahren für psychogene Neurosen erfand, das er in die psychiatrische Praxis einführte[77]. Als Datum wird das Jahr 1919 genannt. Morita selbst hat nachdrücklich betont, seine Methode sei aus der westlichen Medizin entstanden. Doch weisen unverkennbare Wesenszüge auf fernöstliche, insbesondere auf zen-buddhistische Einflüsse hin. Beide Elemente finden sich in Morita's Mahnung, »die Wissenschaften nicht überschätzen und den gesunden Menschenverstand nicht verlieren«[78]. Als Wissenschaftler fühlte sich Morita dem Westen verpflichtet, aber als Arzt verleugnete er nicht seinen gesunden Menschenverstand. So vermochte er aus seinen wissenschaftlichen Erkenntnissen, seinem religiös-weltanschaulichen Grundverständnis und seinen praktischen Erfahrungen die ihm eigentümliche Methode zu schaffen.

Sein persönlicher Beitrag kann seine buddhistische Herkunft nicht verleugnen. In Shikoku, der Insel der großen Wallfahrt des Shingon-Buddhismus, geboren und im Milieu dieser Religion aufgewachsen, blieb seine Weltanschauung zeit seines Lebens buddhistisch geprägt. Während seiner entscheidenden Studienjahre interessierte er sich für den Zen-Buddhismus, nahm unter der Leitung des berühmten Zen-Meisters Shaku Sôen (1859-1919) mehrmals an Zen-Kursen teil, übte ein Kôan, gab indes nach einiger Zeit seine Bemühungen auf dem Zen-Weg auf. Seine Kenntnis vom Zen äußerte er in späteren Jahren mit Vorliebe im Gebrauch von interessanten Zen-Wörtern, mit denen er Vorträge und Unterhaltung würzte.

Die Kontroverse über den Grad der Zen-Beimischung in der Morita-Therapie ist bis heute nicht erloschen[79]. »Morita-Therapie ist Religion«, behaupteten der westlichen Wissenschaft verschriebene

Ärzte und trafen in jener wissenschaftsgläubigen Zeit der ersten Jahrzehnte dieses Jahrhunderts einen empfindlichen Punkt. Morita stellte sich dem Angriff. Er konnte darauf hinweisen, daß er die Krankheitssymptome seiner Patienten nicht durch philosophische oder religiöse Worte, sondern durch eine handfeste, konkrete Behandlung zu heilen versuchte. Freilich wahrte er eine angemessene Distanz von der Wissenschaft. Gab es doch allzu viele wissenschaftlich gebildete Ärzte, die »an der Devise ›Krankheit, also Medikament‹ hängen« blieben und »medizinische Abergläubige« waren. Deshalb mahnt er: »Wir dürfen nicht vergessen, daß, wenn man die Wissenschaft überschätzt und den gesunden Menschenverstand verliert, die Gefahr besteht, daß die Vorteile der Zivilisation den Menschen umbringen«[80]. Ein frühes Wort, das uns heute in den Ohren klingt!

Morita verneinte die Entstehung seiner Methode aus dem Zen, erkannte aber Übereinstimmungen mit dem Zen an. Diese kamen bei einem Teil seiner Schüler klar zum Ausdruck. Morita's erster Schüler war Usa Genyû (1886-1957), ein Zen-Mönch, der sich im vorgerückten Alter der Medizin zuwandte, mehrere Jahre an der Jikei-Universität in Tokyo unter Morita Medizin studierte (1815-1919) und sich dessen neu entwickeltes Therapieverfahren aneignete. Morita sagte von ihm: »Kollege Usa ist unter meinen Schülern der Erste.« Nach Abschluß seiner Studien wurde Usa Genyû Mönch im berühmten Tôfukuji, einem der »Fünf Zen-Berge« in Kyoto. Der Tempel stellte ihm ein Grundstück zur Verfügung, auf dem er im Jahre 1922 das erste ausschließlich der Morita-Therapie gewidmete Hospital, das Sanseiin, errichtete, das er bis kurz vor seinem Tode leitete. Sein Nachfolger wurde sein Sohn Usa Shin'ichi, ebenfalls Vollmediziner und ausgezeichneter Kenner des Morita-Verfahrens.

Bruno Rhyner schildert in seiner Studie »Morita-Therapie und Zen-Buddhismus« das Heilverfahren, das er im Sansei-Spital beobachten und durch ausgiebige Erklärungen des leitenden Arztes Dr. Usa Shin'ichi in allen Einzelheiten begreifen konnte[81]. Während der

120

ersten Periode, die gewöhnlich 5-7 Tage, gelegentlich auch 8 Tage dauert, muß der Patient absolute Bettruhe einhalten und wird ganz seiner psychischen Situation überlassen. Die Isolation ist möglichst vollständig. Kein Sprechen, Lesen, Schreiben, Anhören von Radio, aber auch kein Rauchen, Singen oder Pfeifen, keinerlei Beschäftigung der Hände ist erlaubt. Geräusche und Gedanken kommen und gehen. Der Patient soll sich nicht darum kümmern. So liegt er Stunde für Stunde, Tag für Tag, schläft während der Nacht oder schläft auch nicht. Während dieser Periode der »Reduktionsmethode« ist er in jeglicher Hinsicht reduziert. Der Arzt besucht ihn täglich einmal kurz, um sich seines Zustandes zu vergewissern.

Diese Periode ist in der Sicht des Zen besonders interessant, weil sich infolge der Isolation beim Patienten der sich ganz auf sich, seinen psychischen Zustand und dessen Symptome zurückgeworfen fühlt, ein irgendwie »kôan-artiger« krisenhafter Zustand herausbilden kann, der sich bis zur Verzweiflung steigern mag. Dieser Zustand erreicht meistens am vierten Tag seinen Höhepunkt, um dann plötzlich in einen Zustand der Ruhe umzuschlagen, die sich in Langeweile äußert und nach Beschäftigung drängt. »Morita selbst hat diese psychische Situation, wo Verzweiflung in Ruhe übergeht, oder besser, wo Verzweiflung gleich Ruhe ist, ›der Konflikt ist die Lösung‹ (*hanmon soku gedatsu*) benannt.«[82]

Die zweite dreitägige Periode führt den Patienten aus der Zimmerhaft ins Freie. Während der drei Tage soll er sich (auch bei Regenwetter) möglichst im Garten aufhalten, sich nur wenig beschäftigen aber aufmerksam die Natur und die Vorgänge in der Pflanzenwelt beobachten. Nach der langen Bettruhe wirkt der Aufenthalt im Freien erfrischend und entspannend, die Nähe der Natur weckt die erschlafften Lebenskräfte und spendet neuen Mut.

Für die dritte Periode ist die Dauer von etwa 20 Tagen vorgesehen. Der Akzent liegt auf der geregelten Arbeit. In die Gemeinschaft des Krankenhauses eingefügt, nimmt der Patient nun voll an der Arbeit aller teil, an der er, auch wenn sie schwer und ermüdend ist, nach der langen Ausgrenzung Freude findet. Nicht nur seine Krankheit und deren Symptome, auch die Anstrengung, ja sich selbst vergessend, wird er eins mit der Arbeit. Wenn dies gelingt, kommt er seiner Genesung nahe. Die Neurose besteht ja in Angstzuständen oder ähnlichen Symptomen, auf die der Kranke unablässig seine Aufmerksamkeit richtet, wodurch die Angst nur verstärkt wird und erneutes Aufmerken erregt. Er ist durch die Symptomfixierung in den medizinisch »psychische Interaktion« genannten Teufelskreis gebannt. Zur Heilung bedarf es einer Wendung der Aufmerksamkeit. Dazu verhilft während der dritten Periode die Arbeit, die nicht als Beschäftigungstherapie oder zeitweiliges Ablenkungsverfahren verstanden wird, sondern in sich ihren Sinn hat. Der Patient, der sich mit seinen Gefährten völlig der Arbeit hingibt, erfährt deren Sinn. Beschwerden und Angstgefühle können immer noch auftreten, aber, da er seinen Zustand angenommen hat, hindern diese ihn nicht mehr, wie jeder andere sein volles Arbeitspensum zu leisten. Seine ganze Aufmerksamkeit gehört der ihm aufgetragenen Arbeit. Eine Ähnlichkeit der zweiten und dritten Periode mit der Übung und dem Leben im Zen-Kloster ist unverkennbar. Ob diese bewußt beabsichtigt ist oder sich aus dem natürlichen Empfinden des vom Land stammenden Arztes ergeben hat, läßt sich nicht bestimmen. Natur und Arbeit sind Kraftquellen für den gesunden Menschen, dem Kranken bieten sie gefahrlose Mittel zur Genesung, in das Heilverfahren der Morita-Therapie fügen sie sich zwanglos ein.

Die vierte Periode bezweckt die Wiedereingliederung in das normale Arbeitsleben des Alltags. Dem Patienten wird ein größerer Freiheitsraum gewährt. Er darf sich zu bestimmten Zeiten aus dem Krankenhaus entfernen, seinen Arbeitsplatz aufsuchen und mit seiner gewohnten Umgebung Kontakt aufnehmen. Nach etwa zehn Tagen wird er als geheilt entlassen. Das Gesamtverfahren hat ungefähr 40 Tage gedauert. Durch eine Nachbetreuungsgruppe und den Besuch der monatlichen Vorträge des leitenden Arztes bleibt der Geheilte in Verbindung mit dem Krankenhaus.

Die Morita-Therapie ist ein Beispiel für die Begegnung des Zen-Buddhismus mit der westlichen Psychotherapie. Das japanische

Heilverfahren hat im Lande statistisch nachweisbar gute Erfolge erzielt und sich einen Platz gesichert, ohne indes spektakuläre Veränderungen von internationalem Ausmaß in der theoretischen und praktischen Medizin zu verursachen. Dennoch verdient die Symbiose von östlicher und westlicher Wissenschaft und Erfahrung auf begrenztem, deutlich umschriebenen Sektor Beachtung. Das Wissen des Ostens um die menschliche Psyche, insbesondere um die psycho-somatische Ganzheit des Menschen, ist dem des Abendlandes überlegen, aber der Westen entwickelte auf naturwissenschaftlicher Grundlage eine globale Technik. Die Zusammenarbeit der zwei Hemisphären im psychologischen und medizinischen Bereich ist eminent wichtig. Während dieses Jahrhunderts entstand eine umfassende Asien-Literatur, die von den uralten Heilpraktiken Indiens, Tibets und Chinas berichtet. Das Zen ist wie ein Tropfen in diesem Ozean.

IV Zen-Meditation in christlicher Perspektive

Bei der Zusammenkunft des Weltparlamentes der Religionen in Chicago im Jahre 1893 waren noch vor der Wende zum 20. Jahrhundert die fernöstlichen Religionen, Bewunderung und Erwartungen weckend, in den Gesichtskreis der westlichen Welt eingetreten. Allerdings sollte es noch Jahrzehnte dauern, bis die Auswirkungen dieser Begegnung spürbar und sichtbar wurden. Doch war ein Anstoß gegeben, ein Gärungsprozeß in Gang gebracht, der zumal im religiösen Milieu Beachtung fand. Asien hatte noch einmal im Verlauf der Weltgeschichte – so empfanden es religiöse Menschen im Abendland – der Menschheit eine Hilfe auf ihrem geistlichen Weg angeboten. Zunehmende Kontakte mit asiatischen Ländern, vorab mit Indien, China und Japan, schienen die Vorausahnungen zu bestätigen.

Während der ersten Jahrzehnte des neuen Jahrhunderts kamen bei christlichen Missionskongressen deutlich neue Motive zur Sprache, die in ähnlicher Weise den Blick nach Osten wenden ließen. Im katholischen Raum war Löwen das wichtigste Zentrum, von dem starke Impulse ausgingen und die Missionspraxis befruchteten, die ihrerseits zu zukunftsorientierter Reflexion anregte. In wachsendem Maß erkannte man die Herausforderung des herannahenden Endes des kolonialen Zeitalters für das Christentum und beschwor mit prophetischer Kühnheit die Erinnerung an die epochalen, kulturschaffenden Leistungen der christlichen Frühzeit. Sollte das Christentum, seine europäische Form durchbrechend, im Kontakt mit dem Osten einen neuen Aufbruch erleben? Solche Gedanken und Hoffnungen bilden den Hintergrund für die in Verlangen und Stimmung wohl vorbereitete Begegnung zwischen Buddhismus und Christentum, die sich in Japan in ganz konkreter Form ereignete.

Es war eine Sternenstunde, als der deutsche Jesuit Hugo Makibi Enomiya-Lassalle im Februar 1943 als erster Christ an einem Zen-Kursus in einem Landtempel im Süden der japanischen Hauptinsel teilnahm. Weder schöne Wünsche noch tiefe Gedanken können die persönliche Erfahrung ersetzen. Freilich genügt einmaliges Verkosten nicht, wenn es sich um ein so tiefreichendes und umfassendes Erleben wie die Zen-Meditation handelt. Viele Jahre lang widmete sich Pater Enomiya-Lassalle unter der Führung erfahrener Meister regelmäßig und mit großer Anstrengung der Zen-Übung. Nach mehr als 20 Jahren ernsthafter Bemühung hatte er sich die Zen-Meditation, wie er fühlte, genügend angeeignet, um sie lehrend anderen in Wort und Schrift mitteilen zu können. Aus dem zaghaft anklopfenden Schüler war ein Meister geworden. Im Jahre 1968 – ein anderes wichtiges Datum der christlichen Begegnung mit dem Zen – begann er in Deutschland Zen zu lehren. »Zen-Meditation für Christen« – Kurse und Abende, zu denen er unter diesem Titel einlud, – fanden Anklang und Zulauf. Seine Pioniertat weckte eine Bewegung, die weite Kreise zog. Auch unabhängig von ihm oder nur in loser Verbindung zu seinem Wirken wurden Zen-Kurse für Christen organisiert.

War somit das Eis gebrochen, so traten nunmehr notwendig die Probleme hervor, die das mancherorts nicht glücklich »christliches Zen« genannte Meditieren in sich schließt. Gegner ohne Sachkenntnis suchten von außen zu hemmen. Innerlich mit dem Unternehmen verbundene Bedenken fallen schwerer ins Gewicht. Kann die Zen-Meditation, in jahrhundertelanger Geschichte im Buddhismus gewachsen und zur Reife gekommen, ohne Schaden für beide oder einen der Partner aus dem buddhistischen Mutterboden gelöst und ins Christentum überpflanzt werden? Die Frage wurde so oder anders von Buddhisten und Christen, von Religionswissenschaftlern und Meditationsleitern immer wieder formuliert. Die leichte Antwort, es handle sich bloß um eine Meditationsmethode ohne Tiefgang, konnte nicht befriedigen. Die Zen-Meditation ist bis ins Wesen hinein vom Buddhismus her geprägt. Dennoch eignen ihr

Werte, die, wie die buddhistischen Meister selbst oft gesagt haben, einen universal menschlichen Kern bergen. Die christliche Begegnung mit der Zen-Meditation öffnet den Blick für die weiter gespannte Begegnung von Buddhismus und Christentum sowie der Hemisphären von Ost und West. Wir versuchen im folgenden, die Problematik von verschiedenen Seiten her anzuleuchten, um, wenn sich auch keine allseitig befriedigende Lösung bietet, doch nach Möglichkeit die Wesensfrage zu würdigen.

Bevor wir uns den einzelnen Bestandteilen und Phasen der Zen-Meditation zuwenden, sei eine klärende Vorbemerkung sprachlicher Art gestattet. Das japanische Wort »Zen« ist das Äquivalent des Sanskritwortes *»dhyâna«* mit der Bedeutung »Versenkung« oder weiter gefaßt »Meditation« und bezeichnet die Meditation des Mahâyâna-Buddhismus. Im Westen wird das Wort »Zen« in vielen Zusammensetzungen gebraucht: Zen-Buddhismus lautet die allgemeine Angabe des geschichtlichen Ortes, Modifizierungen wie Zen-Schule, Zen-Sekte, Zen-Linie, Zen-Tradition entstammen ebenfalls dem geschichtlichen Bereich: Zen-Übung, Zen-Meditation, Zen-Kôan, Zen-Erfahrung oder Zen-Erleuchtung weisen ebenso wie Zen-Geist und Zen-Praxis auf spezifische Wesenszüge hin; in einen weiteren Umkreis führen Zen-Kultur, Zen-Kunst, Zen-Philosophie, Zen-Forschung. Noch viele andere Verbindungen sind möglich. Umfassend läßt sich vom Zen-Weg sprechen als der verbindenden Einheit und Ganzheit der Einzelzüge. Ob sich ohne eine der angegebenen oder eine andere Verbindung von Zen, nämlich von Zen schlechthin oder von Zen als schwebendem Etwas, nicht festgemacht an irgendeine greifbare Beziehung, sprechen läßt, ist eine offene Frage. Versuche in dieser Richtung kamen in der New-Age-Bewegung zum Zuge, blieben indes vage und konnten nicht befriedigend erklären, was dieses Zen über und außerhalb dem Buddhismus und allen spezifizierenden Benennungen ist. Deshalb empfiehlt sich, die im vorigen angeführten Verbindungen im Blick zu behalten und Tuchfühlung zu den umfassenden Bezeichnungen Zen-Buddhismus und Zen-Weg zu wahren.

Das Humanum der Grundübung

Die Grundübung der Zen-Meditation ist das Zazen, nämlich die Meditation im Hocksitz, die den ganzen Menschen umfaßt. Das Leibliche und das Psychische sind in die Übung einbezogen. Das Ziel ist die Erfahrung der Wirklichkeit. Die Übung ist ein Ganzes, doch können wir verschiedene Komponenten unterscheiden, die teils mehr der leiblichen, teils mehr der psychischen Sphäre angehören und in gegenseitiger Durchdringung einem Höheren zustreben. Dem Leib wird in der Grundübung ein Vorrang zuerkannt. Doch ist zu bedenken, daß in der östlichen Meditation der Leib niemals als bloßer Teil des Menschen verstanden wird. Wenn Zen-Meister Dôgen sagt: »Die Erleuchtung wird durch den Leib erlangt«[1], so sieht er im Leib die Ganzheitsgestalt des Zazen, die im Sinne seiner religiösen Metaphysik die Identität des Menschen mit der Buddha-Nautr erweist.

In der Grundübung des Zazen kommt der ganze Mensch in seiner Polarität zum Zuge. Anthropologisch gesehen, ist die Polarität der entscheidende Wesenszug des Menschenbildes der fernöstlichen Meditation, als deren Mitte die das Leibliche und Psychische verbindende rhythmische Atmung angesehen werden kann. Eine yogische Übung, in der die Atmung mit der Grundbewegung des menschlichen Körpers nach unten und nach oben verbunden ist, kann in bezug zum Zazen gesehen werden. Der so Übende steht aufrecht im Raum und läßt die nach vorne gestreckten Hände an den Knieen vorbei nach unten schwingen, wobei er leicht in die Kniee geht. Dann läßt er die locker ausgestreckten Arme nach oben hin schwingen. Dabei achtet er auf den gleichmäßigen Rhythmus des Atems. Dem Ausatmen entspricht die Bewegung nach unten, dem Einatmen die Bewegung nach oben. Der Text, der die Übung beschreibt, bemerkt hier abschließend: »Vor allem das Ausatmen ist wichtig.«[2]

Diese Übung ist in den Zen-Schulen nicht im Gebrauch, kann aber sehr wohl als Eingangstor zum Zazen benutzt werden. Die Bewegung entspricht dem Bau des Körpers und bereitet auf das Hinsitzen im Lotossitz vor. Wenn sich der Übende zum Zazen hinhockt, bringt er zunächst die Bewegung des Körpers ins Gleichgewicht. Die zen-buddhistischen Meditationsanweisungen empfehlen, den Körper sitzend nach den vier Richtungen hin ausschwingen zu lassen und das Augenmerk auf die Atmung zu richten.

Die Beobachtung der Atmung bringt ein psychisches Moment in die Übung ein. Der Übende atmet bewußt. Die im Pâli-Kanon gelehrte frühbuddhistische Satipatthâna-Meditation lehrt nachdrücklich die Achtsamkeit (*sati*), die sich auf körperliche und geistige Objekte richten kann. Als Stütze der Achtsamkeit empfehlen fernöstliche Meditationsweisen die mit der Atmung gleichgeschaltete Rezitation eines Wortes. Die Achtsamkeit auf das Merkwort befördert zusammen mit der gleichmäßigen Atmung die Sammlung. Dieser Zusammenhang ist auch dem christlichen Lehrer der Spiritualität Ignatius von Loyola bekannt, wenn er in den »Geistlichen Übungen« eine Weise des Betens beschreibt, in der Wortrezitation und rhythmisches Atmen zusammengehen. Er erklärt diese »dritte Weise zu beten« folgendermaßen:

»Bei einem jeden Atemzug oder Luftholen soll man geistig beten, indem man ein Wort des Vaterunser oder eines anderen Gebetstextes betet. Man soll also zwischen einem Atemzug und zum anderen nur ein Wort beten und, solange die Zeit von einem Atemzug zum anderen dauert, hauptsächlich auf die Bedeutung dieses Wortes schauen oder auf die Person, zu der man das Gebet spricht, oder auf die Niedrigkeit seiner selbst oder auf den Unterschied von so großer Hoheit zu so großer Niedrigkeit. Und nach derselben Form und Regel soll man bei anderen Worten des Vaterunser vorangehen...«[3]

Auch die christliche Ostkirche kennt eine Gebetsweise, die die Atmung einbezieht, nämlich das »Jesusgebet«, das der russische Pilger aus dem Buch »Philokalia« lernte. Der Betende spricht bei jedem Atemzug: »Herr Jesus, der Christus, erbarme dich meiner!« Das Jesusgebet ist wie die von Ignatius gelehrte Meditationsweise durch die Wahl der rezitierten Worte als christliches Beten ausgewiesen.

Für die Grundübung der Zen-Meditation ist die Einfügung eines buddhistisch geprägten Wortes nicht wesentlich. Die Übung hat, auch ohne die spezifische Bestimmung durch ein Wort, ihren Wert als Humanum von allgemein gültiger Bedeutung. Wenn in der Meditation Wort oder Wortgefüge fehlen oder neutral bleiben, kann man von einer säkularen Meditation sprechen. In der zen-buddhistischen Grundübung ist nicht jeder religiöse Bezug abgeschnitten. Der existentielle Charakter der Übung weist auf die religiöse Dimension hin, die, wenn nicht notwendig, so doch zumeist vom Übenden erfahren wird. Der Mensch weiß, wenn er bewußt atmend seine fundamentale Lebenstätigkeit vollzieht, um seine Existenz und deren wesentlichen religiösen Bezug. Wie sie im Buddhismus geübt wird, ist die Zen-Meditation in Intention und Vollzug religiös bestimmt. Dies widerspricht nicht ihrem allgemein humanen Charakter, der verschiedene Ausrichtungen zuläßt.

Die Universalität, die der Grundübung der Zen-Meditation eignet, beruht vornehmlich auf dem ihr zugrunde liegenden Menschenbild, dessen Mitte die Polarität ist und das in der Atmung zum Vollzug kommt. Dieses Menschenbild ist dem Westen nicht fremd. Sein Kronzeuge ist Goethe, dem wir die klassischen Verse verdanken:

> »Im Atemholen sind zweierlei Gnaden:
> Die Luft einziehen, sich ihrer entladen;
> Jenes bedrängt, dieses erfrischt;
> So wunderbar ist das Leben gemischt.
> Du danke Gott, wenn er dich preßt,
> und danke ihm, wenn er dich wieder entläßt.«

In den letzten Versen klingt das Religiöse an, das bei Goethe mit seinem polaren Menschen- und Weltbild zusammengeht. Dem Menschen ist eine Ganzheit zugesprochen. Im engeren, vom Christentum geprägten religiösen Bezirk zieht sich durch die Jahrhunderte eine Tradition der »Theologie des Herzens« (*theologia cor-*

dis), deren Denker die Einheit der intellektuellen und affektiven Vermögen des Menschen lehren und dem Herzen, dem Prinzip der menschlichen Ganzheit, den Vorzug geben. Diese christlichen Humanisten betonen die Einheit von Geist und Körper und heben oft die Wichtigkeit der Kultur des Leibes hervor.

Heraus ragt unter den christlichen Menschenbildnern in diesem Jahrhundert Romano Guardini, der schon 20 oder 30 Jahre vor der Rezeption der zen-buddhistischen Meditation im Westen Elemente fernöstlicher Geistigkeit in seinen geistlichen Übungen zur Geltung brachte, die er auf Burg Rothenfels mit Schülerinnen und Schülern veranstaltete. Ein Abschnitt seiner Biographie, überschrieben »Entdeckung des Leibes« berichtet von der Burgtagung im August 1924, bei der sich ein Arbeitskreis mit dem Thema »Gymnastik und Rhythmik befaßte[4] Als die jungen Menschen in Engpässe gerieten, riefen sie den Leiter der Tagung zu Hilfe. Guardini brachte bedeutsame Klärungen in die Diskussion ein. Rhythmik habe, so führte er aus, »mit dem Schwingen des Körpers, einem Spüren des Kosmischen, dem Kult der Schönheit zu tun«, Gymnastik »mit dem Lösen des Körpers, das frei, froh, gesund mache«. Er mahnt, bei der Rhythmik nicht ins Ästhetische abzugleiten. Gymnastik bejaht er vollauf. Bei der Diskussion des Arbeitskreises ging es offensichtlich darum, welcher der zwei Übungen der Vorzug gebühre. Dazu Guardini: »Wir sollen schlicht und einfach Gymnastik üben. Doch dürfen wir denen, denen Rhythmik mehr ist, nicht mißtrauen. Ebenso müssen diese den anderen ihr Recht lassen, sie nicht als Spießer verachten.«[5]

Einen Schritt weiter führen die geistlichen Übungen, die Guardini mit großer Beteiligung »zum ersten Mal im Herbst 1930 auf Burg Rothenfels gehalten« und in den Jahren 1931 und 1932 wiederholt hat. Er hat die Unterweisungen, Vorträge, Ansprachen und Meditationen der Übungstage selbst schriftlich festgehalten und in ergänzter Form veröffentlicht[6]. Beim Durchlesen des Buches »Wille und Wahrheit« kann man etwas von der Atmosphäre spüren, die Guardini, ein geistlicher Lehrer von hohem Rang, zu schaffen

130

wußte. Stille, Schweigen, Sammlung, zur Ruhe kommen, Einsamkeit Gegenwärtigsein, Absichtslosigkeit, diese Stichworte, die immer wieder zum Tragen kommen, haben einen den Weisheitslehrern Asiens verwandten Klang. Den ganzheitlichen Charakter der Übung stellen die einführenden Worte außer Frage: »Daß es sich um Übung handelt; also nicht um Denken, sondern um Tun. Auch um Denken; richtiger um lebendiges Erkennen, worin Anschauung, inneres Erfahren und verstandesmäßiges Begreifen in eins gehen.«[7] Denken und Erkennen sind nicht ausgeschlossen, treten aber, ins Ganze eingebettet, eher zurück.

Guardini lehrt in den geistlichen Übungen gegenständliche Meditation. Ungegenständliche Meditation gehört nach seiner Ansicht in den Eigenbereich der Mystik. Wo er konkret in das Meditieren einführt, zeigt er das Schweigen und zur Ruhe kommen als dessen Urbedingungen auf und beschreibt den Vorgang als ein ganzheitliches Geschehen: Die Meditation ist »wie der Rhythmus eines lebendigen Ganzen: Einatmen und Ausatmen, Insichziehen und Hingeben. Dieses Ganze heißt Liebe. Was an der Meditation ›Übung‹ ist, ›Technik‹, hat nur den Sinn, den heiligen Rhythmus der Liebe zu lösen.«[8] Der Leib-Seele-Dualismus ist überwunden. »Die Seele ist im Leib lebender Geist, auf diesen bezogen, aus ihm empfangend, in ihm sich auswirkend.«[9]

Die Sicht anthropologischer Ganzheit leitet Guardini bei der Gestaltung seiner geistlichen Übungen. Wichtig sind ihm Gymnastik und Atmung. »Der Atem ist«, wie er den Übenden sagt, »ein Zwischenglied, wodurch das Leben der Seele und des Leibes ineinander wirken. Wenn ich aus klarem Gemüt den Atem froh, still und tief gehen lasse, tut das dem ganzen Körper wohl, und kann manche Beschwerde heben. Umgekehrt wird ein voll und freudig gehender Atem Geist und Herz befreien.«[10] Der Atem hat auch einen kosmischen Bezug: »Er ist jener Rhythmus, worin der Mensch mit der Weite des Raumes, mit dem Meer der Luft, mit dem umgebenden Ganzen in Beziehung steht.«[11] Auch das Sprechen und Singen haben einen Ort in den Übungen, wobei »es sich

131

nicht um die ›Seele‹, sondern um den Menschen in seiner lebendigen Einheit handelt, um Leib also und Seele als Ganzes«.[12] Rechtes Sprechen und Singen werden »zu einer guten Macht, die innerlich anrührt und löst«.[13]

Die Nähe der geistlichen Übungen zum Zen-Weg versteht sich aus Guardinis Grundhaltung. Lösen, Wachsen, ganz besonders Absichtslosigkeit sind aufschlußreiche Schlüsselworte. Wir wissen nicht genau über seine Kenntnisse des Buddhismus. Der oft zitierte klassische Text aus seinem Christusbuch »Der Herr« bezeugt seine Begegnung mit der Buddhagestalt. Wahrscheinlich kannte er den Pâli-Kanon (zumindest im Auszug), wohl kaum das Meditationssutra (Pâli: *Sati-patthâna-sutta*) es hat keine Spur hinterlassen [14]. Die geistlichen Übungen Guardinis gehen wie ein einzigartiges Pionierwerk der Rezeption fernöstlicher Meditation im Westen voraus.

In der christlichen Spiritualität des Abendlandes wurden, wie der japanische Karmelit Okumura Ichiro bemerkt, die körperliche Seite des Geistes und die geistige Seite des Körpers lange Zeit vernachlässigt«[15]. Die Vernachlässigung ist schwer entschuldbar. Zu erklären ist sie vornehmlich aus dem Umstand, daß der von der klassischen griechischen Philosophie gelehrte Leib-Seele-Dualismus, durch gnostisch-manichäische Elemente verschärft, in der abendländischen Geistesgeschichte jahrhundertelang eine führende Rolle spielte und die Auswirkungen dieser Sicht sich in der christlichen Spiritualität nachteilig geltend machten. Die christliche Philosophie konnte zwar aufgrund ihrer optimistischen Seinslehre metaphysische Leibverachtung vermeiden, doch wurde in der Spiritualität dem Leib vielfach nicht der gebührende Platz zugewiesen. Nicht wenige Christen spürten den Mangel um so empfindlicher, als die technische Zivilisation unserer Tage immer deutlicher das leiblich-geistige Gleichgewicht der Menschen bedroht.

Unter diesen Umständen bietet sich die Grundübung der Zen-Meditation als Heilmittel für die spezifisch modernen Übel der menschlichen Gesellschaft an. Hektik und Angst, die Folgeerscheinungen der radikalen Technisierung und Automatisierung im Westen, wecken ernste Befürchtungen. Die Überbewertung des Rationalen für den menschlichen Fortschritt, bildlich veranschaulicht durch die berüchtigte Kopflastigkeit, die den übrigen Teil des menschlichen Körpers bedrückt und dem Ganzen schadet, läßt nach geeigneten Gegenmaßnahmen ausschauen. Christliche Geistesmänner entdeckten eine solche in der den Leib oder besser die leibliche Seite des Geistes integrierenden Zen-Übung. Daß sie richtig sahen, bedarf nach den vorhergehenden Ausführungen keines Beweises. Es genügt, die Mitte der Grundübung, das Sitzen und rhythmische Atmen, in ihrer leiblich-geistigen Bedeutung zu begreifen.

Die psychische Bemühung der Grundübung zielt auf Sammlung und Versenkung hin. Durch das Merken und Rezitieren des Wortes, auf das der Übende seine Aufmerksamkeit richtet, sucht er die in seinem Bewußtsein aufsteigenden Gedanken und Vorstellungen auszuräumen. Dôgen mahnt in seiner zum Zazen auffordernden frühen Anweisung:

»Wirf alle Bindungen von dir, beruhige die zehntausend Dinge, denk nicht an Gut und Böse, urteile nicht über richtig und falsch, halte den Lauf des Bewußtseins an, mach die Tätigkeit des Wünschens, Vorstellens, Urteilens aufhören!«[16]

Dies ist ein schwieriges, langdauerndes, schmerzliches Bemühen, das nicht sogleich gelingt. Vor dem geistigen Auge des Übenden taucht immer wieder die Bilderwelt der Vorstellungen auf, Gedanken kommen und gehen, zuweilen belästigen Halluzinationen und visuelle Erscheinungen; allerlei Störungen beunruhigen den im Sitzen nach Sammlung Strebenden. Was tun? Sich nicht kümmern um das, was aus dem »Teufelsbereich« kommt, sagt der Meister. Aber was denken? Gar nichts denken, antwortet der Meister. Dôgen schließt den oben angeführten Abschnitt mit dem praktischen Rat ab:

»Wenn ein Wunsch aufsteigt, merke ihn, wenn du ihn gemerkt hast, laß ihn fahren! Indem du lange übst, vergissest du alle Bindungen und kommst von selbst zur Sammlung.«[17]

Dieser Rat ist ganz im Sinne der frühbuddhistischen Meditationspraxis, die die volle, friedsame Beruhigung des Geistes anstrebt. Dôgen bringt in einer späteren Redaktion des Textes ein weiterführendes Kôan ein. Die Zen-Übung begnügt sich nicht mit der geistigen Konzentration, sondern führt weiter.

Die Grundübung der Zen-Meditation weist über sich hinaus, sie kommt in der ersten Phase nicht zum Abschluß, aber bleibt im ununterbrochenen Vollzug wirksam. Die leibliche Seite der Übung gipfelt in der Atmung und betrifft zunächst diesen im Hocksitz übenden Menschen, kann sich aber gemäß der ihr innewohnenden kosmischen Dimension ausweiten. Der Atem des Mikrokosmos Mensch hängt zusammen mit dem kosmischen Atem des Universums.

Der Kosmos wird im fernöstlichen Denken als lebendiges Ganzes begriffen, das atmet und atmend lebt. »Alles, was existiert, ist nur die Bewegung des Atems«, erklärt der Zen-Meister Suzuki Shunryû. Bei der Zen-Praxis, so führt er aus, »folgt unsere Aufmerksamkeit immer unserer Atmung. Wenn wir einatmen, kommt die Luft in die innere Welt. Wenn wir ausatmen, geht die Luft hinaus zur äußeren Welt. Die innere Welt ist ohne Grenzen und auch die äußere Welt ist ohne Grenzen. Wir sagen ›innere Welt‹ oder ›äußere Welt‹, doch in Wirklichkeit gibt es einfach nur eine ganze Welt. In dieser grenzenlosen Welt ist unsere Kehle wie eine schwingende Türe. Die Luft geht hinein und hinaus, wie jemand, der durch eine Pendeltüre geht.«[18]

Die Grundübung des Zen-Weges ist nach der psychischen Seite auf Sammlung ausgerichtet. In andauernder, tiefer Sammlung vollzieht sich der Entleerungsprozeß des Geistes von allem Gedanklichen, von Vorstellungen und Begriffen. In der Zen-Tradition wird der erreichte Bewußtseinszustand durch den Ausdruck »Ohne Gedanken – ohne Vorstellungen« (jap. *munen musô*) charakterisiert. Das transzendierende Moment kommt auch in der Kôan-Übung zum Tragen.

Zen-Buddhismus und Christentum stehen, wenn sie sich im Humanum der zen-buddhistischen Grundübung, das wesentlich das Religiöse einschließt, begegnen, auf gemeinsamem Grund. Die christliche Spiritualität kann durch die Aktivierung des Leiblichen, die der Zen-Weg so überzeugend und leicht annehmbar dartut, eine wichtige Bereicherung erfahren. Die Zen-Praxis hat ja ganz allgemein den westlichen Menschen nicht zuletzt deshalb so stark angezogen, weil sie eine verhältnismäßig einfache Art der Einbeziehung des Körpers in den meditativen Vollzug lehrt. Die von vielen fernöstlichen Meditationswegen, vielleicht am vollkommensten vom Zen-Weg, vermittelte Methode hat nach einigen Jahrzehnten der Rezeption heute im Westen einen festen Platz errungen. Japanische Zen-Meister freuen sich über diesen Erfolg der Meditationsbewegung in Europa und Amerika, zu dem sie wesentlich beigetragen haben. Und gerade die besten und einsichtigsten Meister verstehen, daß die Einführung von zen-buddhistischen Meditationselementen nirgendwo einen bereiteren und für eine tiefere Begegnung geeigneteren Boden gefunden hat als im Christentum.

Ohne Gedanken – ohne Vorstellungen

Die Grundübung der Zen-Meditation aktiviert den ganzen Menschen. Körperhaltung und Sammlung sind auf die Meditation »ohne Gedanken und ohne Vorstellungen« hingerichtet. Die Zen-Meditation ist wesentlich ungegenständliche Meditation.

Wenn ein westlicher Besucher im Zen-Kloster über die Meditationsweise nachfragt, erzählt ihm der begleitende Mönch zuerst von der Haltung im Lotossitz und von der Atmung. Die Erklärungen interessieren den Besucher, aber befriedigen ihn nicht völlig. Denn er fragt weiter: »Und über was meditiert der Übende, wenn er im Lotossitz hinhockt? Was denkt er?« »Er meditiert über nichts, er denkt nichts«, antwortet lächelnd der Mönch und bleibt bei seiner Antwort, wie sehr auch der erstaunte Besucher auf weitere Erklärung drängt. Die Zen-Meditation hat keinen Gegenstand, der Übende meditiert über kein Etwas, er denkt, zumindest bemüht er sich darum, – nichts. Das Zazen ist Meditation »ohne Gedanken und ohne Vorstellungen« (jap. *munen musô*), »ungegenständliche Meditation«.

Der Gründer der japanischen Sôtô-Schule Dôgen (1200-1253), der als »Meister des Zazen« in die Geschichte eingegangen ist, besteht nachdrücklich auf diesem Wesenszug der zen-buddhistischen Meditation. In seiner ersten Schrift »Allgemeine Lehren zur Förderung des Zazen« (Fukanzazengi) mahnt er: »Laß davon ab, Erklärungen zu suchen und Worten nachzujagen! Lerne, das Licht sich zurückwenden und auf die eigene Natur scheinen zu lassen!« Wenige Zeilen später wiederholt er die Aufforderung, vom Denken abzulassen. Er weiß aus eigener Erfahrung, daß langes Üben das Vergessen aller Gegenstände bewirkt[19].

Dôgen lernte diese Meditationsweise »ohne Gedanken und ohne Vorstellungen« in China, sein Manuale der Zen-Übung ist von einer chinesischen Vorlage aus der Sungzeit (960-1279) beeinflußt. Der chinesische Meister Ch'ang-lu Tsung-tse lehrt in dem frühesten erhaltenen Handbuch der Zazen-Meditation Tso-ch'an i (verfaßt um 1100) das »Vergessen der Gegenstände«[20]. In Japan wurde Dôgens Anweisung für die Zen-Praxis maßgebend. Keizan Jôkin (1268-1325), der vierte Patriarch der Sôtô-Schule, nimmt in seinem »Merkbuch für die Übung des Zazen« (*Zazenyôjinki*) Dôgens Lehre auf und schreibt: »Beim Zazen erlöschen von selbst die Gegenstände…«[21] Das Merkbuch fand weiteste Verbreitung und wird heute noch viel benutzt.

Der klassische Text für das Wesen des Zazen als aller Gegenstände lediges Nicht-denken findet sich in einem kôan-artigen Wechselgespräch zwischen einem chinesischen Meister der T'angzeit (618-907), und seinem Jünger, das Dôgen öfters anführt:

»Als der große Meister Yüeh-shan Hung-tao da saß, fragte ihn ein Mönch: ›Was denkt man beim unbeweglichen Dahocken?‹ Der Meister sprach: ›Man denkt Nicht-denken.‹ Darauf der Mönch: ›Wie denkt man Nicht-denken?‹ Der Meister sprach: ›Nicht-denken‹.«[22]

Das Gespräch kann als Kôan verstanden werden. Dôgen findet in ihm einen adäquaten und bewegenden Ausdruck für das Wesen des Zazen. Die unbewegliche Körperhaltung (im Text japanisch: *gotsu-gotchi*; *gotsu* bedeutet wörtlich »steil«, »einsam hochragend«) ist die passende Meditationshaltung. Das letzte Nicht-Denken (jap. *hi-shiryô*) geht über Denken (*shiryô*) und das vorhergehende Nichtdenken (*fu-shiryô*) hinaus. Die zwei negativen Ausdrücke *fu-shiryô* und *hi-shiryô* sind sprachlich kaum verschieden, beide besagen schlicht die Verneinung. In dem Zwiegespräch ist der Weg des Zazen als Weg der Negation aufgezeigt, der verbunden mit der Konzentration im unbeweglichen Hinhocken die Erleuchtung bewirkt oder schon diese ist. In dieser ungegenständlichen Meditation weiß der Mensch, »ohne die Dinge zu berühren«, er sieht die Dinge, so wie sie sind.

Die ungegenständliche Meditation des Zen wurzelt in der Metaphysik des Mahâyâna-Buddhismus, die durch den Aufweis der »Leere« der Werdewelt die Lehre des frühen Buddhismus vom Nicht-Ich (jap. *muga*) zur radikalen Konsequenz führt. Die »Leere« (sanskr. *sûnyatâ*) ist der Kernbegriff der Mahâyâna-Sutren von der vollkommenen Weisheit (sanskr. *prajñâpâramitâ*). Die unfaßbar tiefe Weisheit durchschaut die »Leere« der Dinge. Alle Dinge der Werdewelt haben keine Eigennatur, sie sind »leer«. Der negative Weg bedeutet, in die Zen-Praxis umgesetzt, das Vergessen aller Gegenstände und des Ich. »Das Heil liegt«, wie Klaus Riesenhuber in seinem wegweisenden Essay über die ungegenständliche Meditation schreibt, »im Durchschauen der ›Leere‹ der Erscheinungswelt und in der dadurch ermöglichten Aufhebung des empirischen, isolierten Ich in die Einheit mit der Weite des Alls oder, tiefer, mit jenem, was als grundlegende ›Nichtzweiheit‹ (*advaita*) oder ›Nichts‹ (*mu*) und darin als das ›wahre Wesen‹, die ›ursprüngliche Natur‹ (Wesen), aufscheint.«[23]

Die im unablässigen Negieren durch die Mahâyâna-Philosophie aufgewiesene »Leere« der Erscheinungswelt begründet in buddhistischer Sicht die ungegenständliche Meditation des Zen. Wenn die

Dinge ihrem Wesen nach »leer« sind, können sie nicht einem auf Wesenserfassung ausgerichteten Subjekt als Objekte gegenüberstehen. Der Subjekt-Objekt-Beziehung kommt keine ursprüngliche, notwendige Bedeutung zu. Der ursprüngliche Geist ist von der Subjekt-Objekt-Trennung »ohne Gedanken und ohne Vorstellungen«, im Zen wird er »Nicht-Geist« (*mushin*) genannt. Die wahre Wirklichkeit ist eine. In der ursprünglichen Einheit gibt es keinen Spalt, keine Trennung, keine Dualität. Der japanische Zen-Meister Suzuki Shunryû weist darauf hin, daß die Nichtzweiheit ihre Grundlage im Prajñâ-Pâramitâ-Sutra hat, und belehrt seine Schüler, ihre Übung werde, auch wenn sie zu Anfang dualistisch sei, »immer mehr an Einheit gewinnen«[24].

Im zen-buddhistischen Verständnis der ungegenständlichen Meditation kommt die ur-buddhistische Nicht-Ich-Lehre zum Tragen. Der Übende, losgelöst vom Denken und Wünschen, von Begriffen und Begierden, von allem Haften wird der Dinge ledig und vergißt sein empirisches Ich. Der Vorgang hat seine Begründung in buddhistischem Urgestein, bedarf aber nach seiner Strukturierung keiner spezifisch buddhistischen Lehrinhalte. Wie Riesenhuber dartut, »beruht die Gegen-ständlichkeit von Gehalten auf der reflexen Selbsthabe des Ich [...] Das Ich benutzt diese Welt unterschiedener Objekte, um sich [...] seines eigenen unbedingten Selbststandes zu vergewissern. Läßt das Bewußtsein nun in einem allmählichen Läuterungsprozeß [...] den Halt am Objekt fallen, so gibt das Ich – als durch Reflexion und Objektbezug bestimmtes, im Unterschied zum tieferen wahren Selbst – sich selbst preis und sinkt in die Tiefen des Selbst oder Geistes, die vor aller Subjekt-Objekt-Trennung liegen.« Somit ergibt sich die Möglichkeit einer Geist- oder Selbsterfahrung unabhängig von »jedweder Gegenständlichkeit und konkreter Inhaltlichkeit«[25]. Diese ungegenständliche Selbsterfahrung ist eine Seinserfahrung und befindet sich in der Nähe der Erfahrung Gottes, der als Schöpfer unserem Geist innewohnt.

Das Ergebnis der in den zwei längeren Zitaten ausgedrückten Gedankengänge, die Riesenhuber in seinem Essay philosophisch exakt weiter verfolgt, ist wichtig. Die ungegenständliche Meditation erweist sich ihrem Wesen und ihrer Struktur nach als ungebunden an buddhistisches Lehrgut. Dies ändert nichts an der Tatsache, daß sie *de facto* im Zen auf dem Grund der Mahâyâna-Metaphysik entstanden ist und daß sie diesen Grund niemals verleugnet hat noch auch heute verleugnet. Aus der philosophischen Untersuchung folgt die Möglichkeit der Loslösung der Meditationsweise »ohne Gedanken und ohne Vorstellungen« aus dem buddhistischen Mutterboden. Es handelt sich bei ihm um einen Grundvollzug des menschlichen Geistes, der durch die Einbettung in eine bestimmte Religion und die Verbindung mit deren Lehrgut eine je andere Ausrichtung erhält.

Im Christentum findet sich ungegenständliche Meditation zumal bei den Mystikern, die den Weg der Beschauung und unmittelbaren Gotteserfahrung beschreiben. Sie empfehlen dem Anfänger auf dem geistlichen Weg die Vereinfachung seiner gegenständlichen Betrachtung bis zum schweigenden, liebenden Blick auf das Glaubensgeheimnis und auf die als gegenwärtig erfahrene Person des Heilbringers Christus und des ewigen Vaters. Geheimnis und Person übersteigen die Ebene des gegenständlichen Erkennens und sind unaussprechliche Wirklichkeit. Es gibt, wie die christlichen Mystiker durch Angabe von Stufen und Graden zu verdeutlichen suchen, ein Fortschreiten auf dem Weg. »Da der Geist immer weiter und vollkommener fortschreitet in wahrer Erkenntnis, wird er inne, je näher er dem Schauen kommt [...], daß das göttliche Wesen unschaubar ist. Denn da er alles zurückläßt [...] und immer tiefer dringt ins Innere, bis er mit seines Geistes Bemühen versinkt im Unschaubaren und Unfaßlichen – ›!dort sieht er Gotte‹ [...] und das heißt sehen – nicht zu sehen.«[26] Gregor von Nyssa, dem Sehen Nicht-Sehen ist, ist die ungegenständliche Meditation »ohne Gedanken und ohne Vorstellungen« wohl vertraut.

Die christlichen Mystiker beschreiben ausführlicher die Erfahrung der Wesensschau als den zu dieser hinführenden Weg. Doch verdeutlichen sie beim Aufzeigen der Stufen den Übergang von der gegenständlichen zur ungegenständlichen Meditation. Das »Gebet der Ruhe«, die unterste mystische Stufe, auf der erstmalig die auf Gegenstände bezogene Tätigkeit der Seele zum Stillstand kommt, entspricht wahrscheinlich dem *zammai* der Zen-Meditation, einer Versenkung, die noch nicht die volle Erleuchtung, aber deren Vorstufe ist.

Richard von Sankt Victor, der wie kein anderer Lehrer des Mittelalters das Wirken der menschlichen Psyche und ihrer Fähigkeiten beim mystischen Geschehen durchleuchtet, kennt eine Stufe des Überganges zur eigentlich mystischen Erfahrung, nämlich die vierte Stufe eines sechsstufigen Schemas, auf der die Einsicht, die Schaukraft der Seele, zum Zuge kommt. Durch die Einsicht gelangt der Mensch zur intuitiven Selbsterkenntnis und lernt sein eigenes Unsichtbares kennen. Diese Selbstintuition ist eine Vorstufe und Schwelle zur Gottesschau. »Zuerst lerne der Mensch sein Unsichtbares zu erkennen, bevor er sich unterfange, das Unsichtbare Gottes erfassen zu wollen. Das erste ist, daß du das Unsichtbare deines Geistes erkennst, bevor du fähig werden kannst zur Erkenntnis des Unsichtbaren Gottes.«[27] Und: »Aus der Schau des Lichtes, über das er in sich staunt, wird der Geist in wunderbarer Weise entzündet und befähigt, das Licht zu schauen, das über ihm ist.«[28]

»Die Selbstintuition geschieht ohne jegliche Art der Vermittlung, sie ist ein Schauen, das »nach Ausschaltung des Sinnlichen allein auf das Geistige gerichtet ist [...] In dieser Schau bedient sich der Menschengeist der reinen Einsicht, und nach Ausschaltung allen Dienstes durch die Vorstellung kennt unsere Einsicht, wie es scheint, erst in dieser Tätigkeit sich selbst durch sich selbst.« Und in einem späteren Kapitel: »... Dieses Schauen übersteigt alle Vorstellung, stimmt keiner Vermischung zu, schaut allein auf das Unsichtbare und strebt allein nach dem Unsichtbaren.«[29]

Die von Richard von Sankt Victor so beredt geschilderte Meditationsweise der vierten Stufe ohne jede Beimischung von Gegenständen aus der sichtbaren Welt verdient im Hinblick auf die Zen-Meditation Beachtung wegen der Hinzielung auf das Selbst. Die im Zen in der ungegenständlichen Meditation angezielte Erleuchtung wird in Erlebnisberichten nicht selten als Selbsterfahrung bezeichnet und für die höchste vollkommene Realisierung erachtet. Denn die Selbstnatur ist nach mahâyânistischer Lehre von der Eigennatur und der Buddha-Natur, also von der absoluten Wirklichkeit, nicht verschieden.

In Meditation und Gebet erfährt die Seele, wie Christen glauben, Tröstungen, die von göttlicher Gnade herrühren. Man mag, wenn man vergleichen will, an das Dharma-Entzücken (jap. *hôetsu*) bei der Zen-Übung denken. Ignatius von Loyola mißt in seinen »Geistlichen Übungen« den Tröstungen große Bedeutung bei und erklärt ihre verschiedenen Ursachen und Wirkweisen. Am tiefsten reicht, so führt er aus, ein Trost ganz »ohne Ursache«, und er fährt fort: »Ich sage ›ohne Ursache‹, d.h. ohne irgendwelche vorhergehende Wahrnehmung oder Erkenntnis eines Gegenstandes, wodurch der Seele eine solche Tröstung mittels der eigenen Verstandes- und Willenstätigkeit zuteil würde.« Solche ungegenständliche Tröstung kommt, wie Ignatius glaubt, von Gott, dem »allein es zukommt, der Seele ohne vorausgehende Ursache Trost zu spenden«[30]. Die Erklärer des Textes sprechen hier von einer mystischen Tröstung. Der Übende, der diese erfährt, betet »ohne Gedanken und ohne Vorstellungen«. Daß Ignatius diese Gebetsweise vertraut war, bestätigen seine Tagebücher. Seine geistlichen Übungen sind zur ungegenständlichen Meditation und zu höheren Stufen geistlicher Erfahrung hin offen.

Die wenigen angeführten Beispiele zeigen, daß ungegenständliche Meditation einen Platz in der christlichen Spiritualität einnimmt. Dies wird noch deutlicher werden, wenn wir später die zen-buddhistische Erleuchtung im Licht der negativen Theologie mit christlichen Erfahrungen vergleichen. In ihrem Höchstvollzug berührt die ungegenständliche Meditation die tiefste Schicht des menschlichen Geistes. Die Zusammenordnung dieser Meditationsweise mit dem christlichen Offenbarungsglauben ist, wie Riesenhuber aufweist, durchaus möglich. »Ungegenständliche Meditation ist nämlich [...]

dadurch, daß sie sich selbst nicht thetisch reflektieren kann, für verständnisvolle Interpretation offen, ja verlangt nach ihr, weil die Versenkung nur ein Teilvollzug des Menschseins sein kann, das sich in allen seinen Vollzügen reflexiv zu verstehen hat.« Und er zeigt die Möglichkeit des Zusammen der zwei Haltungen: »Die Hingabe an das unbedingte Geheimnis im Grunde des Geistes zieht nicht von seiner Offenbarkeit im Menschen Jesus ab, sondern ordnet auf sie hin und erschließt sie dem Verständnis (vgl. Joh. 6,45), wie umgekehrt geschichtliche Offenbarung das meditative Bemühen bekräftigt, sofern es beider gemeinsamer Sinn ist, unter Leitung des Geistes in die Tiefen Gottes einzuführen (vgl. 1 Kor. 2,10).«[31] Es besteht also kein Grund zu bezweifeln, daß ungegenständliche Meditation und christlicher Offenbarungsglaube miteinander vereinbar sind und im Zusammengehen wertvolle Früchte bringen können.

Die Einwände, die nicht selten gegen die Übung ungegenständlicher Meditation, speziell zen-buddhistischen Meditation, erhoben werden, haben ihre Begründung zumeist weniger im Prinzipiellen als vielmehr in der Annahme, eine solche Meditationsweise führe notwendig zur Vernachlässigung, ja zur Aufgabe wesentlicher christlicher Frömmigkeitsübung. Offenkundige Tatsachen erweisen die Grundlosigkeit dieser Befürchtung.

Werfen wir zuerst einen Blick auf Äußerungen zen-buddhistischer Frömmigkeit! Seit alters sind Sutrenrezitation und Kult in den Tageslauf des Zen-Klosters eingebaut. Westliche Besucher, zumal Religionswissenschaftler, zeigten sich nicht wenig erstaunt, als sie im Zen-Tempel einer vom Abt mit großer Assistenz ausgeführten feierlichen Kultzeremonie beiwohnen konnten. Aus der Zen-Literatur kannten sie Episoden vom Verbrennen einer Buddha-Statue durch einen Zen-Meister oder einer heiligen Sutra durch einen zur Erleuchtung erwachten Zen-Jünger. Also gibt es, so meinten sie, im Zen-Buddhismus, dieser Schule außerhalb der Schriftüberlieferung, keine äußere religiöse Handlung. Nun kommen aber die Zen-Mönche im Kloster täglich zur Sutrenrezitation vor dem Buddha-Bild zusammen und feiern zuweilen, wie z.B. beim Empfangen der

Bodhisattva-Gelübde, ein elaboriertes Zeremoniell mit vielen Prostrationen und anderen symbolischen Gesten. Solches paßt ebenso wenig in die landläufige Vorstellung westlicher Menschen vom Zen wie die persönlichen Frömmigkeitshaltungen, die Zen-Übende in ihren Erfahrungsberichten bewegend beschreiben[32]. Schließlich ist aus der Geschichte des Zen-Buddhismus zu vermerken, daß die japanischen Zen-Schulen während der Jahrhunderte immer wieder das Eindringen des beim Volk beliebten Nenbutsu, nämlich der Anrufung des Buddha-Namens, sowie magischer Riten aus der Shingon-Schule abwehren mußten.

Der Einwand läßt sich insofern urgieren, als die angeführten äußeren Frömmigkeitsübungen keine wesentlichen Bestandteile des Zen-Weges ausmachen; sie sind als »leer« entlarvt. Dies stimmt, aber hier ist offensichtlich die Reflexion angesprochen. Gemäß der zen-buddhistischen Weltanschauung, die auf der Metaphysik der Mahâyâna-Sutren aufruht, sind alle äußeren Vollzüge vorläufig, der Übende darf an keinem haften.

Weniger noch als Buddhisten, ja keinesfalls können Christen auf äußere Frömmigkeitsübung verzichten. Wenn sie ihre Übung reflektieren, erkennen sie, daß, wie das obige Zitat besagt, »Versenkung nur ein Teilvollzug des Menschen sein kann«. Andere wesentliche Vollzüge sind unerläßlich. Konkret heißt dies, Christen können auf das persönliche Gebet und auf die sakramentale Frömmigkeit nicht verzichten. Christliche Meditationsleiter fügen denn auch in den Tageslauf eines Kurses die Eucharistiefeier ein. Die Erfahrung zeigt, daß christliche Zen-Schüler, die ernsthaft üben, oft zu einem tieferen persönlichen Gebetsleben hinfinden und die heilige Schrift neu zu lesen beginnen. Um den christlichen Charakter der Übung zu artikulieren, geben manche Leiter ein christliches Stichwort mit auf den Weg oder stellen ein Christusbild in die Mitte des Meditationsraumes. Notwendig ist solches nicht. Ob es hilfreich und ratsam ist, wird verschieden beurteilt. Hier beginnt innerhalb der Zen-Meditation für Christen die Pluralität, die sich mehr und mehr in vielfacher Hinsicht zeigt.

In der christlichen Tradition ist ungegenständliche Meditation meistens mit mystischer Begnadung verbunden. Daraus folgt aber nicht, daß sie nicht auch von Anfängern auf dem geistlichen Weg mit Nutzen geübt werden kann. Gerade dies scheint das von Christen erfolgreich geübte Zazen zu lehren. Diese Meditation radikaler Bewußtseinsleere bewirkt, wie nicht wenigen Berichten entnommen werden kann, vorzüglich eine tiefreichende innere Reinigung. Es ist, als ob viel Schmutz und unnützer Ballast von der Seele abfiele, ohne eine Spur zu hinterlassen.

Die ungegenständliche Meditation kann in der christlichen Spiritualität gegenständliche Kontemplation nicht ersetzen. Das Zentrum christlichen Betens ist wesentlich das Christusgeheimnis und die Offenbarung. Die Zen-Meditation »ohne Gedanken und ohne Vorstellungen« nimmt für den Christen nicht die Stelle der christlichen Kontemplation ein. Diese ist dialogisch geprägt, bis das gegenständliche Gegenüber auf höheren Stufen in die *unio mystica* einmündet. Ein Einwand gegen die ungegenständliche Meditation als solche läßt sich jedoch vom christlichen Standpunkt aus nicht begründen. Bei ungleicher Intentionalität und Motivation bieten Zen-Buddhisten und Christen während der Meditation »ohne Gedanken und ohne Vorstellungen« das gleiche Erscheinungsbild.

Das Kôan

Bei der Rezeption des Zen im Westen war das Kôan von der ersten Stunde an ein Gegenstand der Verwunderung. Die genaue Funktion dieser Übung blieb lange Zeit ungeklärt und ist bis heute nicht völlig aufgehellt. Westliche Menschen taten sich schwer, in den rätselhaften, paradoxen Wechselgesprächen zwischen Zen-Meistern und deren Jüngern, in den Aussprüchen der Altmeister, den Episoden aus dem Leben der Zen-Klöster und den Anekdoten der Frühzeit einen vernünftigen Sinn zu erkennen. Suzuki Daisetsu, der große

Lehrer des Zen im Westen, hatte durch den zweiten Band seiner dreiteiligen Essaysammlung schon früh (1933) die Aufmerksamkeit seiner Leser auf das Kôan gelenkt und dessen Wichtigkeit herausgestellt. Dem war die von Rudolf Otto mit einem Geleitwort ausgezeichnete erste Anthologie von Zen-Texten in westlicher Sprache vorausgegangen, die zur Hauptsache Kôan-Beispiele der repräsentativen Sammlungen Hekiganroku und Mumonkan enthält[33]. Die Zen-Meditation wurde im Westen von Anfang an in enger Verbindung mit der Kôan-Übung gesehen.

Dieser Umstand brachte wegen unliebsamer Modeerscheinungen, die schon bald auftraten, die Zen-Meditation bei westlichen Religionswissenschaftlern vielfach in Mißkredit. Die Hippie-Generation im Amerika der 60er Jahre praktizierte allen möglichen Unfug unter dem Markenzeichen des Zen, Beatles und Beatniks ergötzten sich an den neuartigen, exotischen Scherzrätseln der Kôans. Durch den Zusatz von Drogen erreichte der Mißbrauch einen Tiefpunkt, der nie gänzlich überwunden wurde. In unseren Tagen verwechselt Douglas R. Hofstadter, der Autor des dickleibigen Buches »Gödel, Escher, Bach – ein endlos geflochtenes Band« absichtlich den griechischen Philosophen Zeno von Elea mit dem sechsten chinesischen Zen-Patriarchen (jap. gelesen *Enô*) und parodiert das klassische Gespräch zwischen Achilles und der Schildkröte mit dem berühmten Kôan, in dem der Patriarch (Enô) den Streit zweier Mönche, ob die Fahne oder ob der Wind sich bewege, schlichtet: »Es ist nicht der Wind, der sich bewegt, es ist nicht die Fahne, die sich bewegt, der Geist bewegt sich.« Zeno entdeckt in dem Kôan seinen Lehrsatz: »Motion unexistiert.«[34] Janwillem van de Wetering, ein bekannter holländischer Autor von Kriminalromanen, der seine Lebenserfahrung durch den Aufenthalt in einem Zen-Kloster bereicherte, erzählt in zwei Büchern »Der leere Spiegel« und »Ein Blick ins Nichts«, wie ihn sein Meister, nachdem er sich achtzehn Monate lang mit dem Kôan vom Ton der einen Hand vergeblich geplagt hatte, beim Abschied mit der Bemerkung entließ, am Ende des Weges werde er sehen, »daß Erleuchtung ein Witz ist.«[35]

Inzwischen belehrt eine umfangreiche Literatur in westlichen Sprachen über das Kôan, aber keineswegs sind alle Mißverständnisse ausgeräumt. Kôan (chin.: *kung-an*) bedeutet sprachlich »öffentlicher Aushang« oder »öffentliche Bekanntmachung«. Der ursprüngliche Wortsinn blieb weithin unbeachtet. Im modischen Zen verwandte man das merkwürdige Wort großzügig für jegliche Art von Rätsel und Paradox, heute ist es Allgemeingut im Sprachschatz vieler westlicher Länder. Zugegebenerweise ist die genaue Beschreibung der komplexen Bedeutung des Wortes *kôan* schwierig. Es empfiehlt sich, den Anfängen des Kôans in der Geschichte des Zen-Buddhismus nachzugehen[36].

Im Kôan, wie es im Zen-Buddhismus verstanden wird, ist bewußt oder unbewußt, ein Moment der Frage und des Zweifels enthalten. Der Zen-Übende ist ein Sucher des Weges, er wendet sich um Führung und Hilfe an den Meister. Der erfahrene, kreative Meister weiß dem Jünger die ihm gemäße Antwort zu geben, die der Frager unauslöschlich seinem Gedächtnis einprägt. Aus dieser Anfangssituation – so dürfen wir vermuten – ist das Kôan entstanden. Die schlagenden, knappen Antworten der Zen-Meister wurden im Jüngerkreis weitergegeben. Gegen Ende der T'angzeit erfreute sich das Kôan in den Häusern von Unmon und Rinzai, beide ausgezeichnet durch schöpferische Originalität, geläuterte Humanität und literarischen Reiz, wachsender Hochschätzung. Yün-men Wen-yen (jap. Unmon Bun'en, 864-949) tritt von allen Zen-Meistern am häufigsten in den Beispielen der großen Sammlungen auf. Die nach ihm benannte Gemeinschaft wurde später von der Rinzai-Schule absorbiert, die im China der Sungzeit die vorherrschende Stellung innehatte. Nan-yüan Hui-yung (gest. 930) in der dritten Generation nach Lin-chi (Rinzai), brauchte nachweislich als erster die Worte früher Meister nach Kôan-Art bei der Hinführung zur Erleuchtung.

Das Kôan ist eine chinesische Erfindung und trägt die typischen Merkmale der chinesischen Geistigkeit. Während der Inder das Wesen der Wirklichkeit in und über den Dingen sucht, findet der Chinese die Tiefenschichten im Alltag. Die Entstehungsgeschichte

146

des Kôans in China zeugt von der schöpferischen Kraft der Altmeister und von ihrer konkreten Lehrweise. Die Kôan-Übung hatte ihre erste Blütezeit in China während der Sungperiode. Heraus ragen drei Gestalten von verschiedenem Charakter, aber gleicher außerordentlicher Qualität. Hsüeh-tou Ch'ung-hsien (980-1052), ein Meister aus der Unmon-Schule und Dichter von hohem Rang, faßte die Quintessenz der hundert Kôan des Hekiganroku in Verse. Dazu schrieb hundert Jahre später der bedeutende Rinzai-Meister Yüanwu K'o-ch'in (1063-1135) wertvolle Erklärungen und Kommentare. Durch dessen Jünger Ta-hui Tsung-kao (1089-1163) erlangten die Kôans weiteste Verbreitung. Damals artikulierte die Rinzai-Schule ihren dynamischen Charakter im Gegensatz zur quietistischen Tendenz der Sôtô-Schule in dem heftigen Streit zwischen dem »Zen des Sehens auf das Kôan« (jap. *Kanna-Zen*) und dem »Zen der schweigenden Erleuchtung« (jap. *Mokushô-Zen*).

Die Beliebtheit der Kôan-Praxis während der Sungzeit beweist nicht unbedingt deren Wirkkraft im Sinne des Zen. Die nachfolgenden Generationen, die sich des Kôans bedienten, vermochten die schöpferischen Kräfte der Altmeister nicht zu erreichen. Ruth Fuller Sasaki nennt in ihrem aufschlußreichen Essay zwei Ursachen für das Absinken der Zen-Bewegung während der Sungzeit, nämlich »das Nachlassen des hohen Niveaus kreativer Genialität, die die früheren Meister besaßen, und das starke Anwachsen an Zahl mit entsprechender Verminderung an Qualität der Mönche und Laienstudenten, die zu Hunderten, ja zu Tausenden einzelnen Klöstern zuströmten, um sich von besonders geachteten Meistern unterweisen zu lassen.«[37] Den gleichen Vorgang beschreibt Suzuki Daisetsu, der Herold der Kôan-Praxis. Dabei weist er dem Kôan eine ambivalente Rolle zu. »Das aristokratische Zen«, so schreibt er, »verwandelt sich in ein demokratisches, sytematisiertes und bis zu gewissem Grade mechanisiertes Zen. Dieses bedeutet zweifellos eine Verschlechterung, aber ohne diese Neuerung möchte das Zen wohl lange Zeit früher ausgestorben sein. Die Technik der Kôan-Übung rettete das Zen als einzigartiges Erbe fernöstlicher Kultur.«[38]

Es ist wichtig festzuhalten, daß die Kôan-Übung lediglich eine Methode, freilich eine mit dem Wesen des Zen eng verknüpfte, äußerst wirksame Methode auf dem Zen-Weg ausmacht. »Meditation bleibt die Grundübung«, erklärt Ruth Fuller Sasaki und fährt fort: »Die verschiedenen Schulen des Zen entwickelten verschiedene Arten der Geistesschulung während der Meditation, aber in allen Schulen ist der Hauptweg zur Erlangung des Satori die Meditationspraxis in der Haltung, in der Buddha Shâkyamuni saß, als er zur Erleuchtung erwachte.«[39] Im Rahmen der Meditation ist das Kôan eine einzigartige Methode, die sich vom Rinzai-Haus her in vielen Zweigen des Zen-Buddhismus verbreitete. Die seit der Einführung beider Schulen in Japan mit der Rinzai-Schule rivalisierende, auf Dôgen zurückgehende Sôtô-Schule verwirft das Kôan nicht; Dôgen selbst war seit seiner Lehrzeit in China mit den Kôan wohl vertraut. Andererseits haben berühmte Rinzai-Meister wie z.B. Bankei Yôtaku (1622-1693) einen Zen-Weg ohne Kôan beschritten und gelehrt. Während der Neuzeit gab der berühmte Rinzai-Meister Hakuin Ekaku (1685-1768) der Kôan-Praxis einen neuen, bis heute anhaltenden Aufschwung. In seiner Schule wurden die Kôans ihrer Art nach katalogisiert und ins System gebracht. Die heute gebräuchliche Kôan-Übung geht auf sein Reformwerk zurück.

Die Systematisierung der Kôan-Arten in der Schule Hakuins brachte keine Vereinheitlichung der Praxis zustande. Seit den Anfängen bestehen gravierende Unklarheiten bezüglich der konkreten Handhabung der Kôans durch die Meister, ein Mangel, der bis heute nicht behoben ist. Den Meistern lag vermutlich wenig daran, den ungeheuren, beständig wachsenden Reichtum an Kôan-Material zu bewältigen. Vielmehr fühlten sie sich ermächtigt, ihre Jünger nach eigenem Gutdünken zu führen. Sie gaben weiter, was sie selbst gelernt hatten, allgemein nützliche Weisungen, dem einzelnen mehr oder weniger angepaßt. Am deutlichsten tritt die Schwierigkeit hervor, wenn es sich um die Beurteilung des Fortschrittes des Übenden und schließlich um die Anerkennung der Lösung des

Kôans handelt. Das Kriterium ist die Erlangung der angezielten Bewußtseinslage, die durch die konkrete Übung auf verschiedene Weise erreicht wird.

Die Übung beginnt, wie wir sahen, mit der Regelung von Sitz und Atmung und der Bemühung um Sammlung, der das Merken der Atmung dient. Als weitere Hilfe zur Sammlung wird dem Übenden ein Wort gegeben, auf das er seine Aufmerksamkeit konzentrieren kann. In vielen Fällen ist dieses Wort MU (wörtlich: nicht, Nichts), das Kennwort des ersten Kôans der Sammlung Mumonkan. Die Konzentration ist Vorbedingung der Übung, aber die Kôan-Übung als solche geht über bloße Konzentration hinaus. Das erste Beispiel des Mumonkan, ein Wechselgespräch zwischen Meister und Jünger, lautet im vollen Wortlaut: »Ein Mönch fragt den Chao-chou: ›Hat auch ein Hund die Buddha-Natur?‹ Chao-chou antwortete: »Mu'.« Das Gespräch enthält offensichtlich ein kognitives Element. Die Frage nach der Buddha-Natur des Hundes kann mit »ja« oder mit »nein« beantwortet werden. Es liegt nahe, daß der Übende sich um eine rationale Lösung bemüht. Aber vergeblich. Eine intellektuelle Lösung des Kôans genügt nicht, mögen auch manche Kôan-Beispiele eine kognitive Lösung plausibel erscheinen lassen.

Die intellektuelle Lösung vermag die in der Kôan-Übung angezielte Bewußtseinsveränderung nicht zu bewirken, weil sie auf der Ebene der Zweiheit von Subjekt und Objekt verbleibt. Der Übende, der das Kôan als Objekt empfangen hat, beschäftigt sich mit diesem Objekt und sucht nach der entsprechenden objektiven Antwort. Manche Kôan-Fragen: »Was ist der Buddha?«, »Was ist der Weg?« oder »Welches ist der Sinn des Kommens des ersten Patriarchen (Bodhidharma) vom Westen?« betreffen im Zen-Verständnis die letzte Wirklichkeit. In den Beispielen lauten die Antworten recht banal »Drei Pfund Hanf«, »Ein ausgetrockneter Schmutzspatel« oder »Der Lebensbaum vor dem Garten«. Ein Grund für den unlogischen Charakter dieser Beispiele sind die verschiedenen Ebenen von Frage und Antwort. Die Schwierigkeit läßt sich rational ausräumen durch die Erwägung, daß gemäß der Mahâyâna-Metaphysik die höchste Wahrheit alle Ebenen einschließt. Folglich trifft, so folgert der denkerische Vorgang, jede Antwort. Aber solches Denken bleibt im rationalen Bereich, der im Erreichen einer neuen Bewußtseinsstufe durchbrochen werden muß.

Das Durchbrechen der rationalen Sphäre ist nicht leicht zu erreichen. In der Zen-Literatur ist der psychologische Prozeß oft geschildert worden. Da seine intellektuellen Kräfte nichts auszurichten vermögen, fühlt sich der Übende ratlos, wie in engem Raum eingesperrt. Er rennt immer wieder gegen die gleiche Wand an und sucht nach dem Ausweg, und doch steht die Tür offen. Die Wand gibt nicht nach. Um das Offene zu sehen, ist eine Wendung von 180 Grad erforderlich. Suzuki Daisetsu hat in seinem frühen Essay den Prozeß nach dem Schema von Akkumulation, Saturation und Explosion beschrieben. Andere Zen-Meister kennen den milden Vergleich vom Küken, das innen so lange an die Eierschale pocht, bis diese aufspringt. Der Kompilator der Mumonkan-Sammlung Wu-men Hui-k'ai spricht von der Qual eines Übenden, dem es so ist, als habe er einen glühenden Eisenball verschluckt, den er ausspeien möchte, aber nicht ausspeien kann. Die spannende Passage schließt mit der Bemerkung: »Nach geraumer Weile kommt es, wenn der Zeitpunkt reif ist, von selbst äußerlich und innerlich zu einem Zustand der Einheit.«[40]

Die letzte Zeile des Textes enthält die wichtige Auskunft, daß das Kôan gelöst ist, »wenn der Zeitpunkt reif ist«. Das heißt, wie Ruth Fuller Sasaki erklärt: »Das Kôan ist gelöst, wenn die Bewußtseinslage erreicht ist, die das Kôan zu beleuchten beabsichtigt«[41]. Diese Bewußtseinslage ist, wie Meister Hui-k'ai sagt, »ein Zustand der Einheit«. Dem Übenden ist das Kôan als Studien- und Übungsobjekt aufgegeben, damit er es sich so aneignet, daß es ihm nicht mehr als Objekt gegenübersteht. Das Kôan lösen heißt »Einswerden mit dem Kôan.«

Zum Einswerden verhilft das beständige Anschauen des Kôans. Der Zen-Buddhismus bringt hier die Weisheitskraft der Prajñâ ins Spiel, die schaut, ohne einen Gegenstand zu sehen. Der japanische Philosoph und Semantiker Izutsu Toshihiko erklärt den Vorgang nach der psychologischen und semantischen Seite: »Im Zustand der tiefen, zugespitzten Konzentration muß der Student das MU dauernd und intensiv anschauen, dabei das Wort MU laut oder still für sich wiederholen, bis endlich sein ganzer Geist und Körper verloren geht und sich in den Zustand begibt, der mit dem Wort MU bezeichnet wird, das heißt, bis er endlich den Bewußtseinszustand jenseits der Entzweiung in Objekt und Subjekt erreicht, in dem sich Jôshû (chin. Chao-chou) selbst befand, als er das Wort MU aussprach. […] Der besondere semantische Inhalt des Wortes MU (›Nichts‹) trägt auch dazu bei, in dem Studenten einen besonderen psychischen Zustand herzustellen, in dem Subjekt und Objekt in eine absolute Einheit der reinen Bewußtheit verschmolzen werden.«[42]

In der christlichen Meditation wird dieser als Einswerden mit dem Kôan charakterisierte Bewußtseinszustand nicht angestrebt. Die in der christlichen Kontemplation erreichte Einheit ist vielmehr eine liebende Vereinigung mit Gott, dem Höchsten Gut (*summum bonum*). Dennoch ist die Kôan-Methode wegen ihrer menschlichen Struktur auch für den Christen von Bedeutung. Die Einfügung dieser Meditationsmethode in den Erleuchtungsweg ist eine bemerkenswerte chinesische Leistung, deren zugrunde liegendes Moment des Fragens und Zweifelns allgemein menschlich ist. Der Zusammenstoß mit unlösbaren Fragen, die Formulierung rätselhafter, paradoxer und unlogischer Ausdrücke bis zur symbolischen Körpersprache sind Vorkommnisse des menschlichen Alltagslebens. Ist doch der Mensch seiner Natur nach ein fragendes Wesen, in seiner Existenz von Fragen und Rätseln umgeben. So kann es nicht verwundern, daß sich auch in der christlichen Tradition Episoden, Aussprüche, ja ganze Geschichtskomplexe befinden, die dem entsprechen, was in der Zen-Meditation das Kôan bedeutet.

Der irische Jesuit William Johnston hat m. W. als erster das christliche Kôan entdeckt. Er sah in den zen-buddhistischen Kôans eine Schwierigkeit, wenn nicht gar eine Gefahr für den übenden Christen, weil diese tief in den »buddhistischen Kosmos« einführen.

151

»Der Mensch, der die Kôans eines nach dem anderen löst [...] darf von sich behaupten, daß er sich das Wesentliche des Buddhismus angeeignet, in das Wesen der Dinge geblickt hat und das Leben des Buddha lebt.«[43] Diese Einsicht verursachte dem christlichen Meditationsleiter Unbehagen, wenn auch der von seinem Kôan völlig absorbierte Übende zumeist die überwiegend buddhistischen Inhalte der Beispiele kaum beachtet.

Stärker wirkte ein zweiter Antrieb. Johnston vermutete, daß auch die christliche Tradition Beispiele bietet, aus der geballten Angst und dem Widerspruch der menschlichen Existenz zu einer den Geist befriedenden Lösung zu finden. Der Schritt zum religiösen Überlieferungsgut der Bibel lag nahe. »Ich sehe es [das Kôan] als eine Hilfe zum Verständnis unserer christlichen Schrift und als einen Führer zu einer Meditation, die im biblischen Paradox gründet.«[44] Als erfahrener Exerzitienbegleiter sieht er sich in der Bibel nach Entsprechungen um und stößt auf Paulus, »einen der großen Kôan-Macher aller Zeiten«[45]. Die Bibel bietet geradezu einen Überfluß an Kôan-Material. Das Alte Testament berichtet von der merkwürdigen Erscheinung des brennenden, von den Flammen nicht verzehrten Dornbusches, die dem Mose unerklärlich ist. Schier unerschöpflich reich ist die Davidgeschichte. Jesu Worte vom Samenkorn, das in der Erde stirbt und in einem neuen Leben Frucht bringt, vom Kamel, das leichter durch ein Nadelöhr geht als ein Reicher ins Himmelreich, vom Verlieren des Lebens, um es zu gewinnen, diese und viele andere Worte Jesu können uns Heutige ebenso wie die Jünger in Staunen versetzen. Nicht wenige Parabeln der Schrift spotten der Logik, die Seligkeiten fordern in ihrer Umwertung der Werte eine radikale Umkehr.

Im Christentum ist das große Kôan das Kreuz. In einem Beispiel des Hekiganroku bezeichnet das Wort vom »Großen Tod« das neue Bewußtsein, das in der Zen-Erleuchtung durchbricht. Diese Erfahrung, so erläutert Gundert, widerfährt »Menschen, und nicht nur auf dem Boden des Buddhismus, denen alles, was sie sind und haben eines Tages zerbricht, daß es ihnen wie ein Sterben ist.[...]

Weil sie von ihrer eigenen Einsicht in die Nichtigkeit des Dasein übermannt sind, so ist dies kein unverstandenes, gefürchtetes, gehaßtes, kleines Sterben, sondern etwas Großes.«[46] Thomas Merton schreibt über diese Erfahrung: »Das ›Wort des Kreuzes‹ [...] gibt dem Christen ein radikal neues Bewußtsein des Sinnes seines Lebens und seiner Beziehung zum anderen und zur Welt ringsum.«[47] Die Identifizierung mit Christus in Kreuz und Auferstehung ist das eigentliche Geheimnis des christlichen Lebens, in Zen-Terminologie gesagt: »Durch das lebendige Sterben mit ihm bricht man zur Auferstehung und einer Jesus-Erleuchtung durch.«[48]

Das christliche Kôan hat seinen Höhepunkt im Einswerden mit Christus, dem Herrn. Der japanische Jesuit Kadowaki Kakichi lehrt ein Kôan »*Shu*« (wörtlich »Herr«), inspiriert vom urchristlichen »Kyrios«[49]. Der Übende rezitiert anstatt MU, das ihn mit dem »nicht« oder »Nichts« eins werden läßt, im Einklang mit seinem Atmen das Wort SHU, klanglich dem MU ähnlich. »Zu Beginn«, so erklärt Kadowaki, »hat die Atmung die Führung inne, aber allmählich wird das SHU zum Subjekt des rhythmischen Atmens. [...] Atem und SHU werden eins.« Der Übende fühlt sich vom Herrn umfaßt und lebt im Herrn, das Pauluswort erfüllend: »Ich lebe, doch nicht mehr als Ich, sondern Christus lebt in mir.« (Gal 2,20) Die Verchristlichung der Kôan-Übung ist nicht ohne Widerspruch geblieben, zeigt aber eine reale Möglichkeit.

Von früh an findet sich die Pluralität der Handhabung der Kôans innerhalb des Zen-Buddhismus, in den verschiedenen Schulen und Generationslinien, aber auch bei den Zen-Meistern, deren Individualität große Bedeutung zukommt. Kôan-Übung ist ohne die Führung durch den Meister (jap.: *rôshi*) im Einzelgang (jap.: *dokusan*) unmöglich, wenn nicht gar gefährlich. Im Laufe der Jahrhunderte gab es viel Auf und Ab, Extremfälle und Verfallserscheinungen. Merton warnt: »Das Kôan-Studium neigt zur Formalisierung und Institutionalisierung.«[50] Diese Beobachtung dürfte in unseren Tagen durchaus zutreffen. Wenn Hunderte von Kôans mit höchster Geschwindigkeit durchexerziert werden, ist eine Tiefenwirkung kaum zu erwarten. Die Übung wird auf das Absolvieren eines Pensums oder Programms reduziert. Hakuin's Lehre von der Beziehung zwischen Zweifel und Erfahrung bleibt unbeachtet: Wo der Zweifel stark ist, ist auch die Erleuchtung groß. Die Kôan-Methode kann vielfältig variiert werden, sollte jedoch weder zu geistloser Technik noch zu frivoler Spielerei entarten. Für die Zen-Meditation ist sie, wie eingangs erwähnt, nicht unabdingbar notwendig. Wie im Buddhismus gibt es auch bei den christlichen Zen-Meistern solche, die sich mit der Grundübung und der Meditation »ohne Gedanken, ohne Vorstellungen« begnügen. Psychologisch, religionsgeschichtlich und spirituell ist die Kôan-Methode bedeutsam, ihre vertiefte allseitige Erforschung bleibt eine wichtige Aufgabe.

Zur Deutung der Zen-Erleuchtung

In allen Hochreligionen ereignen sich spirituelle Erfahrungen, die über die Alltagsvorkommnisse herausragen und von der Religionswissenschaft in einem weiten Sinn als »mystisch« bezeichnet werden. Die Japaner verwenden dieses Wort nur mit Widerstreben für die Erleuchtungserlebnisse des Zen-Buddhismus, weil das Wort Mystik in ihrer Sprache an Esoterik erinnert. Suzuki Daisetsu äußerte wiederholt seine Abneigung gegen die Bezeichnung, aber inzwischen hat sich der Sprachgebrauch auch in Japan merklich geändert. Heute dürfen wir getrost die Zen-Erleuchtung in die von der Religionsgeschichte als mystisch bezeichneten Phänomene einordnen.

Das japanische Wort für die Zen-Erleuchtung lautet *satori* und bezeichnet dem Wortsinn nach ein übersinnliches, das gewöhnliche Denken übersteigendes Erkennen. Zen-Kreise bevorzugen den Ausdruck *kenshô*, der die Schau des Wesens oder des Selbst oder der Eigennatur meint. Überdies findet sich in der Zen-Literatur oft die chinesisch-japanische Verbindung *daigo*, wörtlich »die große

Erleuchtung«, die hervorragende Zen-Meister im Durchbruch durch schwierige Kôans erreichten.

Die Religionsgeschichte berichtet von mystischen Erfahrungen sehr verschiedener Art. In vielen Religionen kommt die Lichtmetapher vor, die die Erfahrung als eine Erleuchtung charakterisiert. Die mystische Erfahrung ist, wie die griechische Wortwurzel *myein* (abgeleitet »mysterion«) anzeigt, geheimnisvoll, buchstäblich unbegreiflich und unsagbar. Daß das Geheimnis in der Religion gründet, ist im Buddhismus ebenso wie im Christentum offensichtlich. Das buddhistische Urbild von Erleuchtung ist die Erfahrung des Stifters Shâkyamuni, der unter dem Pippala-Baum zur Buddhaschaft erwachte. Er ist der vollkommen Erleuchtete, zu dem jeder Buddhist, auch der meditierende Zen-Buddhist, aufschaut und dessen Vorbild er nachstrebt. Die Zen-Erfahrung steht somit in enger Verwandtschaft zu den zahlreichen Formen von Erleuchtung, die während einer mehr als zweitausendjährigen Geschichte in der weit verzweigten Buddha-Religion erlangt wurden.

Die zen-buddhistische Erleuchtungserfahrung ist nach jahrhundertlanger Überlieferung noch heute lebendige Gegenwart. Wir können zwar nicht mit Sicherheit sagen, daß die Erleuchtungsfälle, von denen frühe Zen-Chroniken berichten, mit den heutigen Erfahrungen in Zen-Klöstern und Zen-Hallen übereinstimmen. Doch ist die Ähnlichkeit erstaunlich groß. Die Erfahrung ist unaussprechlich. Beschreibungen in zeitgenössischen Erlebnisberichten, treffend charakterisierende Kernworte der Altmeister und aufschlußreiche Erklärungen in neueren Werken fügen sich zu einem Gesamtbild zusammen, in dem die hinführenden Vorstufen und die Nachwirkungen des Erlebens deutlich hervortreten. Die Tonlage ist recht verschieden. Manche Erfahrungen öffnen sich leise, wie eine Knospe im Verborgenen aufblüht, andere erschrecken durch die schockartige Gewalt der eruptiven Ausbrüche. In den Berichten der Übenden kehren stereotype Ausdrücke wieder, die vielleicht vom Meister herrühren. Das Gefühl der Alleinheit ist überwältigend stark. Das

»kleine Ich« ist verschwunden, das »große Ich« dehnt sich unendlich aus. Da die meisten Übenden sich intensiv mit dem Kôan vom Nichts befaßt haben, ist nicht verwunderlich, daß ihnen »alles zu Nichts« oder auch »nichts zu Allem« wird. Oft begleitet eine schier ekstatische Freude den gelungenen Durchbruch.

Tiefer in das Wesen der Erleuchtung führen erklärende Bemerkungen anerkannter Meister. Suzuki Daisetsu betont die Wende, durch die ein neuer Blickpunkt erlangt wird. Er schreibt: »Satori ist das überraschende Aufflammen einer bislang nicht einmal erträumten neuen Wahrheit im Bewußtsein. […] Religiös gesehen, ist es eine Wiedergeburt; intellektuell bedeutet es die Erreichung eines neuen Blickpunktes. Die Welt erscheint jetzt in einem neuen Gewand, das die ganze Häßlichkeit des Dualismus zudeckt, der nach buddhistischer Auffassung reine Täuschung ist.«[50] Durch den neuen Blickpunkt erscheint das All verwandelt. »Satori ist eine Art von innerer Wahrnehmung – nicht etwa die Wahrnehmung eines besonderen Gegenstandes, sondern sozusagen das Empfindungsvermögen der wahren Wirklichkeit selbst. Die letzte Bestimmung des Satori bezieht sich auf das Selbst.«[51]

Der vor wenigen Jahren gestorbene Abt des Nanzenji-Klosters in Kyoto Shibayama Zenkei, einer der großen japanischen Zen-Meister dieses Jahrhunderts, hat die Erklärung des Verfassers Wu-men Hui-k'ai zum ersten Kôan des Mumonkan analysiert und ausgewertet. Der längere Text, im Unterschied zu den knappen Bemerkungen zu den anderen Kôans ein gewichtiges Dokument, ragt merklich aus dem ruhig dahinfließenden Werk heraus. Der chinesische Meister preist die »wunderbare Erleuchtung«, zu der der Übende durch »die Schranke ohne Tor« hingelangt. »Um die wunderbare Erleuchtung zu erlangen, ist es nötig, die Regungen des Bewußtseins völlig abzuschneiden.«[53] Shibayama erklärt diese unabdingbare Forderung:

»Man muß das gewöhnliche Selbst abwerfen und als ein neues Selbst in einer verschiedenen Dimension wiedergeboren werden. Mit anderen Worten, der Übende muß persönlich die Satori genannte Erfahrung haben, durch die er als das Wahre Selbst wiedergeboren wird. Diese grundlegende Erfahrung ist im Zen wesentlich. Obgleich beim Sprechen über die Tatsache dieses religiösen Erwachens verschiedene Ausdrücke benutzt werden, kann es ohne sie kein wirkliches Zen geben.«[54]

Der Aufweis der Erleuchtung als einer Erfahrung des Wahren Selbst entspricht der im japanischen Zen-Buddhismus maßgebenden Tradition des Sechsten Patriarchen, die sich der Bezeichnung *kenshô,* nämlich »Schau des Wesens oder der (Eigen-)Natur« bedient. Das Wahre Selbst, auch das ursprüngliche Antlitz des Menschen vor der Geburt genannt, ist identisch mit dem Wesen oder der Natur. Die Schau ist nicht möglich ohne das Durchschreiten der Schranke der durch das unterscheidende Denken hervorgerufenen Regungen des Bewußtseins. Wu-men fordert unerbittlich, alle dualistischen Regungen abzuschneiden. Wenn dies schmerzlich anmutet, so lädt die beglückende Erfahrung um so anziehender ein. »Wu-men sagt uns«, so versichert Shibayama, »wie wunderbar es ist, das Durchbrechen der Schranke zu erfahren und das Leben des Satori zu leben. Wenn das Tor durchbrochen ist, ist letzter Friede erreicht. Du kannst den alten Chao-chou lebendig anfassen. Du lebst in der gleichen Spiritualität zusammen mit allen Zen-Meistern, du siehst sie von Angesicht zu Angesicht und erfreust dich der Wahrheit der Einheit. Wie wunderbar, wie herrlich!« [55]

Und Wu-men lehrt, wie dieses Satori erlangt wird. Eine äußerste Anstrengung ist erfordert, um in völligem Einswerden mit dem Kôan »beides MU und Selbst zu transzendieren«. »Unnötig zu sagen, daß da nichts mehr von intellektuellem Unterscheiden und dualistischem Denken ist. Es ist gänzlich jenseits aller Beschreibung.«[56] In Wu-men's Text ist die Unaussprechlichkeit der Erfahrung durch die Metapher des Traumes des Stummen ausgedrückt, der diesen nur für sich selbst wissen kann. Dem entspricht, daß die Erfahrung durch das eigenste persönliche Tun des Erfahrenden erlangt wird. Der Durchbruch geschieht plötzlich – auch dieser Wesenszug des Satori ist im Text angemerkt – und schenkt eine ungekannte, souveräne Freiheit. Der Meister vom Nanzenji ruft seinen Jüngern ermutigend die Wesenszüge des Satori ins Gedächtnis:

»Kann es für den Einen, der Subjekt und Objekt, Du und ich transzendierend den Abgrund des Großen Zweifels durchschritten hat und als das Wahre Selbst wiederbelebt worden ist, irgend etwas geben, das ihn verwirrt? [...] Wie wunderbar ist es, ein solches friedvolles Leben vollkommener Freiheit zu leben, die geistliche Freiheit des Einen, der religiösen Frieden erlangt hat!«[57]

Meister Wu-men beschließt den Text mit der Lichtmetapher. Die Erfahrung gleicht, so versichert er, dem Anzünden einer »Dharma-Leuchte«, die dem Abt des Engakuji-Tempels Asahina Sôgen »das Licht des Selbst« symbolisiert [58]. Die Exegese des authentischen Mumonkan-Textes durch den Zen-Meister Shibayama Zenkei kann als eine repräsentative Deutung der Zen-Erleuchtung angesehen werden.

Der Zen-Meister Yasutani Hakuun aus der Harada-Linie erklärt in gedrängten Worten das Wesen der Erleuchtungserfahrung in einem Nachwort zum ersten Band der Erlebnisberichte seiner Jünger folgendermaßen:

»Die Erleuchtung bedeutet das Durchschauen der eigenen Wesensnatur, zugleich bedeutet dieses das Durchschauen der Wesensnatur des Kosmos und aller Dinge. Denn das Durchschauen der Wesensnatur ist die Weisheit der Erleuchtung. Man mag die Wesensnatur Wahrheit nennen, wenn man so will. Im Buddhismus nennt man sie von früh her das Sosein oder die Buddha-Natur oder den Einen Geist. Im Zen nennt man sie auch das Nichts, die eine Hand oder das ursprüngliche Antlitz. Mag die Aufschrift verschieden sein, der Inhalt ist völlig gleich.«[59]

Yasutani hebt die kosmische Dimension der Zen-Erleuchtung hervor und stellt diese in den Zusammenhang der von den Mahâyâna-Sutren geprägten Weltanschauung des Buddhismus Ostasiens. Seine Aufzählung der drei grundlegenden Kôans des Zen-Buddhismus im letzten Satz zeigt die enge Verbindung der Satori-Erfahrung mit der Kôan-Übung. Die Erleuchtung und die Kôans spiegeln die gleiche Weltsicht.

Die Zen-Meister stützen sich bei ihrer Deutung der Erleuchtung auf die in der Literatur überkommenen Berichte und auf ihre eigene Erfahrung. Sie wissen, daß ihre Deutung des unaussprechlichen Erlebnisses dieses niemals adäquat ausdrücken kann. Selbst mitten in der Tradition stehend, ergänzen und vervollständigen sie ihre Erklärungen aus Schilderungen und Anekdoten, die in ihrer Klostergemeinschaft umgehen. Den geistigen Hintergrund bilden allemal die Mahâyâna-Sutren, die in den Kôans einen konkreten Niederschlag gefunden haben.

Für die Zen-Praxis ist die immer wieder an die Schüler gerichtete Ermahnung von Bedeutung, nicht nach außergewöhnlichen Erfahrungen zu streben, verbunden mit den anspornenden Worten, eine letzte Anstrengung zu wagen. Dieses Paradox hat eine Tradition im Buddhismus. Seit den frühen Tagen des Ur-Buddhismus mahnt die buddhistische Spiritualität zur Vorsicht im Umgang mit übersinnlichen Geistesgaben. Im Zen-Buddhismus ist die besonnene, geduldige Haltung gegenüber außergewöhnlichen Erfahrungen in der Überzeugung begründet, daß die Erleuchtung nicht die Frucht der eigenen Bemühung ist, sondern das Gewahren des Wahren Selbst oder der ursprünglichen Natur, religiös gesagt der Buddha-Natur, die sich offenbart, wenn der Zeitpunkt gekommen ist, nämlich jener Augenblick der Reife, der sich der Macht des Übenden entzieht. Ungeduldiges Warten hindert. Eine Haltung, die als *taigo-Zen* (»Zen, das auf Erleuchtung wartet«) bekannt ist, wird im Zen allgemein abgelehnt. Die ungegenständliche Meditation, verbunden mit der Reinigung und Entleerung des Bewußtseins, ist die geeignete Bereitung für tiefere Erfahrungen.

Zu beachten sind ferner die Unterschiede von Graden und Stufen der Erleuchtung. Die untersten Stufen werden nicht von allen Zen-Meistern als der Erleuchtung zugehörig anerkannt, weil es sich oft nur um momentane Regungen handelt, die sich im Alltag rasch verlieren. Große Erleuchtungen sind zu allen Zeiten selten.

Beeindruckende Berichte solcher Vorkommnisse finden sich in der Zen-Literatur. Ihre Bedeutung ist nach ihren Wirkungen zu ermessen.

Diese praktischen Bemerkungen sind bei der Beurteilung christlicher Zen-Übung vordringlich wichtig. Noch weniger als Zen-Buddhisten sollten Christen außergewöhnliche Bewußtseinszustände anstreben. Wenn sich bei eifriger Übung Tiefenerfahrungen einstellen, sollten sie diese dankbar annehmen und als Ansporn zu stärkerer Bemühung nutzen. Auch in tieferer Sicht entspricht die Haltung geduldigen Wartens durchaus der christlichen Spiritualität. Der Christ weiß im Glauben um die ihm geschenkte kostbare Gabe der Gotteskindschaft. Der französische Jesuit Yves Raguin sieht die Zen-Meditation und Zen-Erleuchtung in dieser christlichen Perspektive. Er schreibt:

»Als Kind des Vaters lernte ich von Christus, schlicht mein inneres Geheimnis wahrzunehmen, wohl wissend daß ich mein Antlitz als das eines Gotteskindes nicht sehen kann, wenn der Vater mich nicht durch seinen Geist erleuchtet. Die Praxis der Zen-Meditation lehrte mich, in reiner Aufmerksamkeit vor meinem inneren Geheimnis zu stehen. [...] In der Tat half mir die Praxis des Zen zu verstehen, daß der letzte Schritt nicht die Nachfolge oder Nachahmung Christi ist, sondern von ihm beseelt zu sein, da er in uns lebt.«[60]

Der Leiter christlicher Zen-Meditation wird seine Jünger nachdrücklich vor der heute so weit verbreiteten Sucht nach außergewöhnlichen Erlebnissen warnen, eine Sucht, die es übrigens zu allen Zeiten und überall gegeben hat. Die Zen-Tradition erzählt von Geistesmännern, die das Zertifikat erlangter Erleuchtung vor den Augen ihres Meisters zerrissen oder weggeworfen haben. In allen Religionen verunstalten menschliche Überheblichkeiten und Formalitäten trotz bewährter und geübter Losschälung vom Ich das Geschichtsbild. Der Christ sollte seine Zen-Übung als Hilfe auf dem Weg zur Gottesvereinigung ansehen.

Die Tiefenerfahrungen des Menschen auf dem Weg seiner geistlichen Reifung entsprechen der Religion, in der er zuinnerst wurzelt.

Für den Christen kann seine Erfahrung nicht die der Zen-Erleuchtung sein, die sich gemäß der Deutung zuverlässiger Zen-Buddhisten, insbesondere erfahrener Zen-Meister, die sich, wie wir annehmen dürfen, im Besitz der Erleuchtung befinden, als eine unpersönliche Erfahrung des Wahren Selbst, das für identisch mit der ursprünglichen Natur oder der Buddha-Natur und somit auch mit dem Kosmos erachtet wird, unter Ausschluß jeglicher Dualität darstellt. Die Zen-Erleuchtung, von den Anhängern der Schule als die Quintessenz ihrer Religion betrachtet, ist mit dem christlichen Glauben an den einen persönlichen Schöpfergott und die im göttlichen Erbarmen wurzelnde Erlösungstat des Christus schlechthin nicht vereinbar. Enomiya-Lassalle sieht den Unterschied zwischen der zen-buddhistischen und christlichen Erfahrung vornehmlich im apersonalen Charakter des Zen-Erlebnisses. Nach seiner Überzeugung wird jeweils

»das absolute und ungeteilte Sein erfahren. […] Der Unterschied besteht darin, daß das Zen-Erlebnis ein apersonales, das christliche ein personales Erfassen des Absoluten ist. Das antwortende Fühlen des Empfängers ist so verschieden, daß hier auch im Phänomen selbst ein wesentlicher Unterschied sein muß.«[61]

Dieser Formulierung entspricht der Umstand, daß Zen-Buddhisten bei der Interpretation des Satori vordringlich das Erleben einer ungeschwächten totalen Einheit betonen, die alle Unterscheidung ausschließt. Die Alleinheit der Wirklichkeit läßt, wie sie meinen, keine Spur von Dualität zu. Dagegen macht Enomiya-Lassalle, der für das menschliche Einheitsverlangen tiefstes Verständnis besitzt, in religiöser Sprache geltend, daß es doch noch ein Weiteres gibt,

»das eigentlich Absolute und im vollen Sinne Transzendente. Wie eng auch die Beziehung zwischen Gott und Geschöpf sein mag (zu eng, um sie mit Worten klar auszudrücken, ohne die Gefahr, in die Identität abzugleiten; denken wir nur an die Paradoxe Eckharts!), der Abstand bleibt doch, und zwar ein unendlicher: Wenn Gott nicht wäre, gäbe es kein Geschöpf, aber nicht umgekehrt: Falls vom ganzen Universum auch nicht ein Atom da wäre, so wäre Gott deswegen auch nicht um ein Haar geringer, als er jetzt mit dem Universum ist. Daher wird der Christ, solange er seinen Gottesglauben hat, auch durch ein *satori*-Erlebnis nicht davon abkommen. Vielmehr wird er es als ein Einssein mit Gott empfinden und daher im Gegenteil in seinem Gottesglauben bestärkt werden.«[62]

Man mag mit Recht fragen, ob die von Enomiya-Lassalle hier beschworene christliche Erfahrung des Einsseins mit Gott ein *satori*-Erlebnis genannt werden kann. Der Unterschied zwischen der zen-buddhistischen und christlichen Erfahrung ist umfassssend und reicht bis in eine letzte Tiefe. Im Phänomen ist der Unterschied kaum greifbar, da dieses unaussprechlich ist. Um so deutlicher tritt er in der Interpretation hervor. Der Gegensatz von personal und apersonal zeigt an einem wesentlichen Punkt – der bekannte deutsche Kenner von Aszese und Mystik Josef Sudbrack hat diesen Punkt oft nachdrücklich hervorgehoben – den Unterschied zwischen dem Gesamt der Weltsicht des Mahâyâna-Buddhismus und dem christlichen Offenbarungsglauben. Hier müssen weiterführende theologische Untersuchungen einsetzen, die über den Rahmen dieses Kapitels hinausgehen.

Die Zen-Meditation ist reich an Werten, die Christen ansprechen. Deshalb konnten sich bei der Begegnung rasch freundschaftliche Beziehungen zwischen Zen-Buddhisten und Christen entfalten. Weder störten Zusammenstöße noch auch unliebsame Vermischungen das beiderseitig gute Verhältnis. Menschen, denen es mit ihrer Religion ernst ist, mögen keinen Synkretismus, sind aber über bloße duldsame Toleranz hinaus offen für Kontakte mit Anhängern anderer Religionen. Zen-Buddhisten und Christen erfuhren im Umgang miteinander mannigfache Bereicherungen, sie können Wichtiges voneinander lernen, und es ist bestimmt wünschenswert, daß weiterhin tragfähige Brücken des gegenseitigen Verständnisses gebaut werden.

Verständnisbrücken

Beim Zweiten Vatikanischen Konzil (1962-1965) öffnete sich die katholische Kirche zur Welt hin und ermutigte zu einer neuen Haltung zu den Weltreligionen. Seitdem begann der buddhistisch-christliche Dialog, der durch die Begegnung mit den Zen-Buddhisten bei der Meditation einen besonderen Akzent empfängt. Religiöse Menschen gehen eine Wegstrecke zusammen. Die Grundübung kann im äußeren Vollzug gemeinsam geschehen. Dies ermöglicht Kontakte, die für das gegenseitige Verstehen überaus hilfreich sind. Zen-Buddhisten und Christen lernen einander als ernste religiöse Menschen kennen, die in einer Zeit des allgemeinen Konsummaterialismus geistige Werte hochschätzen und pflegen, Menschen, die nach dem Heil suchen und zu harter, unablässiger Übung bereit sind.

Die Meditation führt die Übenden im weiteren Verlauf auf verschiedene Wege, doch ist die im Zen überkommene ungegenständliche Meditation auch für Christen möglich. »Das Nicht-Denken«, schreibt Raguin in seinem zitierten Artikel, »ließ mich meines inneren Geheimnisses innewerden. Ich konnte mich auf keinen Gedanken, keinen Wunsch stützen, um die Gegenwart Gottes in mir zu erreichen.«[62] Die innere Reinigung des Bewußtseins von Gedanken und Vorstellungen braucht keineswegs eine öde Leere zu verursachen, sondern kann Raum schaffen für Tiefenerfahrungen, die im Zen-Buddhismus gewöhnlich negativ ausgedrückt werden.

Hier öffnet sich der Eingang zu weiterem Verstehen. Das Nichts, auf das die Zen-Buddhisten bei der Übung ihre Aufmerksamkeit konzentrieren, ist weder ein nihilistisches Nichts noch auch ein ontologisches Nicht-Sein im Gegensatz zum Sein, sondern ein Sein und Nicht-Sein transzendierendes Absolutes. Die Übung gestattet keine philosophische Reflexion. Und doch spüren Christen in der Atmosphäre der Zen-Halle etwas von der »Fülle des Nichts«. Wenn sie, was durchaus wünschenswert ist, in freien Stunden eine Kenntnis der geistigen Grundlagen der Buddha-Religion zu erwerben suchen, stoßen sie auf die Lehren der Weisheitssutren (sanskr. *prajñâpâramitâ*) und erfahren, daß es auch im Westen seit Philon (25 v.Chr.-40 n.Chr.) und Plotin (204-269) den negativen Weg gibt, der durch die sogenannte »Theologie negativa« Eingang in das Christentum gefunden hat. Griechische Kirchenväter schufen neuplatonische Ideen aufgreifend und neu interpretierend, eine negative Theologie, deren Mitte die Unbegreiflichkeit des unendlichen Wesens Gottes ist. Christliche Mystiker haben, erfüllt vom unbegreiflichen Gottesgeheimnis, dieses oft in negativen Ausdrücken gepriesen.

Beim gemeinsamen Üben kann dem Christen das ungemein feine Naturgefühl des japanischen Zen-Buddhisten nicht entgehen, der sich auch auf dem geistlichen Weg beständig im Einklang mit der ihn umgebenden Natur empfindet. Die Zen-Erfahrung hat, wie wir sahen, einen kosmischen Bezug. Der Mensch weiß sich als Mikrokosmos (Kleiner Kosmos) in Einheit mit dem Makrokosmos. Für den Christen zeigt sich hier eine ihm weniger vertraute Dimension, die jedoch zu einer Verständnisbrücke werden kann. Das kosmische Lebensgefühl ist im Westen in unseren Tagen stark erwacht. Romano Guardini bemühte sich in seinen Spätjahren um das personale Verständnis des Kosmos[64]. Als eigentlicher Entdecker der Bedeutung des Kosmischen für das religiöse Denken und Fühlen des Christen in unserer Zeit muß Teilhard de Chardin angesehen werden, der nicht nur als Naturforscher, sondern auch als Theologe und religiöser Mensch bewußt im Kosmos lebte und die Vereinbarkeit der kosmischen Haltung mit dem christlichen Gottesglauben in seinem Werk deutlich aufgezeigt hat[65]. Dem Christen kann die aufmerksame, meditative Lektüre der Paulusbriefe viel zur Erlangung des kosmischen Verständnisses helfen. Die paulinische Theologie bezeugt Christus, den auferstandenen Herrn, als das personale Haupt des Kosmos. Diese Wahrheit ist in der christlichen Überlieferung aller Jahrhunderte gegenwärtig. Wenn der Christ, durch die Begegnung mit der Zen-Meditation angeregt, eine lebendige Beziehung zum kosmischen Christus in sich weckt, so bedeutet dies bestimmt eine Bereicherung seines religiösen Lebens.

Die Zen-Meditation verliert bei allen Höhenflügen niemals den Boden des alltäglichen Erdenlebens unter den Füßen. »Der alltägliche Geist ist der Weg«, lautet ein Kôan der Mumonkan-Sammlung[66]. Der Weg, im Chinesischen das Tao, das kosmische Prinzip des Universums, gibt dem Menschen zugleich Anweisung für sein Verhalten in allen Lebenslagen. Der Zen-Jünger übt Zazen nicht nur in der Zen-Halle, sein »Geist in Aktion« meditiert beständig, aber die Meditation ist ganz und gar mit dem gewöhnlichen Alltagsleben verbunden. Der Zen-Meister Yasutani Hakuun faßt den Sinn dieses Kôan in die Frage: »Ist nicht alles, was man jeden Tag vom Morgen bis zum Abend tut, so wie es ist, Weg?« Der alltägliche Geist, so heißt es in einem Kommentar, ist »der ruhige, beständige, von äußeren Dingen unbewegte, friedvolle Geist.« Das Kôan drängt auf die fortgesetzte Übung im Alltag nach Erlangung der ersten plötzlichen Erleuchtung. Der Erfahrene soll, so mahnt der chinesische Meister Wu-men, »noch dreißig Jahre üben, dann wird er ganz begreifen.« Das heißt, die Übung hat, richtig verstanden, kein Ende. Der Mensch ist zeit seines Lebens ein Übender. Wie sehr diese Wahrheit mit der christlichen Auffassung von Aszese übereinstimmt, bedarf keiner Erklärung. Der *homo viator* muß unermüdlich auf dem geistlichen Weg voranschreiten. Dieses Verständnis, in einem tiefen Sinne Weggefährten zu sein, ist eine köstliche Frucht gemeinsamen Übens.

Die Verständnisbrücken im Alltag erprobten zen-buddhistische und christliche Mönche bei gegenseitigen längeren Besuchen in Europa und Japan[67]. Bei dem ersten Besuch lebten die japanischen Mönche, in kleinen Gruppen von 3 bis 6 aufgeteilt, ungefähr drei Wochen in Benediktiner- und Zisterzienserklöstern in Deutschland, Holland, Belgien, Frankreich und Italien und nahmen vom Morgen bis zum Abend am gesamten Tageslauf der Mönche, am Gebet in der Abteikirche, an den Mahlzeiten im Refectorium an der körperlichen Arbeit in Garten und Feld sowie an der Erholung im brüderlichen

Gespräch teil. Wie Berichte und gelegentliche Antworten auf Fragen bezeugen, beeindruckte die japanischen Besucher besonders tief, daß die hoch kultivierten christlichen Mönche genauso wie Buddhisten täglich einige Stunden körperlich arbeiten. Das »Bete und arbeite« (*ora et labora*) der Benediktinerregel, diese Grundlage der christlichen Kultur des Abendlandes, hat eine Entsprechung in der in China während der T'angzeit (618-907) entstandenen zenbuddhistischen Mönchsregel, die ebenfalls »körperlichen Dienst» (jap. *samu*) in Form von Feld-, Garten- und Hausarbeit im Tagesablauf vorsieht. In beiden Traditionen gehört körperliche Arbeit wesentlich zum geistlichen Weg. Die japanischen Zen-Buddhisten bedurften keiner Auskunft über Sinn und Wert der Arbeit. Wie ein japanischer Mönch mit leisem Humor schreibt, wurde »nur wenig und mit wenigen Worten erklärt. Uns als Mitglieder ihrer Gemeinschaft willkommen zu heißen und uns die Rückseite und die Vorderseite von allem zu zeigen, war zehnmal sinnvoller als uns durch formelle Gespräche Dinge zu erklären. Dies hatten die Mönche in ihrer geistlichen Weisheit verstanden.« Ein anderer Mönch empfand das »gegenseitige Widerhallen« (*hibiki-ai*) – so drückt er sich mit einem Anhauch poetischen Feinsinnes aus – bei der Begegnung der zwei authentischen geistlichen Traditionen von Ost und West als eine Bereicherung seines religiösen Lebens.

Der Gegenbesuch christlicher Nonnen und Mönche gestaltete sich in manchem anders als die Begegnung in Europa. Die Gruppe war weniger zahlreich, 15 Männer und 2 Frauen. Alle hatten, wie das Programm forderte, eine Erfahrung in der Zen-Meditation. Trotzdem empfanden sie die siebentägige Übungsperiode (jap. *sesshin*) gleich zu Beginn ihres Japanaufenthaltes in einem Zen-Tempel in Mitteljapan, äußerst schmerzlich. Die unerbittliche Härte der Übung, die weit über das hinausging, was sie in Europa bei Zen-Kursen erlebt hatten, forderte die teils älteren Besucher bis an die Grenze ihrer Körperkräfte. Es folgten Besuche berühmter Tempel-Klöster. Die Japaner überschütteten nun ihre westlichen Gäste mit Freundlichkeiten. Die letzte Woche verbrachten die christlichen

Mönche in kleinen Gruppen in einem Zen-Kloster, die Ordensfrauen in einem Nonnenkloster der Sôtô-Schule.

Aus den Mitteilungen der christlichen Nonnen und Mönche über ihre Erlebnisse im Zen-Kloster seien nur zwei überraschende, aufschlußreiche Eindrücke hervorgehoben. Nicht wenige westliche Besucher hat der »antiquierte Formalismus« (so nennt es einer) der zahllosen kleinen und kleinsten Vorschriften und Bräuche irritiert. »Die Regeln schienen unbeugsam zu sein, das Gesetz war wichtiger als die Person.« Manche erinnerten sich an ihr eigenes Noviziat. Von Zen-Meistern erhielten sie auf ihre Frage die Antwort, solche Strenge sei für die Schulung der Jungen unabdingbar und helfe, die Egozentrik zu brechen.

In einen tieferen Bereich führt eine andere Beobachtung, die die christlichen Mönche nicht wenig erstaunte. Täglich erfuhren sie die große Bedeutung des Kultdienstes und der rituellen Verehrung im Zen-Kloster. »Wir waren beeindruckt«, schreibt ein christlicher Besucher, »von der ernsten Teilnahme der Zen-Mönche an der Sutrenrezitation und den Zeremonien. [...] Der religiöse Charakter der Zen-Halle traf uns zuinnerst.« Und ein anderer: »Ehrfurcht vor dem Heiligen spielt eine wichtige Rolle in den japanischen Zen-Klöstern.« Die christlichen Mönche fanden es offensichtlich schwierig, diesen Wesenszug der Zen-Spiritualität mit ihren bisherigen Vorstellungen zu vereinbaren. Wir konnten im vorigen manchen hilfreichen Hinweis zur Lösung des Dilemmas geben und begnügen uns hier damit, den ehrfürchtigen Kultdienst und den ebenfalls wichtigen Sinn für religiöse Symbolik als eine andere Verständnisbrücke anzumelden.

Die gegenseitigen Besuche der zen-buddhistischen und christlichen Mönche gehen weiter. Papst Johannes Paul II. zeigte sich über diese Initiative erfreut, als er beim ersten Besuch der Buddhisten in Rom sagte: »Ich freue mich, daß der zwischenreligiöse Dialog sich auf dieser grundlegenden Ebene bewegt. Diese Art von Erfahrung muß fortgesetzt werden.«[68]

＊

Die Begegnung mit dem Zen-Buddhismus nimmt im Dialog des Christentums mit den Weltreligionen deshalb einen hervorragenden Platz ein, weil er sich nicht auf theoretische Diskussionen beschränkt, sondern die religiöse Praxis einbezieht. Christen und Zen-Buddhisten haben im konkreten Umgang voneinander gelernt. Fernöstliche Spiritualität konnte auf dem Wege über den Zen-Buddhismus christliche Spiritualität beeinflussen. Die Vertiefung des erzielten Gewinnes durch verständnisvolle Bemühung bleibt ein wünschenswertes Anliegen.

Bei der Aufnahme zen-buddhistischer Einflüsse im Christentum entwickelte sich eine Pluralität, deren endgültige Ergebnisse noch nicht deutlich erkennbar sind. Alles befindet sich in einer Phase des Experimentes. Zur Sicherstellung des Erfolges ist auf christlicher Seite ein hohes Maß von Unterscheidungsgabe erfordert. Vor allem wünschenswert ist die lebendige Beziehung zur großen Tradition der christlichen Mystik. Diese Erkenntnis wächst bei nicht wenigen führenden christlichen Geistesmännern. Die Bemühungen im geistlichen Bereich sind für den dauernden Erfolg der zen-buddhistisch-christlichen Begegnung maßgebend.

Nachwort

Nach dem Erscheinen des zweiten Bandes meiner Geschichte des Zen- Buddhismus fragten mich nicht selten Freunde und Sympathisanten der Zen-Bewegung, weshalb ich meine Arbeit mit dem Beginn des 20. Jahrhunderts abgeschlossen habe, obgleich die neuen, faszinierenden Fragen der Zeitenwende einfühlende Forschung und klärende Stellungnahme in hohem Maße erfordern. Auf diese wohlmeinende Anmahnung antwortet der Hinweis im Nachwort des zweiten Bandes, der dartut, daß die durch die Ausweitung der Zen- Bewegung zum Westen hin entstandene neue Situation in ihrer Kompliziertheit noch keine vornehmlich geschichtliche Behandlung gestattet.

Der schmale Band, den ich heute vorlege, ist somit keine geschichtliche Studie, wenn auch ein so eminent geschichtliches Ereignis wie die Aufnahme des Zen-Weges im Westen am Anfang der Ausführungen steht und die aufgezeigten Entwicklungen und Fragestellungen bestimmt. Keine Fortsetzung der Geschichte des Zen-Buddhismus ist beabsichtigt, vielmehr wurden im vorigen einige Aspekte der Zen-Bewegung des 20. Jahrhunderts herausgehoben, die allesamt irgendwie mit dem spektakulären Echo, das das Zen im Westen weckte, zusammenhängen. Der Gesamtvorgang ist keineswegs abgeschlossen. Bei der Auswahl der Aspekte empfahl sich eine Beschränkung. Die Beurteilung ist je nach Einstellung und persönlicher Erfahrung verschieden.

Zwei Umstände stechen beim Überblick über die Einflußnahmen und Wirkungen der Zen-Bewegung im Westen hervor. Die Zen-Bewegung – diesem Umstand verdankt sie viel von ihrer Bedeutung – trifft mitten in das Zeitgeschehen der Gegenwart hinein und entspricht dringenden Zeitbedürfnissen. Deshalb konnte sie rasch

Fuß fassen und zahlreiche Anhänger gewinnen. Wenn unsere Zeit ähnlich der Renaissance-Epoche »aus den Fugen geraten« zu sein scheint, so suchen viele Menschen, von äußeren Eindrücken gehetzt, nach ihrer Identität, nämlich nach ihrem Selbst, um Sicherheit und Geborgenheit zu finden. Asiens Weisheitswort von der »Ruhe in Bewegung« und der »Bewegung in Ruhe« öffnete dem Zen-Weg, der diese Weisheit verkörpert, viele Türen. In ernster Schweigemeditation erworbene Stille hilft, die Antwort auf die Zeitnöte unserer Tage zu finden.

Außerdem fasziniert den aus dem Gleichgewicht geratenen westlichen Menschen die im Zen gelehrte, Körper und Geist umfassende ganzheitliche, psychologisch als neues Bewußtsein erfahrene Haltung. Die Nähe der Zen-Übung zu modernen Zeitströmungen ist offensichtlich. Allerdings bieten die mannigfachen Strömungen, die sich im New Age wie in einem Sammelbecken zusammenfanden, ein buntes Bild, und es ist nicht leicht, den Weizen von der Spreu zu sondern. Die japanischen Zen- Meister haben, ähnlich wie zur Zeit der Beatnik-Welle in Amerika, bislang eine bemerkenswerte Distanz zu New Age eingehalten. Nicht als ob sie die Wichtigkeit und Dringlichkeit der zur Sprache gebrachten Anliegen nicht beachteten. Doch liegt ihnen offenbar daran, den Zen-Weg in seiner Eigenständigkeit zu bewahren. Die wesentlichen Fragen sind in den Zen-Schulen deutlich artikuliert. Wir sind dem Konzept der japanischen Zen-Meister gefolgt und konnten, indem wir den Zen-Buddhismus während des 20. Jahrhunderts in den Blick nahmen, zentrale Anliegen der Ost-West- Beziehung anleuchten und uns der Wichtigkeit der Zen-Bewegung im Weltgeschehen versichern. Die Begegnung zwischen den zwei Hemisphären, insbesondere auch zwischen dem Zen-Weg und den vom Westen her kommenden Zeitströmungen bleibt eine wichtige Aufgabe, deren Lösung differenziertes Studium und persönliche Erfahrung erheischt.

Eine zweite Beobachtung betrifft die Pluralität der Zen- Meditation in der religiösen Praxis. Die Geschichte des Zen- Buddhismus in Ostasien fasziniert durch die Mannigfaltigkeit ihrer Erscheinungen.

Die Zen-Forschung stieß beim Vordringen in die Frühgeschichte des chinesischen Ch'an auf eine unerwartete Vielfalt. Zur Zeit der Hochblüte während der T'angzeit ragen die Gestalten jener Großmeister hervor, die mit verblüffender Originalität ihre Eigenart manifestieren. In den Häusern und Schulen, die sich in der Folgezeit entwickelten, kamen nicht nur Verschiedenheiten, sondern auch gegensätzliche Richtungen zur Geltung. Das Faktum möglicher Pluralität ist im chinesischen Zen deutlich erkennbar.

In Japan tritt die pluralistische Tendenz als Neigung zu synkretischer Verbindung hervor. Japanische Zen-Klöster pflegen nicht selten zugleich mit der ihnen eigenen Meditation auch andere Formen religiöser Praxis, vorab esoterische Shingon-Riten und die Namenanrufung des Nenbutsu. Durch die Jahrhunderte der japanischen Zen-Geschichte läßt sich der Kampf gegen Vermischung verfolgen. Ein großer Meister wie Dôgen bestand auf der Reinheit des genuinen Zazen, das er sich in China angeeignet hatte. Aber in der auf Dôgen zurückgehenden Sôtô- Schule fanden Shingon-Praktiken weite Verbreitung. Und tüchtige japanische Zen-Meister erkannten den Nutzen des Nenbutsu und beunruhigten ihre Gläubigen nicht, wenn sie diese Devotion übten.

Mit der Aufnahme der Zen-Meditation im Westen eröffnete sich ein weites Spektrum theoretischer Erwägungen und praktischer Übungsweisen. In den westlichen Ländern, in denen Zen-Zentren entstanden, kam es zu Neubildungen mannigfacher Art. Der Zen-Weg fand Aufnahme bei weltanschaulich unterschiedlichen Gruppen, die den neu entdeckten Weg nach ihrer Denkart interpretierten und entsprechend praktizierten. Auch christliche Meditationsleiter brachten ihre Anschauungen und Vorlieben in die Übung ein. Auf verschiedene Art suchen sie christliche Motive mit der Zen- Meditation zu verbinden.

Wir stehen bezüglich der Pluralität in der Zen-Meditation an einem Anfang. Bislang ungekannte Möglichkeiten zeigen sich und harren der Erprobung. Wünschenswert ist, daß Ost und West sich in spiritueller Harmonie zusammenfinden, ein schwieriges Unterfangen, zumal die Menschheit wie nie zuvor Impulsen aller Art ausgesetzt ist. Die Pluralität der sich beständig weiter ausdehnenden Zen-Praxis stellt vor die Frage, welches Ausmaß von Vielfältigkeit sich mit genuiner Zen-Meditation vereinbaren läßt. In ihrer Tradition verwurzelte Zen-Buddhisten beanspruchen mit Recht den Namen »Zen« für ihre Schulen, aber nicht wenige von ihnen möchten zugleich dem »Zen« eine Universalität zusprechen.

Auf dem geistlichen Weg bedarf der Mensch eines Freiraumes, der ihm gestattet, seinem inneren Licht folgend, dem Ziel eines erfüllten Lebens und der Einigung mit der Letzten Wirklichkeit und dem Höchsten Gut zuzustreben. Pluralität meint nicht irgend eine Beliebigkeit. Der Führung des ihm geschenkten Lichtes folgend wandert der Mensch, der *homo viator*, getreu seinem Wesen voran, bis sein immer unruhiges Herz in der Ewigen Wahrheit die ihm vorleuchtende erfüllte Ruhe findet.

Anmerkungen

Kapitel 1

1 Das Gefühl des Überweltlichen – Sensus Numinis, a.a.O., S. 242.
2 Ebd.
3 Siehe die ausführliche Chronologie in A Zen Life: D.T. Suzuki Remembered (hrsg. von Masao Abe, New York-Tokyo 1986), S. 219-224. Vgl. die biographischen Angaben von *H. Rzepkowski* in: Das Menschenbild bei Daisetsu Teitaro Suzuki, St. Augustin 1971.
4 Vgl. die Bibliographie in: A Zen Life: D.T. Suzuki Remembered, S. 235-246, siehe auch die Eintragungen in der Bibliographie zu: *H. Dumoulin*, Geschichte des Zen-Buddhismus, Bd. 2, Bern 1986, S. 495.
5 Englisch: The Gifford Lectures, Edinburgh 1901/02. Neue Deutsche Ausgabe: Die Vielfalt religiöser Erfahrung. Eine Studie über die Menschliche Natur. Olten und Freiburg 1979.
6 Siehe: A Zen Life: D.T. Suzuki Remembered, S. 21.
7 Siehe *D.T. Suzuki*, Der östliche und der westliche Weg. Essays über christliche und buddhistische Mystik. Berlin 1960. Leider standen ihm für Eckhart nur unzulängliche englische Übersetzungen zur Verfügung.
8 Siehe *E. Benz*, Zenbuddhismus und Zensnobismus – Zen in westlicher Sicht. Weilheim 1962.
9 *H. Dumoulin*, Zen – Geschichte und Gestalt, Bern 1959, S. 279.
10 Vgl. den Abschnitt über »Psychologie und Therapie« in Kap. 3 dieses Buches.

Kapitel 2

1 Shamon Dôgen, in: Watsuji *Tetsurô* Zenshû, Tokyo 1977, Bd. 4, S. 156-246, Zitat S. 156 ff.
2 Ebd., S. 160.
3 Shôbôgenzô no Tetsugaku shikan, in den: Gesammelten Werken (*Zenshû*) Bd. 5 (Tokyo 1963), S. 443-494. Der Essay erschien zuerst 1939. Zitate siehe S. 445, 451.
4 Dôgen no Kenkyû, Tokyo 1935.
5 Dôgen Kigen. Mystical Realist, Tucson 1975.
6 *Etô Sukuô*, Shûso to shite no Dôgen Zenji, Tokyo 1944.
7 *Masunaga Reihô*, The Soto Approach to Zen, Tokyo 1958, S. 193. Wir verdanken Masunaga die ausgezeichnete englische Übersetzung der wichtigen Schrift aus der Schule Dôgens, A Primer of Sôtô Zen: A Translation of Dôgen's Shôbôgenzô Zuimonki, Honolulu 1971.
8 Bern, S. 154-176.

9 Bd. 12, S. 205-236.
10 Dôgen on Buddha Nature, in: Eastern Buddhist. Bd. 4,1 (1971), S. 28-71.
11 A.a.O. (Anm. 5), S. 98.
12 The Incomparable Philosopher: Dôgen on How to Read the Shôbôgenzô, in: Dôgen Studies (hrsg. von *William R. LaFleur*), Honolulu 1985, S. 83-98. Zitate S. 89, 83, 85, 91.
13 Vgl. das Zitat aus dem Kapitel *Mitsugo* bei *Kim*, a.a.O. (Anm. 5), S. 108.
14 Einen Überblick über die Kyoto-Schule gibt *Fritz Buri* in seinem umfangreichen Buch: Der Buddha-Christus als der Herr des wahren Selbst. Die Religionsphilosophie der Kyoto-Schule und das Christentum. Bern und Stuttgart 1982. Das Nanzan-Institut für Religion und Kultur der Nanzan-Universität in Nagoya hat in Publikationen und Symposien viel wertvolles Material über die Kyoto-Schule vermittelt.
15 Eine Einführung in Leben und Werk geben *Fritz Buri*, a.a.O. (Anm. 14), S. 53-80, *G.K. Piovesana*. Recent Japanese Philosophical Thought 1862-1962, Revised Edition, Tokyo 1968, S. 85-122, *Hans Waldenfels*, Absolutes Nichts. Zur Grundlegung des Dialogs zwischen Buddhismus und Christentum, Freiburg 1976, S. 48-64. Die Gesammelten Werke (19 Bde.) erschienen in Tokyo 1965/6.
16 Zitiert bei *Buri*, a.a.O. (Anm. 14), S. 58. Vgl. *Takeuchi Yoshinori*, The Philosophy of Nishida, in: The Buddha Eye. An Anthology of the Kyoto School (hrsg. von *F. Franck*), New York 1982, S. 179-202. Takeuchi schreibt, daß »Japan in ihm (= Nishida) das erste philosophische Genie besaß, das ein vom Geist der buddhistischen Meditation durchdrungenes System zu schaffen vermochte, dabei voll die westliche Denkmethode benutzend« (S. 181).
17 Dieser Essay findet sich zusammen mit den zwei Abhandlungen: »Die intelligible Welt« und »Goethes metaphysischer Hintergrund« in deutscher Übersetzung in: *Robert Schinzinger*, Nishida Kitarô. Die intelligible Welt (Berlin 1943). In deutscher Sprache liegt ferner vor *Kitarô Nishida*: »Über das Gute«. Eine Philosophie der Reinen Erfahrung (üb. von *Peter Pörtner*, Frankfurt 1989) und ein Text: Was liegt dem Selbstsein zugrunde?, übers. von *Yagi Seiichi*, in: Gott in Japan (hrsg. von *Yagi Seiichi* und *Ulrich Luz*) München 1973, S. 94-112. Siehe die englischen Übersetzungen: A Study of Good (übers. von *Valdo H. Viglielmo*, Tokyo 1960, Art and Morality, übers. von *David A. Dilworth u. V. Viglielmo*, Honolulu 1973, Fundamental Problems of Philosophy, übers. von *David A. Dilworth*, Tokyo 1970, ferner englische Übersetzungen in Zeitschriften.
18 Englische Übersetzung von *David A. Dilworth* in: EB Bd. 3,1 (1970), S. 19-46.
19 Englische Übersetzung von *David A. Dilworth* in: Ph EW, Bd. 20, 4 (1970), S. 355-368.
20 Zitate in EB Bd. 3,1 (Anm. 18), S. 23, 40 f.
21 Zitiert in EB Bd. 3,1, S. 44 f.
22 Zitiert in EB Bd. 3,1, S. 42. Vgl. Geschichte des Zen-Buddhismus, Bd. 2, S. 67.
23 Zitate bei *Yagi*, a.a.O. (Anm. 17), S. 105, 106. Der von Yagi übersetzte Text ist ein Teil des Essays »Die Logik des Ortes und die religiöse Weltanschauung«.
24 Zitate bei *Yagi*, a.a.O., S. 95 und 109.
25 Zitiert bei *Yagi*, a.a.O., S. 107.
26 Ebd., S. 99.
27 Ebd.
28 Ebd., S. 108.
29 Siehe das Kapitel über *Tanabe Hajime* von *Fritz Buri*, a.a.O. (Anm. 14), S. 81-112, ferner *G. Piovesana*, a.a.O. (Anm. 15), S. 145-158. Eine vorzügliche Einführung in die Philosophie Tanabes bietet das Vorwort von *James W. Heisig* zur Übersetzung des Hauptwerkes des Philosophen: Philosophy as Metanoetics, Berkeley and Los Angeles 1986, S. VII-XXX. Siehe auch die Monographie von *Johannes Laube*, Dialektik der absoluten Vermittlung: Hajime Tanabes Religionsphilosophie als Beitrag zum ›Wettstreit der Liebe‹ zwischen Buddhismus und Christentum. Freiburg 1984. Dazu siehe die ausführliche Besprechung von *James W. Heisig* in: MN Bd. 40 (1985), S. 115-118. Die Gesammelten Werke (15 Bde.) erschienen in Tokyo 1963/64, Nachdruck 1972/73.

30 Engl. Übersetzung von *David Dilworth* und *Taira Sato*, The Logic of Species as Dialectics, in: MN Bd. 24 (1969), S. 273-288.
31 Philosophy as Metanoetics (Anm. 29), Preface, S. 50 f.
32 Vgl. ebd., S. 51.
33 Zitate ebd.
34 Ebd., S. 54.
35 Ebd., S. 53.
36 Vorwort (Anm. 29), S. XXI.
37 Translator's Introduction (Einführung des Übersetzers) zur englischen Übersetzung von: Philosophie als Metanoetik, S. 41.
38 Vgl. Übersetzung, S. 170.
39 Vgl. a.a.O., S. 131, 171.
40 Ebd., S. 188.
41 Ebd., S. 172.
42 Zitiert von *Yagi*, a.a.O. (Anm. 17), S. 113.
43 Preface (Anm. 31), S. 51.
44 Deutsche Übersetzung in: Gott in Japan (hrsg. von *Yagi– Luz*) (Anm. 17), S. 113-126.
45 Deutsche Übersetzung in: Martin Heidegger zum 70. Geburtstag. Pfullingen 1959, S. 93-133.
46 Memeno mori (Anm. 44), S. 116 f.
47 Vgl. ebd., S. 122.
48 *Heisig* bringt in seinem anregenden und überzeugenden Charakterbild Tanabes interessante Einzelheiten bezüglich des Konfliktes, siehe bes. Vorwort zur Übersetzung (Anm. 29), S. XIII.
49 Siehe das Kapitel über *Suzuki Daisetsu* von *Fritz Buri*, a.a.O. (Anm. 14), S. 113-142, ferner: A Zen Life: D.T. Suzuki Remembered (hrsg. von *Masao Abe*. New York-Tokyo 1986). Diese Sammlung von Aufsätzen über und Erinnerungen an D.T. Suzuki enthält eine ausführliche biographische Zeittafel (S. 219-224) sowie eine Bibliographie der englischen und japanischen Schriften (S. 235-246). Suzukis Gesammelte Werke in japanischer Sprache (30 Bde) sind 1968-1970 in Tokyo erschienen.
50 *Shimomura Toratarô*, D.T. Suzuki's Place in the History of Human Thought, in: A Zen Life: D.T. Suzuki Remembered (Anm. 49), S. 65-80, Zitate S. 75, 79, 77.
51 Outlines of Mahayana Buddhism. London 1907.
52 Studies in the Lankavatara Sutra. London 1930. The Lankavatara Sutra. A translation from the original Sanskrit. London 1932.
53 Die drei Serien erschienen zuerst in London 1927, 1933, 1934. Viele Nachdrucke besonders in Amerika.
54 Bukkyô no Taii, vom Verfasser selbst ins Englische übersetzt mit dem Titel: The Essence of Buddhism, erschienen in London 1947.
55 Rinzai no Kihon Shisô, zuerst erschienen Tokyo 1953. *Akizuki Ryômin* hebt in seinem ausgezeichneten japanischen Buch »Suzuki's Wissenschaft vom Zen und Nishidas Philosophie« (Suzuki Zengaku to Nishida Tetsugaku), (Tokyo 1971) Suzuki's Rinzai-Studien hervor.
56 London 1949. Deutsche Übersetzung mit dem Titel *Die Zen-Lehre vom Nicht-Bewußtsein*, München-Planegg 1957.
57 *Zen Buddhism and Psychoanalysis*, New York 1960. Deutsche Übersetzung München 1963.
58 Siehe das Kapitel über *Hisamatsu Shin'ichi* von *Fritz Buri*, a.a.O. (Anm. 14), S. 143-189, ferner biographische Angaben in den deutschen Übersetzungen der zwei philosophischen Schriften: Die Fülle des Nichts. Vom Wesen des Zen, Pfullingen 1975, S. 66 f. und: Die Fünf Stände, Pfullingen 1980, S. 87 ff. sowie die Vorbemerkung zu seinem Artikel; Zen and the Negation of Holiness, in: The Buddha Eye (Anm. 16), S. 169 f.
59 Die Fülle des Nichts, S. 22.
60 Ebd., S. 9.

175

61 Zitate ebd., S. 9.
62 Ebd., S. 11-24.
63 Ebd., S. 13.
64 Vgl. ebd., S. 15.
65 Ebd., S. 22.
66 A.a.O. (Anm. 14), S. 145.
67 Ebd., S. 149.
68 Siehe den Text: Satori (*Selbsterwachen*), deutsche Üb. in: Gott in Japan, hrsg. von *Yagi und Luz* (Anm. 17), S. 134 f.
69 Siehe den Text »Atheismus« in: ZMR, Jg. 62 (1978), S. 275 ff. Über die Entstehung und Bedeutung des Textes vgl. die aufschlußreichen Vorbemerkungen von *Hans Waldenfels*, a.a.O. S. 268-272.
70 Die Fülle des Nichts, S. 25.
71 Ebd.
72 Ebd., S. 31.
73 Ebd., S. 32 f. Die deutsche Übersetzung hat hier das Wort »Herz«, in Zen-Texten ist die Übersetzung »Geist« vorzuziehen. Das chinesische Schriftzeichen überträgt das Sanskritwort *citta*. Vgl. *Buri*, a.a.O. (Anm. 14), S. 147.
74 Ebd., S. 33.
75 Ebd., S. 35.
76 Ebd., S. 39, vgl. zum folgenden S. 39 ff.
77 Deutsche Übersetzung in *Yagi-Luz*, S. 127-138, siehe Anm. 68.
78 Zitate ebd., S. 135.
79 Zitate ebd., S. 137.
80 Deutsche Übersetzung in: ZMR, Jg. 62, S. 268-296, siehe Anm. 69.
81 Ebd., S. 273.
82 Ebd., S. 274.
83 Ebd.
84 Ebd., S. 281.
85 Ebd., S. 279 f.
86 Ebd., S. 282.
87 Vgl. ebd., S. 282.
88 Zitate ebd., S. 288.
89 Ebd., S. 289.
90 Ebd., S. 294.
91 Ebd., S. 291.
92 Ebd., S. 287.
93 Siehe das Kapitel über *Takeuchi Yoshinori* von *Fritz Buri*, a.a.O. (Anm. 14), S. 255-283.
94 Probleme der Versenkung im Ur-Buddhismus, Leiden 1972. Englische Übersetzung: The Heart of Buddhism. In Search of the Timeless Spirit of Primitive Buddhism. New York 1983.
95 Siehe das Kapitel über *Nishitani Keiji* von *Fritz Buri*, a.a.O. (Anm. 14), S. 191-253, ferner: *Jan Van Bragt*, Nishitani on Japanese Religiosity, in: *J. Spae*, Japanese Religiosity, Tokyo 1971, S. 271-284; *G.K. Piovesana*, a.a.O. (Anm. 15), S. 192 f., 200-204 Eine vortreffliche Einführung in die Religionsphilosophie *Nishitanis* bietet *Hans Waldenfels* in seinem Buch: Absolutes Nichts. Zur Grundlegung des Dialogs zwischen Buddhismus und Christentum, Freiburg 1976. Wie Nishitani in seinem Geleitwort sagt, ist »im vorliegenden Werk wohl zum ersten Mal von westlicher Seite in großer Tiefe auf den Kern des Problems im gegenwärtigen Gespräch zwischen Christentum und Buddhismus eingegangen worden.« (S. 3)
96 Die in langjährigem Studium unter der Führung Nishitani's vorbereitete englische Standardübersetzung des Direktors des Institutes für Religion und Kultur der Nanzan-Universität in Nagoya *Jan Van Bragt* erschien unter dem Titel »Religion and Nothingness« bei der Universität von Kalifornien Berkeley und Los Angeles 1982. Im gleichen

176

Jahr erschien die von Nishitani mit einem rühmenden Vorwort ausgezeichnete deutsche Übersetzung von *Dora Fischer-Barnicol* in Frankfurt.

97 Zitiert in dem an biographischen Einzelheiten reichen japanischen Buch: Nishitani Keiji – Ein Wegweiser zu seinem Denken von *Sasaki Tôru*, Tokyo 1986, S. 17.

98 Ebd., S. 18.

99 Über *Nishida's* Lektüre vgl. *Sasaki*, a.a.O., S. 19. Zitat S. 19 f.

100 *Nishida's* Buch erschien zuerst 1915, in 2. Aufl. 1919. *Nishitani* hat wahrscheinlich die zweite Auflage gelesen. Zitate bei *Sasaki*, a.a.O., S. 21, 23.

101 Siehe das längere Zitat aus *Nishitani* über seinen Meister *Nishida* bei *Sasaki*, a.a.O., S. 32 f.

102 Siehe *Sasaki*, a.a.O., S. 73.

103 Siehe *Sasaki*, a.a.O., S. 20

104 Der wichtige Text findet sich in der Sammlung: Kôza Tetsugaku Taikei, Bd. 1, Tokyo 1963, S. 221-230. Zitat S. 221.

105 Ebd., S. 229.

106 Ebd., S. 226.

107 In dem Text kommen mehrmals Zen-Ausdrücke wie *daigi* (= Großer Zweifel) und *ari no mama* (»Dinge so wie sie sind«) vor. Das Wort »Zen« ist nur einmal, im Schlußsatz des ersten autobiographischen Abschnittes, genannt, siehe S. 225.

108 Nishitani on Japanese Religiosity (Anm. 95), S. 279. *Nishitani* bemerkt im Geleitwort zu *Waldenfels*, Absolutes Nichts (Anm. 95), daß es nahe liegt, »daß viele von uns in der Erfahrung der Zen-Übung stehen.« (S. 3).

109 Jap. Zen no Tachiba, in den: Gesammelten Schriften (jap. Nishitani Keiji Chosakushû), 13 Bde., Tokyo 1987, in Bd. 11, S. 3-31. Engl. Üb. in EB Bd. 17,1 (1984), S. 1-26.

110 Ebd., S. 5.

111 Ebd.

112 Ebd., S. 19 f.

113 Vgl. ebd., S. 14 f.

114 Ebd., S. 15

115 In: The Buddha Eye (Anm. 16), S. 22-30 und EB Bd. 1,2 (1966), S. 1-11.

116 Gesammelte Schriften (Anm. 109) Bd. 1 und Bd. 2.

117 Das Werk erschien in einer erweiterten Auflage Tokyo 1973, in den: Gesammelten Schriften Bd. 8.

118 »Mein philosophischer Ausgangspunkt« (Anm. 104), S. 227.

119 In den Gesammelten Schriften, Bd. 8, S. 175-186.

120 Ebd., S. 177.

121 Zitate ebd., S. 178.

122 Ebd., S. 183.

123 Ebd.

124 Ebd., S. 184.

125 Das Buch »Shukyô to wa nanika« erschien in Tokyo 1961, im folgenden zitiert nach der letztgültigen Ausgabe der: Gesammelten Schriften Bd. 10. Zitat S. 38.

126 Ebd., S. 39.

127 Ebd., S. 105.

128 Vgl. zu den leicht angepaßten Zitaten die deutsche Übersetzung von *Dora Fischer-Barnicol* (Anm. 96), S. 156-160; der japanische Text findet sich in den: Gesammelten Schriften Bd. 10, S. 98-100.

129 Ebd., S. 101.

130 Ebd., S. 102.

131 Ebd., S. 109.

132 Ebd., S. 115.

133 Ebd.

134 Ebd., S. 116.

135 Ebd., S. 149.

136 Gesammelte Schriften, Bd. 11, S. 161.
137 A.a.O., (Anm. 104), S. 229 f.
138 Englische Übersetzung in EB Bd. 1 (1965), Nr. 1, S. 79-108, japanischer Text (Kagaku to Zen) in den: Gesammelten Schriften (Anm. 109), Bd. 11, S. 227-261. Siehe ferner den Aufsatz von *Jan Van Bragt*, Religion and Science in Nishitani Keiji in: Buddhism today, Nr. 5 (Kyoto 1987), S. 161-174.
139 Gesammelte Schriften Bd. 11, S. 245.
140 Ebd., S. 260. Vgl. den ganzen Abschnitt, S. 255-261 und die Darlegungen über das »Feld der Leere« in: »Was ist Religion?«, Kap. 4, VII und VIII.
141 Siehe *Nishitanis* kurzen Artikel: The Significance of Zen in Modern Society (Die Bedeutung des Zen in der modernen Gesellschaft) in: Japanese Religion, Bd. 8 (1975), Nr. 3, S. 24.
142 Siehe das Kapitel über *Ueda Shizuteru* von *Fritz Buri*, a.a.O. (Anm. 14), S. 285-322.
143 Gütersloh 1965, im folgenden zitiert *Ueda*.
144 *Ueda*, S. 25.
145 Ebd., S. 34, vgl. S. 28, 32.
146 Ebd., S. 43, 89 ff.
147 Ebd., S. 101, vgl. den ganzen Abschnitt, S. 99 ff.
148 Ebd., S. 103.
149 Ebd., S. 119.
150 Vgl. *H. Dumoulin*, Östliche Meditation und christliche Mystik (Freiburg/München 1966), besonders die Abschnitte über die negative Theologie, S. 104-124.
151 Zitiert von *H. Dumoulin*, a.a.O., S. 118.
152 Ebd.
153 *Ueda*, S. 116.
154 Ebd., S. 118.
155 Ebd.
156 Siehe *H. Dumoulin*, Geschichte des Zen-Buddhismus, Bd. 2 (Bern 1986), S. 63.
157 *Ueda* S. 76, vgl. S. 72-76.
158 Ebd., S. 139.
159 Ebd., S. 140, vgl. *Uedas* Aufsatz: Der Zen-Buddhismus als ›Nicht-Mystik‹ unter besonderer Berücksichtigung des Vergleichs zur Mystik Meister Eckharts, in: Transparente Welt (hrsg. von *G. Schulz*, Bern/Stuttgart 1965, S. 291-313.
160 Ebd.
161 Siehe die Interpretation der Schriftstelle ebd., S. 137 ff. Zitat S. 138. Vgl. das ähnliche Lob der Martha im Abschnitt über die *vita activa* in *Uedas* Vortrag: »Die Bewegung nach oben und die Bewegung nach unten. Zen-Buddhismus im Vergleich mit Meister Eckhart, Eranos-Jahrbuch 1981 (Frankfurt 1982), S. 265 ff.
162 Ebd., S. 145.
163 Ebd., S. 146.
164 Ebd., S. 147.
165 Ebd., S. 169.
166 Über die Ochsenbilder gibt es eine reiche Literatur in westlichen Sprachen. *Ueda* benutzt das ansprechende Buch »Der Ochs und sein Hirte«, üb. von *Kôichi Tsujimura* und *Hartmut Buchner*, 2. Aufl. Pfullingen 1973.
167 Eranos-Jahrbuch 1981 (Anm. 161), S. 223-272, Zitat S. 230.
168 A.a.O., S. 234.
169 A.a.O., S. 259.
170 A.a.O., S. 260 f.
171 A.a.O., S. 260.
172 Ebd.
173 Zur Erklärung der zwei ersten Bilder siehe *Ueda*, a.a.O., S. 23-233, zur Erklärung des dritten Bildes S. 233-236.
174 A.a.O., S. 243.

175 Die Zitate siehe a.a.O., S. 224 f.
176 In der Sammlung »Kôza Zen«, Bd. 2, Tokyo 1974, S. 146-175, Zitate S. 149 f.
177 Eranos-Jahrbuch 1981 (Anm. 161), S. 228.
178 Ebd., S. 243.
179 Siehe zum folgenden die Aufsätze »Zen und Wort« (Zen to Kotoba), S. 65-133, und
    »Dialog und Zen-Mondô« (Taiwa to Zen- mondô), S. 134-187 in *Uedas* japanischer
    Aufsatzsammlung »Zen-Buddhismus«, Tokyo 1973. Das angeführte Beispiel siehe S.
    135 f.
180 Mumonkan, Beispiel Nr. 18.
181 Ebd., Beispiel Nr. 37.
182 *Ueda* entwickelt diese Gedanken in seinem Essay »›Nothingness‹ in Meister Eckhart
    and Zen Buddhism«, in: The Buddha Eye (Anm. 16), S. 157-168, der zitierte Passus
    findet sich S. 164 f. Siehe auch *Buri* (Anm. 14), S. 308 f.
183 Vgl. Zen-Buddhismus (Anm. 179), S. 79 ff., *Buri* S. 311.
184 *Ueda*, S. 157.
185 Siehe: Zen-Buddhismus, S. 68 ff.
186 Der Buddhismus und das Problem der Säkularisierung. Zur gegenwärtigen geistigen
    Situation Japans, in: Hat die Religion Zukunft? (hrsg. von *Oskar Schatz*, Graz 1977,
    S. 255-275. Siehe zum folgenden S. 256 ff.
187 Ebd., S. 260 f.
188 Ebd., S. 268 f.
189 Ebd., S. 269.
190 Vgl. ebd., S. 265.
191 Ebd., S. 272.
192 Siehe den Bericht über das Symposium von *Jan Van Bragt* im Bulletin Nr. 5 (1980/81)
    des Nanzan-Institutes für Religion und Kultur, S. 29-47. Van Bragt gibt die Liste der
    Teilnehmer und Zusammenfassungen der Referate und Diskussionen.
193 Ebd., S. 30.
194 Vgl. *Toshihiko Izutsu*, Philosophie des Buddhismus, Reinbek bei Hamburg 1979. Izutsu
    befaßt sich in moderner Weise mit philosophischen Themen des klassischen Zen-
    Buddhismus. Zwei Kapitel des Buches wurden als Vorträge bei der Eranos-Gesell-
    schaft in Askona gehalten.

Kapitel 3

1 Über das buddhistische Revival in Asien und das gleichzeitig aufkommende wissenschaftliche Interesse für den Buddhismus im Westen siehe: Buddhismus der Gegenwart,
  hrsg. von *H. Dumoulin*, Freiburg 1970.
2 Über die Einpflanzung des Buddhismus in China siehe *E. Zürcher*, The Buddhist
  Conquest of China, 2 Bde., verb. Aufl. Leiden 1972. Vgl. auch *H. Dumoulin*, Geschichte
  des Zen-Buddhismus, Bd. I, Indien und China, Bern-München 1985.
3 Siehe z.B. den Index der Wörter der Umgangssprache in den Tun-huang-Manuskripten:
  Tonkô hembunshû kôgo goi sakuin, Kyoto 1961.
4 *Ruth Fuller Sasaki* (Übers.), The Recorded Sayings of Ch'an Master Lin-chi Hui-chao
  of Chen Prefecture, Kyoto 1975, u.a.
5 *Paul Demiéville*, Entretiens de Lin-tsi, Paris 1972.
6 Siehe: Geschichte des Zen-Buddhismus, Bd. I (Anm. 2), S. 165, Übersetzung von *J.
  Blofeld*, The Zen Teaching of Hui Hai on Sudden Enlightenment, London 1962. Siehe

179

ferner *Blofelds* Übersetzung Huang-po's, im Deutschen: Die Zen-Lehre des chinesischen Zen-Meisters Huang-po, Weilheim 1960.

7 Zen. Der lebendige Buddhismus in Japan, 1. Aufl. Gotha und Stuttgart 1925.

8 Bi-yän-lu. Meister Yüan-wu's Niederschrift von der Smaragdenen Felswand, 3 Bde., München 1960-1973.

9 Siehe *C. Cleary*, London 1977; ferner *Katsuki Sekida*, Two Zen Classics Hekiganroku and Mumonkan, New York-Tokyo 1977.

10 Wu-men Hui-k'ai Wu-men-kuan. Zutritt nur durch die Wand, Heidelberg 1977.

11 Mumonkan. Die Schranke ohne Tor. Meister Wu-men's Sammlung der 48 Kôan, Mainz 1975.

12 Zenkei Shibayama, Zu den Quellen des Zen, Bern-München-Wien 1976 und *Kôun Yamada*, Die torlose Schranke Mumonkan. Zen-Meister Mumons Kôan-Sammlung. München 1989.

13 Nihon no Zen – goroku, 20 Bde., Tokyo 1977-1978.

14 Siehe die Bibliographie in: Geschichte des Zen-Buddhismus Bd. II, Japan, S. 480 f., 489-491 und die Anmerkungen zu den Abschnitten über die Meister, ferner Meister Bankei *Die Zen-Lehre vom Ungeborenen*, hrsg. von Norman Waddell, München 1988.

15 Der japanische Ôbaku-Mönch Tetsugen Dôkô. Leben, Denken, Schriften, Bern 1989.

16 Siehe auch das Kapitel über Dôgen in: Geschichte des Zen-Buddhismus II (Anm. 14), bes. S. 51 ff.

17 Deutsche Übersetzung von *H. Dumoulin* in MN Bd. 14 (1958), S. 429-436, englische Übersetzung von *Norman Waddell* und *Abe Masao* in EB, Bd. 6, Nr. 2, S. 115-128. Vgl. zum folgenden *Carl Bielefeldt*, Dôgen's Manuals of Zen Meditation, Berkeley, Los Angeles, London 1988.

18 Siehe in deutscher Sprache die Aufsätze von *R.K. Heinemann*, Zokugo in Dôgens Shôbôgenzô, in: OE Bd. 15 (1968), S. 101-119, 179-190, Bd. 16 (1969), S. 169-179, Bd. 18 (1971), S. 67-83.

19 *Kôsen Nishiyama* und *John Stevens* 4 Bde., Sendai 1975, 1977, 1983. Deutsche Übersetzung, bisher erschienen 2 Bde. (65 Kapitel), Zürich 1983.

20 Englische und deutsche Übersetzungen von Kapiteln des Shôbôgenzô siehe Bibliographie in: Geschichte des Zen-Buddhismus, Bd. II (Anm. 16), S. 490.

21 Siehe den 4. Essay in: Essays on Zen Buddhism, Bd. I.

22 Vgl. *Nukariya Kaiten*, The Religion of the Samurai. A Study of Zen Philosophy and Discipline in China and Japan. London 1913, eines der frühesten Bücher über Zen in westlicher Sprache. (Der bedeutende japanische Gelehrte hat in seiner Muttersprache ein zweibändiges Werk über die Geistesgeschichte des Zen verfaßt, Tokyo 1923.)

23 Zitiert in: Geschichte des Zen-Buddhismus, Bd. I, S. 85, dort auch über die Bodhidharma-Legende, S. 83 ff.

24 Siehe die deutsche Übersetzung, a.a.O. S. 85 f. *Bernard Faure* qualifiziert die Biographie des Tao-hsüan als »fairly authentic«, in seinem Artikel »Bodhidharma« in The Encyclopedia of Religion«, New York-London 1987, Bd. II, S. 263.

25 Siehe die Titel der wichtigsten seiner Werke in der Bibliographie in: Geschichte des Zen-Buddhismus Bd. II, S. 485, außerdem zahlreiche Einzeldarstellungen und Aufsätze.

26 Den gegenwärtigen Stand der Bodhidharma-Forschung zeigt *Bernard Faure* in seinem Buch: Le Traité de Bodhidharma. Traduction et Commentaire (Paris 1986) auf. Er würdigt die grundlegenden Beiträge von *Suzuki Daisetsu* und *Yahagida Seizan* und gibt in der Bibliographie die Quellen sowie auch eine ziemlich vollständige Liste der Sekundärliteratur.

27 Siehe zum folgenden *David W. Chappell*, The Teachings of the Fourth Ch'an Patriarch Tao-hsin (580-651), in: Early Ch'an in China and Tibet, hrsg. von *Whalen Lai* und *Lewis R. Lancaster*, (Berkeley, California 1983), S. 89-106, Angabe des Datums 716 S. 94. *Chappell bringt die englische Übersetzung dieses Textes, S. 107-129.*

28 Über den Traktat handelt ausführlich *John R. McRae* im 6. Kapitel »The Basic Doctrines of the East Mountain Teaching« seines Buches: The Northern School and the Formation

of Early Ch'an Buddhisms (Honolulu, Hawaii 1986), S. 118-147. *McRae* gibt auch die englische Übersetzung des Textes, S. 121-132.

29 Zitiert in *Chappell*, a.a.O., S. 114, vgl. Geschichte des Zen-Buddhismus, Bd. I, S. 100.
30 Vgl. *Chappell*, S. 110, *McRae*, a.a.O., S. 143.
31 Siehe *Chappell*, a.a.O., S. 113.
32 Siehe *McRae*, a.a.O., S. 123.
33 Ebd., S. 122.
34 Ebd., S. 125.
35 Ebd., S. 134.
36 Ebd., S. 135.
37 Ebd., S. 136.
38 Siehe *Chappell*, a.a.O., S. 119, vgl. *McRae*, a.a.O., S. 142.
39 Siehe die Studie von Carl Bielefeldt, Dôgen's Manuals of Zen Meditation, Berkeley und Los Angeles (California) 1988.
40 Eine zusammenfassende, gut dokumentierte Darstellung bietet *John R. McRae* in seinem genannten Buch über die Nordschule (Anm. 28). *Bernard Faure* legt in französischer Sprache den Hauptteil seiner Doktordissertation vor in: La volonté d'orthodoxie dans le bouddhisme chinois, Paris 1988; ferner siehe die Aufsatzsammlung: Early Ch'an in China and Tibet (Anm. 27) sowie die Beiträge in: Studies in Ch'an and Hua-yen, hrsg. von *Robert M. Gimello* und *Peter N. Gregory*, Honolulu, Hawaii 1983.
41 Vgl. den Abschnitt über die Entstehung der Termini »Nordschule« und »Lehre vom Ostberg« in: *McRae*, a.a.O. S. 8 ff.
42 Über den Tod und die Bestattung des Shen-hsiu siehe *McRae*, a.a.O., S. 54 ff., die englische Übersetzung des Gedächtnistextes des Sung Chih-wen siehe S. 52 f.
43 *Chih-ta* studierte auch bei *Shen-hsui*, er hinterließ eine Schrift über die plötzliche Erleuchtung »Tun-wu yao-chüeh«, aus der *Faure* wichtige Passagen vorstellt, siehe a.a.O. (Anm. 40), S. 182 ff.
44 Die Schrift des *Hsüan-tse* ist nicht erhalten. Das *Ryôga Shijiki* ist eine Chronik der ersten Hälfte des 8. Jahrhunderts. Vgl. *McRae*, a.a.O., S. 88 ff. und: Geschichte des Zen-Buddhismus, Bd. I., S. 106.
45 Siehe *McRae*, a.a.O., S. 65.
46 *McRae* handelt ausführlich über die Jünger des *Shen-hsui* und des *P'u-chi*, siehe S. 56-71.
47 *Paul Demiéville* hat die Akten des Konzils von Lhasa aus dem Chinesischen übersetzt und kommentiert. Siehe das Kapitel in: Choix d'Etudes Bouddhiques, Leiden 1973.
48 Vgl. *McRae*, a.a.O., S. 70.
49 Über die Ochsenkopfschule siehe den Essay: The Ox-head School of Chinese Ch'an Buddhism: From Early Ch'an to the Golden Age, von *John R. McRae* in: Studies in Ch'an and Hua-yen (Anm. 40), S. 169-252 und: Geschichte des Zen-Buddhismus, Bd. I, S. 112-115.
50 Ich konnte das neue Material in der englischen Ausgabe des 2. Bandes meiner Zen-Geschichte einfügen, siehe besonders S. 7-14. Vgl. den zusammenfassenden Aufsatz von *Bernard Faure*: The Daruma-shû, Dôgen und Sôtô Zen in: MN, Bd. 42, Nr. 1 (1987), S. 25-55.
51 Japanische Wissenschaftler haben diese Schriften eingehend studiert und darüber in japanischer Sprache berichtet. Siehe die Angaben in der englischen Ausgabe des zweiten Bandes meiner »Geschichte des Zen-Buddhismus«.
52 Vgl. das Kapitel über Dôgen in der englischen Ausgabe von Band II der »Geschichte des Zen-Buddhismus«.
53 Siehe z.B. die »Krankengeschichte« des Buddha in: *W. Lange-Eichbaum*, Genie, Irrsinn und Ruhm, 2. Aufl., München 1935, S. 360, zitiert von *Anneliese Harf*: Erfahrungen einer deutschen Yogalehrerin, in: Yoga-Heute, hrsg. von *Ursula von Mangoldt*, München, Weilheim 1971, S. 137.

54 Siehe *Karlfried Graf Dürckheim*, Hara. Die Erdmitte des Menschen, Weilheim 1967, S. 125, vgl. den ganzen Abschnitt »Sitzen im Hara«, S. 123-131.
55 Ebd., S. 130.
56 Mahâ-Satipatthâna-Sutta, Übersetzung von *Nyanaponika*, Geistestraining durch Achtsamkeit, Konstanz 1970, S. 171.
57 Siehe zum folgenden *Tomo Hirai*, Zen and the Mind, Japan Publications, Tokyo 1978; vgl. *William Johnston*, Silent Music. The Science of Meditation, New York, Evanston San Francisco, London 1974.
58 Siehe *W. Johnston*, Silent Music (Anm. 57), S. 29, 30.
59 *D.T. Suzuki*, Die große Befreiung. Einführung in den Zen-Buddhismus, 6. Aufl. Weilheim 1972, Geleitwort von *C.G. Jung*, S. 7-37.
60 *D.T. Suzuki*, Der Weg zur Erleuchtung, Baden-Baden 1957, S. 15 f. Vgl. die Merkmale bei *W. James*, Die Vielfalt religiöser Erfahrung, Olten und Freiburg i.Br. 1979, S. 359 f.
61 Siehe: Die Vielfalt religiöser Erfahrung (Anm. 60), S. 446. Das im folgenden angegebene Zitat von *Meyers* siehe bei *James*, a.a.O., S. 592.
62 Siehe *M. Eliade*, Yoga. Unsterblichkeit und Freiheit, Zürich 1960, S. 131 f.
63 Siehe *Nakamura Hajime*, Neues buddhistisches Lexikon (*Shin Bukkyôjiten*), Tokyo 1957, 1962, S. 13.
64 Essays in Zen Buddhism, Bd. 2, London 1933, S. 46.
65 Siehe: Geleitwort (Anm. 59), S. 26 f.
66 Ebd., S. 28.
67 Ebd.
68 Ebd., S. 18.
69 Die Vorträge der Tagung siehe in: *E. Fromm, D.T. Suzuki, R. de Martino*, Zen-Buddhismus und Psychoanalyse, München 1960, den Beitrag von *Fromm* S. 101-178, Zitat S. 148.
70 Siehe *Fromm*, a.a.O., S. 146-149, Zitate S. 148 und 149.
71 Vgl. ebd., S. 154, 156.
72 Vgl. ebd., S. 160.
73 Ebd., S. 175 f.
74 Die Vielfalt religiöser Erfahrung (Anm. 60), S. 467.
75 A.a.O., S. 178.
76 Siehe: Silent Music (Anm. 57), S. 116.
77 Siehe zum folgenden die Studie von *Bruno Rhyner*, Morita-Psychotherapie und Zen-Buddhismus, Zürich 1988. Der Verfasser gibt im Anhang statistische Tafeln und eine umfangreiche Bibliographie.
78 Zitiert in *Rhyner* S. 35.
79 *Hirai* verweist in seinem Buch »Zen and the Mind« (Anm. 57) auf eine Umfrage, bei der 22 der Befragten Ähnlichkeiten mit Zen fanden, während 21 diese verneinten. *James Heisig* urteilt in »The Encyclopedia of Religion« (New York-London 1987): »Der Zen-Einfluß ist in der Morita-Therapie evident« (Bd. 12, S. 64). *Rhyner* bringt eine Anzahl ähnlicher Urteile japanischer Ärzte und Psychologen. *Satô Kôji*, Professor für Psychologie der Universität Kyoto, befaßte sich in einer Serie von Artikeln in der Internationalen Zeitschrift für Psychologie »Psychologia« zwischen 1958-1965 mit der Morita-Therapie. Die engste Beziehung zwischen Morita-Therapie und Zen vertreten Vater und Sohn *Usa Genyû* und *Usa Shin'ichi* sowie Morita's Schüler *Suzuki Tomonori*. Der amerikanische Psychologe *David K. Reynolds* schreibt in seinem bekannten Buch »Morita Psychotherapy« (Berkeley und Los Angeles 1976): »Die Überschneidung der theoretischen und methodischen Orientierung von Morita-Therapie und Zen-Buddhismus ist hinreichend stark und beständig, um die Anerkennung einer intellektuellen Abhängigkeit der Theorie Morita's von dem historisch früheren Zen zu rechtfertigen.« Zitiert bei *Rhyner*, S. 47.
80 Zitiert bei *Rhyner*, S. 35.
81 Vgl. zum folgenden besonders *Rhyner*, S. 54-64, 71-87.
82 Ebd., S. 59.

Kapitel 4

1 Siehe die von Dôgen's Jünger *Ejô* aufgezeichnete Schrift Shôbôgenzô Zuimonki II, 26, englische Übersetzung von *Masunaga Reihô*, A Primer of Sôtô Zen (Honolulu 1971), S. 47.

2 Siehe die Beschreibung von *Paul Imhof*, Nach unten und nach oben. Eine Grundbewegung des Leibes, in GuL 61. Jg., Nr. 3 (Mai/Juni 1988), S. 229 ff.

3 *Ignatius von Loyola*, Geistliche Übungen, Drei Gebetsweisen, Dritte Gebetsweise.

4 Siehe *Hanna-Barbara Gerl*, Romano Guardini 1985-1968. Leben und Werk (Mainz 1985), S. 208 ff.

5 Ebd., S. 209.

6 Wille und Wahrheit, 1. Aufl. Mainz 1933, Zitat in der Vorbemerkung, S. 13.

7 Ebd., S. 19.

8 Ebd., S. 44.

9 Ebd., S. 70.

10 Ebd., S. 73.

11 Ebd., S. 72.

12 Ebd., S. 120.

13 Ebd., S. 122.

14 In der Einleitung zur Biographie schreibt *Gerl*: »Die Suche nach dem Wesentlichen […] führte ihn [Guardini] zeitweise zu einem Einlassen auf die Gestalt Buddhas, die freilich kaum einen schriftlichen Niederschlag fand...« (S. 12 f.) Für das Wintersemester 1937/38 plante Guardini eine Vorlesung »Der Tod des Buddha. Die buddhistische Sinndeutung des Daseins und das Verständnis des Christentums« (ebd., S. 281). Gerl schreibt zusammenfassend: »Ein Typus der Vorlesungen befaßte sich mit Gestalten der Geistesgeschichte in der genannten erstaunlichen Breite zwischen Sokrates und Rilke, ja mit dem Ausgriff auf Buddha.« (ebd. S. 283)

15 *Ichiro Okumura*, Erwachen zu Gott. Stimme aus dem Karmel in Japan (München 1976), S. 47.

16 Fukanzazengi (»Allgemeine Lehren zur Förderung des Zazen«), deutsche Übersetzung (leicht geändert) *H. Dumoulin* in MN Bd. 14 (1958/59), S. 431.

17 Ebd., S. 432.

18 *Shunryû Suzuki*, Zen-Geist, Anfänger Geist. Unterweisungen in Zen-Meditation (Zürich 1970), S. 29.

19 A.a.O., S. 431 f. (Anm. 16 und 17)

20 Siehe *Carl Bielefeldt*, Dôgen's Manuals of Zen Meditation (Berkeley, Los Angeles, London 1988), S. 181.

21 Deutsche Übersetzung von *H. Dumoulin* in MN Bd. 13 (1957), S. 342.

22 Zitiert in »Geschichte des Zen-Buddhismus« von *H. Dumoulin*, Bd. 2 (Bern 1986), S. 57, siehe auch die anschließende Erklärung und die zugehörige Anmerkung 47 (S. 398).

23 *Klaus Riesenhuber*, Zum Verständnis ungegenständlicher Meditation, in: Internationale katholische Zeitschrift, 15. Jg., Nr. 4 (Juli 1986), S. 321 f. ,

24 A.a.O., S. 43, vgl. den ganzen Abschnitt »Keine Dualität«, S. 42-45.

25 A.a.O., S. 322.

26 *Gregor von Nyssa*, In Canticum Canticorum, zitiert nach *Otto Karrer*, Der mystische Strom (München 1926), S. 218 f.

27 Benjamin minor Kapitel 71. Die beiden Schriften des *Richard von Sankt Victor* »Benjamin minor« und »Benjamin major« siehe in: Migne, Patres Latini, Bd. 196, S. 1-202.

28 Benjamin minor Kap. 72. Diese Schau ist, wie *Richard* mit fast den gleichen Worten in seinem anderen Hauptwerk »Benjamin major« sagt, »nach Ausschaltung des Sinnlichen allein auf das Geistige gerichtet. […] Nach Ausschaltung allen Dienstes durch die Vorstellung scheint unsere Einsicht erst in dieser Tätigkeit sich selbst durch sich selbst zu kennen.« (Buch 1, Kapitel 6) Vgl. das Kapitel »Die intuitive Selbsterkenntnis

als vormystische Erfahrung in der Theologie des Richard von sankt Victor« in *H. Dumoulin*, Östliche Meditation und christliche Mystik, Freiburg/München 1966, S. 169-188.

29 Kapitel 6 und Kapitel 11 in Benjamin major, Zitate a.a.O., S. 177 f.

30 Geistliche Übungen, Regeln für die Unterscheidung der Geister, Regeln der zweiten Woche Nr. 2.

31 A.a.O. (Anm. 23), S. 325.

32 Vgl. die Erfahrungsberichte in drei Büchern der zen-buddhistischen Harada-Linie (Tokyo 1956/1959/1962), kurz zusammengefaßt in *H. Dumoulin*, Der Erleuchtungsweg des Zen im Buddhismus (Fischer Taschenbuch 1667, Frankfurt 1976) in den Kapiteln XI und XII, S. 142-173. Siehe ferner meinen Beitrag zu FS *Horst Hammitzsch (Wiesbaden 1971)* mit vielen ausführlichen Zitaten:»*Selbstzeugnisse japanischer Zen-Jünger über die seelischen Haltungen während der Zen-Meditation*«, S. 85-102.

33 Vgl. Zen – Der lebendige Buddhismus in Japan, Ausgewählte Stücke des Zen-Textes, übersetzt und eingeleitet von *Schûej Ohamama*. Hrsg. von *Otto Faust*. Mit Geleitwort von *Rudolf Otto*. Gotha und Stuttgart 1925.

34 S. 35. Das Gespräch S. 34 ff. Das Buch (erschienen Stuttgart 1985) spricht noch an vielen Stellen über Kôans, vgl. z.B. S. 250-264 und das folgende Kapitel IX, S. 265 ff.

35 Vgl. über »Die Romane des Zen-Kriminalisten« den Artikel von *Jörg Röttgen* in Publik-Forum, Nr. 22 (3. November 1989), S. 20-24.

36 Vgl. die ausgezeichnete Studie über »Die Geschichte des Kôan im Rinzai-Zen« von *Ruth Fuller Sasaki*, in: The Zen Koan (hrsg. von *Isshû Miura* und *Ruth Fuller Sasaki* (Kyoto 1965), S. 3-32.

37 A.a.O. (Anm. 36) S. 10.

38 Essays in Zen Buddhism, Bd. 2 (London 1933), S. 66.

39 A.a.O. (Anm. 36), S. 7

40 Mumonkan. Die Schranke ohne Tor, übersetzt und erläutert von *H. Dumoulin* (Mainz 1975), S. 38

41 A.a.O. (Anm. 36), S. XI.

42 *Toshihiko Izutsu*, Philosophie des Zen-Buddhismus, Reinbek bei Hamburg 1979, S. 124.

43 *William Johnston*, Spiritualität und Transformation. Erneuerung aus den Quellen östlicher und westlicher Mystik, München 1986, S. 123.

44 *William Johnston*, Christian Zen, 2. Aufl. Dublin 1979, S. 61 f. Das Buch erschien zuerst 1971. Johnston gibt in dem Kapitel »Kôan« (S. 57-67) viele mögliche christliche Kôans an. Vgl. *Kakichi Kadowaki*, der in seinem Buch »Zen und die Bibel« (Salzburg 1980) »eine überraschende Ähnlichkeit zwischen Schrift und Kôans« (S. 7) findet, die er an zahlreichen Beispielen erläutert.

45 *W. Johnston*, a.a.O., S. 62.

46 *Wilhelm Gundert* in der Erläuterung zum 41. Beispiel des Bi-yän-lu (jap. Hekiganroku), Bd. 2, München 1969, S. 169.

47 In: Thomas Merton on Zen, London 1976, S. 108.

48 *W. Johnston*, a.a.O., S. 62.

49 Siehe die ausführliche Darstellung in *Kadowaki's* kürzlich erschienenem japanischen Buch: »Empfehlung der Meditation. Verbindung von Ost und West« Tokyo 1989, S. 175-180. Zitat S. 176.

50 A.a.O. (Anm. 47), S. 86.

51 Die große Befreiung, Leipzig 1939, S. 133.

52 Ebd., S. 130.

53 Mumonkan, (Anm. 39), S. 37.

54 *Zenkei Shibayama*, Zen Comments on the Mumonkan, New York, Evanston, San Francisco, London 1974, S. 25.

55 Ebd., S. 26 f.

56 Ebd., S. 27.

57 Ebd., S. 29.

58 Kommentar zum Mumonkan (Mumonkan Teishô, Tokyo 1957, S. 9, vgl. Mumonkan (Anm. 40), S. 38 f.

59 Erleuchtungserlebnisse im Zen (Tokyo 1959), S. 288 f. Vgl. die Angabe in Anm. 32.

60 Übersetzt aus einem Artikel: Christian Spirituality and Spiritualities of Other Religions«, in: Bulletin of the Secretariatus pro non-Christianis, Bd. 23, Nr. 2 (Rom 1988), S. 152 f.

61 Zen und christliche Mystik, Freiburg 1986, S. 486.

62 Ebd., S. 488.

63 Christian Spirituality and Spiritualities of other Religions (Anm. 60), S. 152 f.

64 Siehe besonders *Romano Guardini*, Theologische Briefe an einen Freund, herausgegeben aus dem Nachlaß, München-Paderborn-Wien 1976, 6. Brief »Teilhard de Chardin als Symptom«. S. 46-49.

65 Vgl. dazu *H. de Lubac*, La Pensée religieuse du Père Teilhard de Chardin, Paris 1962.

66 Mumonkan, (Anm. 39), Nr. 19, S. 84 ff., Zitate S. 85.

67 Bericht über den ersten Besuch (in Europa 1979) von *Jan Van Bragt* im Bulletin (Nr. 4, S. 8-18) des Nanzan Institutes für Religion und Kultur, über den zweiten Besuch (in Japan 1983, ebd., Nr. 8, S. 10-23). Vgl. über die Besuche meinen Artikel in: KM (1. Heft 1986) S. 9-13. Zitate in: Nanzan Bulletin und KM:

68 Über die Audienz bei *Johannes Paul II.* siehe den Bericht im Bulletin Nr. 4 des Institutes für Religion und Kultur der Nanzan-Universität (Anm. 66), S. 18. Bei der Audienz am Ende der dritten Begegnung am 9. September 1987 ermutigte der Papst die buddhistischen Teilnehmer mit den Worten: »Durch das aufmerksame Zuhören und die gegenseitige Hochachtung, die diese Austausche charakterisieren, kann der zwischenreligiöse Dialog eine zunehmend tiefere Ebene erreichen. Beim vorhergehenden Austausch zwischen Mönchen konnten die christlichen Mönche, die in euren Klöstern wohnten, eure altehrwürdigen Traditionen schätzen lernen. Sie waren von eurer brüderlichen Gastfreundschaft bewegt. Ich danke euch für eure auserlesene Höflichkeit und hoffe, daß solche Begegnungen in der Zukunft fortgesetzt werden.« In: Bulletin of the Secretariatus pro non-Christianis, Bd. 23, Nr. 1 (Rom 1988), S. 5.

Abkürzungen

EB	The Eastern Buddhist, Kyoto
GuL	Geist und Leben, München
KM	Die Katholischen Missionen, Bonn
MN	Monumente Nipponica, Tokyo
OE	Oriens Extremus
PhEW	Philosophy East and West, Honolulu
Ueda	Die Gottesgeburt in der Seele und der Durchbruch zur Gottheit. Die mystische Anthropologie Meister Eckharts und ihre Konfrontation mit der Mystik des Zen-Buddhismus. Gütersloh 1965
ZMR	Zeitschrift für Missionswissenschaft und Religionswissenschaft, Münster

Register

Religionen

Sukie Colegrave
Yin und Yang
Die Kräfte des Weiblichen und des Männlichen.
Eine inspirierende Synthese von westlicher
Psychologie und östlicher Weisheit
Aus dem Englischen von Ingrid Margarete Reinisch
Band 3335

Lama Anagarika Govinda
Buddhistische Reflexionen
Über die Bedeutung des Buddhismus für den Westen
Band 10098

Holger Kalweit
Die Welt der Schamanen
Traumzeit und innerer Raum
Mit einem Vorwort von Elisabeth Kübler-Ross
Band 6575

Sheldon B.Kopp
Triffst du Buddha unterwegs...
Psychotherapie und Selbsterfahrung
Band 3374

Daisetz T.Suzuki
Die Kraft des inneren Glaubens
Zen-Buddhismus und Christentum
Aus dem Englischen von Ulli Olvedi
Band 6586

Die Weisheit des Laotse
Herausgegeben von Lin Yutang
Aus dem Amerikanischen von Gerolf Coudenhove
Band 6504

Fischer Taschenbuch Verlag

fi 429 / 6

Arul M. Arokiasamy

Leere und Fülle
Zen aus Indien in christlicher Praxis

Mit Zeichnungen von Thomas Reich
192 Seiten. Kartoniert

Ausgehend von den indischen Wurzeln des Zen plädiert Arul Arokiasamy für eine tiefgreifende Erneuerung der christlichen Spiritualität durch eine liebevolle und vorbehaltlose Zen-Übung. Ziel dabei ist nicht eine Vermischung der Religionen, sondern eine gegenseitige Bereicherung – die Erfahrung des christlichen Mysteriums bekommt damit ganz neue Tiefendimensionen.

Offen für die Impulse aus den Religionen Indiens, prägt der Jesuitenpater Arokiasamy die Praxis des Zen auf eine sehr originelle und spirituell besonders tiefe Weise: Als der einzige Zen-Lehrer in Indien will er Zen zu seinen indischen Wurzeln führen und so nicht nur den Indern in erneuerter Form wieder zugänglich machen, sondern auch für eine weitere Verbreitung im Westen sorgen.

Mit diesem Buch leistet Arokiasamy, der übrigens die Hälfte des Jahres außerhalb Indiens lehrt, einen wichtigen Beitrag zur Erneuerung der christlichen Spiritualität und gibt dem Dialog mit östlichen Meditations-Praktiken neue Anstöße.

Kösel-Verlag